国家金融学前沿探索

（第一辑）

名誉主编　陈云贤
主　　编　李华民

中国金融出版社

责任编辑：肖　炜　董梦雅
责任校对：潘　洁
责任印制：程　颖

图书在版编目（CIP）数据

国家金融学前沿探索. 第一辑/陈云贤名誉主编，李华民主编. —北京：中国金融出版社，2022.12
ISBN 978 – 7 – 5220 – 1846 – 1

Ⅰ. ①国… Ⅱ. ①李… Ⅲ. ①金融学—文集 Ⅳ. ①F830 – 53

中国版本图书馆 CIP 数据核字（2022）第 249361 号

国家金融学前沿探索
GUOJIA JINRONGXUE QIANYAN TANSUO

出版
发行　中国金融出版社

社址　北京市丰台区益泽路 2 号
市场开发部　（010）66024766，63805472，63439533（传真）
网上书店　www.cfph.cn
　　　　　（010）66024766，63372837（传真）
读者服务部　（010）66070833，62568380
邮编　100071
经销　新华书店
印刷　保利达印务有限公司
尺寸　169 毫米 × 239 毫米
印张　16
字数　258 千
版次　2022 年 12 月第 1 版
印次　2022 年 12 月第 1 次印刷
定价　58.00 元
ISBN 978 – 7 – 5220 – 1846 – 1
如出现印装错误本社负责调换　联系电话（010）63263947

序言一

金融学是实践性非常强的一门学科，金融市场又非常深刻地受到金融政策决策的影响。如同在美国金融市场上流传"不要同美联储作对"一样，中国的金融政策决策对中国金融体系的影响更为显著，例如每一次的全国金融工作会议，都在相当程度上影响着中国金融市场的格局。因此，研究国家的金融政策决策，就显得格外重要。但是，能有机会了解并参与金融政策决策，而且还能在此基础上进行系统梳理和分析的学者，确实非常少见，这也使得关于国家金融决策的研究一直相对薄弱。陈云贤教授既有系统的理论素养，同时还有完整的参与金融政策决策的经验，也熟悉金融市场的一线运作，他的《国家金融学》可以说部分填补了这个领域的空白。环顾当前的国际金融格局，美元主导的国际金融体系当然有市场演进的推动，但是从整个大的政策框架看，依然可以清晰地看到美国从国家层面的刻意推动及对现有主导架构的精心维护。相比较来说，如果人民币不成功实现国际化，实体经济持续崛起的中国，也难以成为一个在国际货币体系中有影响力的金融大国；与当前中国实体经济占全球份额的不断上升、中国制造业出口占全球市场份额不断上升的趋势相比，中国的人民币在国际体系中的占比显然是远远不相称的，填补这个巨大的缺口，显然需要国家金融决策的专业有效的参与，从这个意义上说，当前研究国家金融学、研究国家的金融政策决策过程，格外具有针对性。

北京大学汇丰金融研究院执行院长，
中国宏观经济学会副会长
巴曙松教授

序言二

金融作为现代经济发展的核心，国民经济运行的"血液"，一直被视为国家重要的核心竞争力之一。特别是脱离金属货币时代后的现代金融体系蕴含的货币发行无限法偿性、金融政策最终调控性、金融机构最终监管性、金融市场权威性及金融基础设施产权主体性等关键环节更加成为当今世界各国手中的国之"重器"。金融在古代、近代也都为国家的重要发展"工具"，深刻影响着世界各国历史上诸多重要事件的转变。究其原因就是它能在时间上重新配置经济价值、风险、资本，并总能跟随经济发展需求的变化，自身拥有不断创新拓展资源重新配置的渠道和复杂程度的功能。任何金融学理论均是在特定历史条件下形成的产物，缺乏历史底蕴，其研究必然不具备远见卓识，如脱离现实背景则解释力也会失去生命力。因此，对于世界任何一个国家而言，它每次的大发展都蕴含着危机与成功，在每一次金融重要的理论创新背后，其实也都蕴含着政府每一次的"创业"。

从苏美尔文明的跨期契约和贷款利率到古希腊文明的金融系统造币制度（普泰制度）和罗马帝国委托金融业务的政治分权，再到公元12世纪威尼斯金融证券市场的创立与盛极于13世纪到15世纪初的圣乔治屋（银行账户）（由此造就威尼斯成为世界贸易和金融的中心），之后再到大众所熟知的15世纪的葡萄牙、16世纪荷兰（海上马车夫与阿姆斯特丹交易所）、17世纪西班牙（世界贵金属交易中心）、18世纪法国（国家土地银行）、19世纪英国（股权与大宗交易中心）、20世纪至今美国。从数千年的世界金融史来看，至少有两点可以印证：一是政府金融行为在金融发展全链条内是贯穿的；二是世界金融中心地位的变革至少在金融领域都是强市场—强货币—强国家的发展路径，可以说金融发展史也是一部人类文明与国家竞争发展史。

作为宏观经济学微观基础的微观经济学，研究人的行为的一切现象，诸如生产、消费、储蓄、交换。微观人的行为都可以"自然而必然"地产生，同时政府作为外生变量影响着行为活动的产生。但金融无疑是一种对未来的承诺（或者必须依托对未来的预期），金融行为必须是在存在"共识"基础上才能发生，而形成对于当前和未来的价值基准的共识是一项成本浩繁的系统工程，因此任何一次金融产品或服务的规模效应形成都不能离开政府这个内生变量。以历史上货币发源为例（公元前2500多年才出现），恰恰就是在政府与居民的行为达成共识时才得以产生。在没有货币之前，公元前2800年西亚地区代表"公权力"的神殿就颁布了《汉谟拉比法典》，明确了跨期契约和贷款利率等。成立于1694年的英格兰银行，其设立目的就是为英法战争提供融资，其后才被授予管理政府账户。可见，政府行为本身就是"内因"而与生俱来，无它即无共识，就没有利率、银行、货币及后来的金融市场、国债、中央银行、保险、共同基金等金融体系功能的诞生与发展。从历史演化角度而言，政府行为作为内因嵌入金融发展，从共识—机制—到制度安排的形成路径，已然存在了数千年之久。

实践是理论创新的源泉，金融学作为应用性非常强的学科，理论创新的逻辑起点就更加注重实践，相比当下金融学界仍聚焦于围绕着金融中介的信息对称性、跨期定价、借款人与机构的博弈进行其复杂的数理分析、围绕着金融结构差异对经济增长的站队式比较分析等大批研究成果而言，当下对于宏观层面国家金融行为的研究关注仍然是处于相对薄弱的阶段，其研究成果更是极其缺乏。作为我国知名经济学家、金融专家的陈云贤教授，其所创立的《国家金融学》，以"世界各国在现代金融体系下的国家金融行为及其属性"的理论基点，构建金融体系"六个子体系"的竞争优势分析框架，可以说在金融研究宏观层面填补了这个领域的理论空白。回望是对过去金融理论发展脉络有益的补充，前看也将是对国家金融战略决策嵌入创新的理论工具。

古语有云，"学也者，观察事物而发明其真理也；术也者，取所发明之真理而致诸用者也"。从债券市场分析的先驱学者悉尼·霍默，到今年诺贝尔经济学奖获得者之一的本·伯南克等令人尊敬的学者们身上，可以清晰发现一条长期金融实践——新锐的理论创新的成长轨迹。陈云贤教授，师从"首届孙冶方经济学奖获得者"北京大学萧灼基教授，历经创始全国第四大券商（广发证券），主政中国实体经济重镇（佛山），分管中国第一经济大省（广东）的金融工作等长期丰富的经济金融实践工作后，再回归高校，如此相同的轨迹也烙印至深。因此，他用实际行动践行经济学的"经世致用"，饱含知识分子的初心，所创立的《国家金融学》学科，并依据国家金融行为及其属性，创新性地把现代金融体系归纳为金融市场要素体系、组织体系、法制体系、监管体系、环境体系和基础设施六个子体系，旨在研究各国国家金融行为差异（竞争优势），维护国家金融稳定，提升国家竞争力。从起源到直面问题的解释力这个维度来看，学科的创立无论是现实价值还是理论意义，未来都必将产生贴近真实世界的学科创新性，其重要性不言而喻！

与陈云贤教授相识多年，可以说是"亦师亦友"，他给我一个挥之不去的感受就是，他的学识深厚且问题"直觉"很准！也许是他的"成长轨迹"和作为经济学家高度的社会责任和严谨的治学精神，深深地感染了我，在2018年就下定了决心，带领团队集体转向国家金融学研究领域，与陈云贤教授一起共同致力于弥合理论与现实之间的鸿沟。我们在国家金融学学科发展与理论建构的长期交流讨论中，他总能耐心地将真实世界的金融政策实践问题与我擅长抽象世界的理论推演相"碰撞"。特别是过去的两年间，我们不厌其烦地就国家金融学如何创建新的认识框架进行频繁交流，双方总能从彼此的砥砺中凝练出有趣的视角。我们深刻地认识到国家金融学研究在研究以现代金融体系国家竞争行为问题上的必要性。现代金融体系优势的本质就是自身发展水平与经济从原有"幼稚"的均衡水平到"成熟"的均衡水平，再到"超前引领"的均衡水平的一个过程。因此，现代金融体系的"竞争"的优势特征及其发展问题的特殊性必将构成这门学科的产生和发展提供的客观基础，势必成为未来学科赖以生存的"肥沃土壤"，我们坚信学科发展未来可期。

广东金融学院是国内最早开设《国家金融学》系列研究生课程的高校、国内较早启动建设国家金融学学科的高校之一、国家金融学大讲坛的首创单位、广东省唯一的国家金融学重点研究基地、国内首个成立"国家金融学学院"二级学院的单位。本人作为广东金融学院国家金融学学科带头人，应《金融经济学研究》期刊主编李华民教授之邀，非常荣幸为《国家金融学前沿探索》辑刊出版作序。《金融经济学研究》作为全国知名的金融学术权威期刊，在编委会主任雍和明教授领导下，华民主编耕耘中，敏锐创新的成为全国首个开辟"国家金融学"专栏的权威学术期刊，并"博采众长，筑拓视野"地把全国相关国家金融学领域学者们发表在专栏的成果，编辑出版《国家金融学前沿探索》一书，这是将理论研究落地于祖国发展的实践创新与践行期刊金融特色走向全国前列的实干之举。同时，我相信此次辑刊的出版不仅仅是学科创新研究的"小切口"，未来也势必会成为国家金融学理论在符合真实世界基础上更加规范地向经济学界表达学科竞争理论及其政策主张的"大平台"。在此也祝愿《金融经济学研究》越办越好！

广东金融学院国家金融学学科负责人
唐松教授

目 录

第1篇 国家金融顶层布局

国家金融视角下现代金融体系理论的衍化和创新
　　——基于"六要素论"体系的新思考 ·················· (3)

国家金融布局、创新模式转化与高质量发展 ·················· (19)

政府投资与私人投资的互补性
　　——基于共同富裕时代背景 ·························· (40)

第2篇 国家金融国际参与

国际货币发行国与使用国的博弈关系与利益协调因素 ·········· (63)

人民币国际化水平测度及影响因素分析
　　——基于双循环及国家金融视角下的实证研究 ············ (83)

第3篇 国家金融科技创新

数字经济时代平台企业如何促进共同富裕 ·················· (109)

数字普惠金融与绿色技术创新：红利还是鸿沟 ·············· (127)

数字化转型与企业费用黏性
　　——基于管理层自利视角的分析 ······················ (149)

数字普惠金融对城乡融合的影响研究 …………………………………（170）

第4篇　国家金融风险防范

主动承担社会与环境责任是否降低了银行风险 ……………………………（195）

绿色金融政策与商业银行风险承担：机理、特征与实证研究 …………（217）

第1篇
国家金融顶层布局

第1章

绪论

国家金融视角下现代金融体系理论的衍化和创新

——基于"六要素论"体系的新思考

王彩萍　李建平[①]

摘要：从国家金融视角研究现代金融体系理论的衍化和创新问题，首先强调现代金融体系理论源于当前国家经济金融实践快速发展的需求；其次，对现代金融体系理论在传统金融体系基础上的创新进行剖析，并重点分析其六要素子体系即金融市场要素体系、金融市场组织体系、金融市场法制体系、金融市场监管体系、金融市场环境体系和金融基础设施体系之间的逻辑关系，构建现代金融体系分析思路框架；最后实践检验现代金融体系分析思路框架，以更好地理解在国家金融视角下构建现代金融体系"六要素论"所展现出来的特征和优势。

一、引言

《中华人民共和国国民经济和社会发展第十四个五年规划和2035年远景目标纲要》（以下简称《"十四五"规划纲要》）指出，要健全具有高度适应性、竞争力、普惠性的现代金融体系，构建金融有效支持实体经济的体制机制；并强调要完善现代金融监管体系，补齐监管制度短板，在审慎监管前提下有序推进金融创新，健全风险全覆盖监管框架，提高金融监管透明度和法治化水平。稳妥发展金融科技，加快金融机构数字化转型。当前，中国正处

[①] 作者简介：王彩萍（1980—），女，中山大学国际金融学院、高级金融研究院教授，博士生导师，管理学博士，研究方向为国家金融学与兼并收购；李建平（1986—），男，中山大学高级金融研究院博士研究生，研究方向为国家金融学与人民币国际化。

于"十四五"时期建设社会主义现代化国家、步入创新型国家前列的开局之年，在此背景下对中国现代金融体系的健全优化深入思考，不仅能全面系统地厘清中国迈向创新型国家前列过程中所面临的金融体系改革相关问题，而且能就这些问题深层次地提出可能的解决方案，继而推动微观企业与中国整体产业真正意义上迈进创新驱动与高质量发展之路。

一个国家选择何种金融体系，或其金融体系内在结构演变是否有效，其主要的评断标准是能否在特定的时空条件下实现"效率提升"和"风险稳定"的双重拟合，而这又与其历史发展路径、产业经济基础等国情实践密不可分。在诸如信息披露、资源配置要求等"效率"机制方面，以及存款保险、风险管理、破产机制等"稳定性"机制方面，能否有相应的实现方式，从而使金融体系形成一个多层次、高质效的抗冲击能力整体（陈云贤，2018[1]）。本文认为，上述两方面的实现，首先是在功能结构方面构建一个新的适应经济高质量发展的现代金融理论体系。

具体而言，从理论供给来看，国内外理论界对于现代金融体系主要存在三类基本观点，即"三体系论"（王重润，2010[2]）、"四要素论"（黄达，2017[3]）和"五构成论"（霍文文，2005[4]）。从实践需求来看，根据黄益平（2018）[5]的研究，"重规模、轻机制"是中国40年来金融发展历程中最典型的特征，一方面是金融机构种类齐全、金融产品种类繁多，金融市场资产规模巨大；但另一方面，由于政府部门对金融行业的政策干预仍然很频繁，市场机制在金融资源配置中发挥的作用还非常有限。随着中国经济转型升级，经济对金融领域的需求将越来越深入细化和多样，这会与以往金融领域的供给产生匹配不足、供求结构失衡的矛盾，进而使得原有金融体系越来越无法适应新阶段经济发展的需要，在经济与金融错配的情形下，风险衍生问题往往更为突出。从中国金融实践中形成的理论分析，主要侧重于从金融市场要素体系和金融市场组织体系进行研究，缺乏相对完善的金融市场法制体系、金融市场监管体系与之相配套，使得金融监管和配套的制度建设无法有效覆盖和平滑金融风险；同时关于金融市场环境体系以及金融基础设施体系的理论建设更是稀少，也使得如何实现金融要素的最优组合以提升效率变得更加困难。这种注重规模轻机制的粗放型金融体系已经越来越难以适应现代金融的发展，因此构建能适应经济高质量发展的现代金融体系就变得尤为重要。

基于此，本文从金融体系传统观点的衍化出发，站在国家金融视角下，思考现代金融体系结构的衍化和创新问题，并创新性地以陈云贤（2018）提出的现代金融体系"六要素论"观点框架为基础，分别解答三个问题：为什么需要"六要素论"观点？"六要素论"之间的内在逻辑和相互关系是什么？"六要素论"观点的实践价值和创新方向是什么？本文在国家金融视野下，对现代金融体系"六要素论"观点进行剖析，以期为中国金融改革和创新提供理论框架依据，也为促进国际金融体系的规范和完善提供参考。

二、从传统金融体系到现代金融"六要素论"体系的衍化

（一）传统金融体系理论衍化及金融实践发展需求

金融体系是"一个经济体中资金或资产在专门体制机制和制度规范约束下流动与交易的基本框架，是资金流动的工具（金融资产）、市场参与者（中介机构）和交易方式（市场制度）等金融要素构成的综合体"（陈云贤，2018）。早期对于金融体系的研究主要包含两个方面：一方面是金融市场组织体系或机构体系，即市场参与的中介机构，以银行机构为主；另一方面是金融资本市场体系，主要包括股票市场和债券市场等。在后续理论发展中逐步出现了多种不同表述，其中"三体系论"认为金融体系主要包含金融的宏观调控和监管体系、金融的市场体系、金融的机构体系三大子体系（王重润，2010），从而在原有金融市场体系和金融机构体系的基础之上，扩充了金融的宏观调控和监管体系，这对于防范金融风险，稳定金融预期具有重要的作用。"四要素论"则认为，金融市场由金融市场的参加者、金融工具、金融市场的组织形式和金融市场管理机构四个要素构成（黄达，2017），其中金融市场的参加者对应于金融机构体系，金融市场的组织形式对应于金融市场组织体系，金融市场管理机构则对应于金融监管体系；除此之外，增加了金融工具这一市场要素范畴，从信用关系、债权债务关系等思考金融交易对象。而"五构成论"则从金融市场主体、金融市场工具、金融市场中介、金融市场组织方式和金融市场监管五个方面对金融体系进行划分，这五个方面在金融体系中共同发挥着作用（霍文文，2005）。这一观点在原有"四要素论"基础之上，将金融市场主体与金融市场中介从金融市场的参加者中分

离出来，确立了两类不同的参与主体。此外，张学森（2020）[6]最新编著的《金融法学》教材将现代金融体系划分为金融市场体系、金融中介（机构）体系、金融工具体系、货币发行流通体系（包括货币支付清算体系等）和最后的制度和调控机制体系五大部分；相较于以往的金融体系构成要素，其关注点主要在货币发行流通体系和金融制度体系的建立，其中金融制度体系所包含的内容则非常广泛，包括金融监管制度、信用制度和金融市场制度等。

尽管金融体系的内涵在不断地深化和细化，然而近十余年来，随着云计算、大数据、人工智能和区块链等新兴技术的发展及其在金融服务领域的运用，已有的金融体系观点依旧不断受到来自实践领域的挑战。一方面，新兴技术的使用导致大型科技公司向金融领域的扩张，并带来金融服务的质量和效率提升，但另一方面，这也给金融体系带来金融稳定和金融监管等方面的重要需求。金融稳定委员会（FSB）指出，大型金融科技公司进入金融领域可能会带来五大方面风险：一是存款竞争影响传统金融机构的稳健经营风险；二是更多客户数据滥用引发消费者权益保护缺位的风险；三是大型科技公司金融业务壮大后形成的垄断风险；四是高科技的运用会带来业务规模扩大、复杂程度变高，金融监管难度提升的风险；五是电信和网络设施故障易引发的运营风险以及可能给基础设施运行带来的技术风险（陈雨露，2021[7]）。这些风险涉及金融法制、监管构建、金融环境和金融基础设施建设等多个方面，如果仅借助原有金融体系的理论试图去化解往往难以如愿。不难发现，科技对金融的渗透将会越来越深入（如法定数字货币的诞生），中国的金融业态已经改变，需要创新传统的金融理论分析架构来应对金融实践中出现的新现象、新问题（吴晓求，2018[8]）。本文认为，金融理论的发展需要聚焦于一国金融发展中最核心、最紧迫的问题，并在此层面上采取相关政策措施促进一国金融健康稳定和经济繁荣发展，即现代金融体系的构建需要站在国家金融视角上，聚焦国家金融行为、维护国家金融秩序和提升国家金融竞争力（陈云贤，2021[9]）。

（二）现代金融体系"六要素论"观点

如何构建现代金融体系，已有学者对此进行了思考。黄益平（2018）认为市场机制是反映"现代性"的关键词，主要涉及几个方面：要发展层次多样的资本市场，提高资本市场在金融系统中的占比；市场机制应该在资源配置中发挥决定性的作用；要守住不发生系统性金融风险的底线，维护金融市场稳定；完善现代金融的法律体系等。徐忠（2018）[10]则提出建设中国现代金融体系的要求有三点：一是要依据金融市场发展一般规律建设；二是要让中央银行参与金融监管，同时建立激励相容的监管体系；三是要以建立一个高度现代化的多层次金融市场体系作为突破口等。上述观点共同强调了建设现代金融体系要注意市场规律的作用，进而破解市场分割和定价机制扭曲的问题。但是至于如何破解市场分割和定价机制扭曲则尚未有进一步的思考和研究。

在传统金融结构体系衍化、对美国现代金融体系发展实践的归纳分析及对当前中国金融发展实践思考的基础上，陈云贤（2018）提出了现代金融体系"六要素论"的观点。现代金融体系包括现代金融市场要素体系、金融市场组织体系、金融市场法制体系、金融市场监管体系、金融市场环境体系和金融基础设施体系六个子体系，从而实现从原先的"三体系论"扩充到了"六要素论"体系。该观点可以更为全面地去思考现代金融体系的构建问题，更为强调现代金融体系功能结构的系统性、关联性。本文将进一步从理论、实践层面，对"六要素论"观点进行深入论述及剖析，以深化对该观点的理解，促进其理论框架的构建；同时推动在实践中更好地实现国家金融行为对一国经济，乃至世界经济中金融稳定和健康发展的作用。

三、现代金融体系思路框架的理论创新

（一）现代金融体系的创新发展

现代金融体系"六要素论"在原"三体系论""四要素论"和"五构成论"观点所论述的金融市场要素体系、金融市场组织体系等内容基础上，不仅丰富了已有要素体系的内涵，同时新增或补充强调了现代金融市场监管体系、金融市场法制体系、金融市场环境体系和金融基础设施体系内容，促进了现代金融体系整体架构的完善。

按现代金融体系"六要素论"观点，金融市场要素体系既包括各类市场（货币市场、资本市场、保险市场、外汇市场和衍生性金融工具市场等），同时也包括各类市场的最基本元素（价格、供求和竞争等）。相较于以往的金融市场概念，其内涵包含更广，即将价格、供求和竞争等都包含在内，从而拓展了金融市场要素体系的内涵，使之更加饱满。

金融市场组织体系则是由金融市场要素与金融市场活动的主体或管理机构构成，包括各种类型的市场主体、各类市场中介机构即市场管理组织等（陈云贤，2018）。金融市场要素体系和金融市场组织体系是现代金融体系的基础元素体系，更多体现为市场的活动、规则与效率。现代金融体系包含金融市场要素体系和金融市场组织体系，这在学术界基本成为一种共识。

金融市场法制体系是指一国由调整不同领域的金融关系的法律规范所组成的有机统一整体（朱明，2006[11]），它具有广义和狭义之分。狭义的金融市场法制包括了金融立法、金融执法、金融司法、金融法制教育等多方面，其主要目的是推进依法监管，确保金融市场的公正与效率。广义的金融市场法制还涵盖了金融市场和金融活动的通行规则、惯例、秩序等方面（陈云贤，2018）。现代市场经济是法制经济，而在现代市场经济体系中起核心作用的又是现代金融体系，为了进一步明确法制在现代金融体系构建中的重要地位和作用，同时还因为金融法制是实施金融监管的前提和基础，所以"六要素论"观点将金融市场法制纳入现代金融体系范畴就显得非常合理且必要。

金融市场监管是指监管机构对于金融体系的金融监督和金融管理，其目的主要是分散金融风险和维护金融稳定。金融市场监管一般主要包括对金融机构设立的监管、对金融机构资产负债业务的监管、对金融政策法规执行落实情况的监管和对金融分业的监管等（陈云贤，2018）。王国刚（2018）[12]认为，由于过往中国各家金融监管部门的监管对象局限于其所属金融机构，因而会使一些金融行为游离于金融监管之外，这不仅会引致市场竞争的不公平，还会使得监管"真空"下衍生出更多的金融风险，而"六要素论"观点对金融市场监管内容的丰富和充实，有效拓展了当前复杂环境下金融市场监管体系的范畴。

金融市场环境指金融业生存和发展的外部环境，亦可称为金融市场生态环境。金融市场环境是现代金融体系得以发挥有效作用的土壤，其主要包括实体经济、社会信用体系以及产权制度等（陈云贤，2018）。就社会信用体系问题方面，邱兆祥等（2019）[13]认为，当下信用体系问题是制约中国金融体系向中小微企业群体等经济发展薄弱环节渗透的一大主要因素。就产权制度问题方面，在现代市场经济中，市场在资源配置中起决定作用，必须以产权明晰为前提，才能深化要素市场的改革。当前，中国经济正处于从要素驱动为主的粗放发展模式到以创新驱动为主的集约发展模式转变的关键阶段，通过金融的方式来改变过去各类要素简单叠加的粗放生产方式，进而更好地配置、优化、整合各类要素资源，引导资源向能产生最大经济效益和社会效益的领域配置，全面提升经济发展效率（邱兆祥等，2019）。因此，将金融市场环境体系归入现代金融体系范畴至关重要。

金融基础设施是指为各类金融活动提供基础性公共服务的系统及制度安排，是现代金融体系发挥有效作用的基础条件，是金融市场稳健高效运行的基础性保障，也是实施宏观审慎管理和强化风险防控的重要抓手。2020年3月，中国人民银行等六部门联合印发了经中央全面深化改革委员会第十次会议审议通过的《统筹监管金融基础设施工作方案》，这一行为深刻反映了金融基础设施在现代金融体系中的重要地位。一个国家如有良好的金融基础设施，往往会具有更高的金融服务效率，并且这种现象在发展中国家表现得尤其显著（程炼，2019[14]）。所以，将金融基础设施体系纳入现代金融体系有其必要性与合理性。需要说明的是，广义的金融基础设施其实还包括金融法律环境、信用环境和信用监管制度等，本文之所以将其从原有广义的金融基础设施体系独立出来，列入金融法制体系、金融监管体系和金融环境体系中去，除去前文所述理由之外，还主要是因为这样可以使得现代金融基础设施体系的范畴更加清晰具体，从而更有利于理论分析以及解决现实问题，而这也是"六要素论"较于张学森（2020）所划金融五体系的重要优势所在。

综上所述，首先从要素构成来看，现代金融体系在金融市场要素体系、金融市场组织体系两个基本元素基础上，之所以发展增添了其他四个子层次体系，主要是为了更好地适应现代市场经济的发展需要，引导市场资源的更优化配置。其次，发展添加其他四个子层次体系，从而建构现代金融体系有效闭环，会使现代金融体系的理论构建更加完善，产生更好的实践指导意义，大大拓展金融体系理论分析的广度和深度。最后，发展添加其他四个子层次体系，会使现代金融体系的系统性更加完善，子体系的相互作用和功能相对更为清晰，从而形成更为立体的、系统性的理论分析思路框架。

（二）现代金融体系的结构优化分析逻辑

现代金融体系"六要素论"的观点在丰富了传统金融体系的内容、完善其内涵的同时，更加强调金融市场要素体系、金融市场组织体系、金融市场法制体系、金融市场监管体系、金融市场环境体系和金融基础设施体系,即六个子体系之间的统一性、关联性。其思路框架见图1。

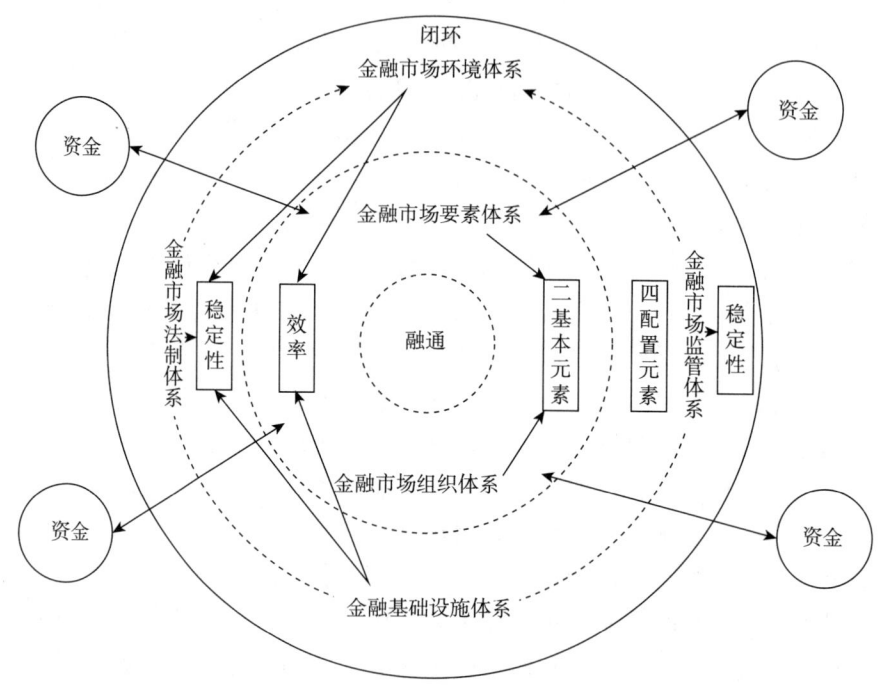

图1 现代金融体系框架

首先,金融市场要素与金融市场组织子体系是现代金融体系中的基本构成(陈云贤,2021)。作为现代金融体系的内核,资金通过在此二子体系流转、融通等,形成资金流量循环,引导市场资金流向更有经济效益和社会效益的领域,实现市场资源的有效配置,再辅之以完善配套的金融基础设施体系和金融环境体系,从而实现金融体系的"效率"机制。另外,金融基础设施体系、金融环境体系、金融市场法制体系和金融市场监管体系都是其配置元素(陈云贤,2021),即资金通过金融市场要素体系和金融市场组织体系进行流转循环的配套体系。其中,金融市场法制体系、金融市场监管体系主要体现其对市场的监管、调节和规范,从而实现金融体系的"稳定性"机制,短期来说金融体系的法制体系和监管体系会在一定程度上对金融市场形成制约。然而从长期来看,其对于维护金融市场公平、公正以及实现体系长远稳定发展等发挥着不可替代的作用。需要说明的是，金融基础设施体系和金融环境体系除了前文所述具有实现金融体系"效率"机制的功能外，它们也同时具有"稳定性"机制的功能。良好的金融基础设施以及相对优越的金融环境，可以在市场出现流动性或信用违约冲击等情况下提供相对高效的服务来提振金融市场信心，从而保障市场良好运行。

其次，现代金融体系六个子要素体系构筑了现代金融体系的闭环，其会随着社会发展的过程不断更新其内容，提升了分析框架的发展可持续性。通过图1可清晰地发现，资金通过金融体系形成循环和流转，如果其中一个或多个子要素体系不存在或是存有较大缺陷，作为系统中的循环资金就有可能发生"不均质"的流向，造成资金流向的不均衡，形成资本的低洼或高峰地带，不利于资金的有效利用，影响金融市场资源的有效配置，更严重的会产生影响金融体系不稳定的风险因素，久而久之影响金融体系的"稳定性"。随着环境的不断发展变迁，金融体系不可避免会出现阶段性不平衡，因此应及时发现体系结构失衡原因并予以完善。

最后，现代金融体系六个子要素体系是相互作用的结合体。如金融基础设施体系，它一方面为金融市场要素体系以及金融市场组织体系提供支付清算等基础服务，另一方面又受到金融法制体系和金融监管体系的制约，两方面共同作用，从而为现代金融体系的发展贡献属于自己的作用。不难发现，如要较好地发挥金融监管体系的作用，好的金融基础设施往往可以起到事半功倍的作用。

四、现代金融体系"六要素论"的运用价值

相对于传统金融体系而言，现代金融体系"六要素论"的观点不仅在理论框架构建上内容更加饱满，同时也能够帮助人们更好地分析、理解和解决经济金融实践中出现的各类问题，从更高层面上理解国家金融发展战略，对如何加强现代金融体系建设、应对国际金融冲突制裁发挥警示、导向作用。

（一）现代金融体系框架下中小企业融资难问题解析

中小企业融资难融资贵是个世界性难题，而这其中主要的原因首先是中小企业的信息不对称问题，即金融机构不能有效获取信息，且又因为其不能有效提供担保和抵押（往往是企业融取资金的必要条件）；其次，中小企业往往规模较小，难以满足上市融资的门槛条件，从而没有办法向金融市场直

接融取资金；最后，由于中国长期存在不均衡的二元经济和社会结构，导致市场经济体系和金融体系也有明显的二元特征，这也直接造成了金融资源分配机会的严重不公和占用成本的严重失衡，产生了对中小企业等弱势群体的金融排斥（吕劲松，2015[15]）。

从现代金融体系的分析框架来看，中国中小企业融资难融资贵的问题，与其子体系的不完善密不可分，那么如何理解并寻找对策？首先是现代金融体系的基本元素部分：通过强化对初创期企业的融资扶持，建设区域性股权交易场所，完善新三板市场建设等一系列措施，完善金融市场要素子体系建设，为中小企业全生命周期股权融资渠道的拓展提供支持；通过促进传统金融组织（如商业银行）地位提升和融资功能的充分发挥，促进其他各类中小金融机构经营体制改革等，优化金融市场组织体系，为中小企业多样化来源融资渠道的拓展提供支持。其次是现代金融体系的配置元素部分：通过提高现代金融基础设施体系水平，如建设综合金融服务平台，降低中小企业与金融机构之间的信息不对称程度，提高金融机构服务中小企业融资的水平；通过改善金融市场环境体系，特别是着力于加快加强中小企业征信和增信体系建设，培养中小企业的信用意识，为金融机构创造一个良好的金融生态环境。最后，制定和完善金融市场法制体系并提高金融市场监管体系水平：如通过立法建立市场主体失信的惩罚机制，完善贷款抵押担保的法律和制度框架，加强对信贷人和债权人的权利保护；将民间借贷引导到统一金融监管体系之中，将统借统还平台贷款、政策性融资产品、担保贷款、小额贷款等新型债券融资产品纳入监管范围，提高新型监管技能水平等。通过以上分析可以看到，运用现代金融体系"六要素论"去分析和解决现实中的问题，可以系统全面地梳理和发现金融问题的本质原因，并可以就发现的原因对症下药、有的放矢，从而提高解决现实金融问题的效率和水平。

（二）现代金融体系框架下国家金融发展战略的理解

现代金融"六要素论"体系框架为更深入理解《"十四五"规划纲要》中关于构建现代金融体系的内容，即强调"深化供给侧结构性改革，健全具有高度适应性、竞争普惠性的现代金融体系"部分提供了理论依据。第一，要优化金融结构体系即现代金融市场要素体系、金融市场组织体系内容，具体体现为《"十四五"规划纲要》中"全面实行股票发行注册制，建立常态化退市机制，提高直接融资比重"，以及"深化国有商业银行改革，支持中小银行和农村信用社持续健康发展"等相关要求。第二，要提高金融监管透明度和法治化水平。《"十四五"规划纲要》从完善现代金融监管体系，完善存款保险制度等相关制度建设方面加以阐述，充分体现了现代金融市场法制体系和金融市场监管体系两个子体系之间的密切关联性和相互作用的重要性。第三，强化金融市场环境和金融市场基础设施建设。《"十四五"规划纲要》提出构建金融有效支持实体经济的体制机制、提升金融科技水平，与在现代金融体系框架下，强调了金融市场环境、金融基础设施建设在国家金融发展战略中的重要性保持一致。尤其在当前互联网快速发展时代，各种金融科技如雨后春笋般涌现，如果没有与之相互配套的现代金融基础设施的发展，必然会影响到金融科技的效率和稳定，从而影响金融体系的整体功效和经济发展。因此，发展现代金融基础设施体系就显得尤为重要。综上所述，通过构建现代金融"六要素论"体系，可以清晰地理解国家战略的主要着眼点和思路体系，从国家金融视角出发，做好国家顶层设计，从而更好地服务一国金融稳定与发展。

（三）现代金融体系框架下国际金融问题的启示和思考

随着世界经济一体化，金融全球化的发展，国际金融制裁已经越来越普遍（相比其他经济制裁更易于执行，操作便捷，且效果显著）。而在全球发起金融制裁最为频繁的国家就是美国，据不完全统计，近十年美国监管机构向全球各级机构开出的罚单就高达400多亿美元（陈阳等，2019[16]）。美元所拥有的国际货币金融体系中心地位，赋予美国超过其他任何一国的雄厚金融实力，也让美国在发起金融制裁时逐渐具备了强烈的单边主义倾向，其在决定发起金融制裁行动时并不需要过多考虑其他国家的反应（徐以升和马鑫，2020[17]），即金融制裁具有很强的不对称性，能够为其外交目的及霸权而服务，这在近年来美国对俄罗斯、伊朗、朝鲜等国家的金融制裁中就可以得到证明，美国最主要的"杀手锏"就是利用SWIFT系统垄断或切断目标国跨境支付的美元通道，从而使目标国无法开展对外贸易与投资结算，而这将严重阻碍目标国与国际社会的经贸投资以及金融领域合作的开展，同时也对目标国的经济发展与社会稳定产生相当不利的影响。

面对未来可能日益严重的国际冲突和制裁风险，基于现代金融六要素体系，各国可以从两个方面防范未来可能发生的金融制裁风险：首先，强化金融市场法制体系建设，一是尽快制定《外国制裁及其他不当行为阻断法》《本国海外资产管理法》和《本国反经济金融制裁法》等法律法规，以正式立法的形式宣告外国延伸到其境外的金融制裁制度无效，保护本国的海外资产（陈阳等，2019；陶士贵和聂蕾，2017[18]）；二是强化现代金融基础设施体系建设，各国须彻底打破 SWIFT 系统在全球跨境支付体系中的垄断地位，一方面可以支持欧盟创建的"贸易互换支持工具系统（INSTEX）"和中国创建的"人民币跨境支付系统（CIPS）"等其他替代系统，完善与这些替代系统相配套的基础设施，改变以往过度依赖美元国际清算系统的局面；另一方面各国也可以采用双边货币互换的方法来避开美元的使用，一定程度也具有防范美国制裁的效果。其次，强化金融市场监管体系建设，针对跨境支付新体系，需完善其法律监管机制，细化监管权力和责任清单等。

五、"六要素论"现代金融体系在粤港澳大湾区的实践

自 2019 年 2 月《粤港澳大湾区发展规划纲要》（以下简称《纲要》）发布以来，粤港澳大湾区建设不断推进，在推进国际科技创新中心建设、大湾区城际铁路建设、现代产业体系建设、推动规制衔接等方面取得突破性进展①。推进金融协同合作是粤港澳大湾区建设的重要内容，对此，纲要提出要有序推进金融市场互联互通，扩大大湾区内人民币跨境使用范围和规模，有序推动大湾区内金融产品跨境交易等措施。2020 年，中国人民银行等部委发布了《关于金融支持粤港澳大湾区建设的意见》，对进一步推动湾区金融开放创新，提升内地与港澳金融合作力度提供了大力支持和实践指导。2021 年 9 月 5 日和 6 日，中共中央、国务院先后印发了《横琴粤澳深度合作区建设总体方案》《全面深化前海深港现代服务业合作区改革开放方案》，为进一步深化粤港澳大湾区合作指明了方向，尤其是《横琴粤澳深度合作区建设总体方案》（以下简称横琴方案）②，对推进横琴粤澳深度合作区金融合作管理提供了详细指导。该方案按照国家统筹规划、服务实体、风险可控、分步推进原则，在跨境资本自由流入流出和推进资本项目可兑换方面均做出指

---

① 引自《广东：深入推进粤港澳大湾区建设打造新发展格局战略支点》，澎湃政务：国家发展改革委，2020 - 12 - 23.
② 全文参见《中共中央、国务院印发〈横琴粤澳深度合作区建设总体方案〉》，新华社，2021 - 09 - 05；在后文的论述中，部分内容引自该方案条款并加以进一步论述。

引，具体涉及提升银行服务水平、推进跨境直接投资便利化、拓展跨境融资领域、支持符合一定条件的非金融企业自主借用外债以及跨境证券投融资等工具，充分体现了放管结合、放活金融之水与守住风险底线的积极有为的金融创新改革思路①。

站在国家金融的视角，以"六要素论"现代金融体系为分析框架可以发现，横琴方案是推进中国现代金融体系的重要创新和探索。首先，在金融市场要素和市场组织体系建设方面，方案提出探索琴澳间跨境资本自由流入流出和资本项目可兑换。这在当前人民币国际化持续深化、人民币需求持续高涨的背景下显得尤为重要，特别是伴随着中国资本市场的深度双向开放，新参与主体的需求还将释放扩大，国际社会对中国外汇市场也提出了更好的要求（王彩萍和张龙文，2021[19]）。横琴方案强调跨境资本自由流动及资本项目可兑换，不仅有助于促进外汇市场要素体系创新，还可为中国推进建立高水平对外开放的金融市场要素体系改革提供一片试验田。同时，针对当前粤澳跨境电商等新型国际贸易结算需求不断扩张的情形，横琴方案提出要指导银行提升金融服务水平，推进银行的真实性审核从事前审查转为事后审查。这一有效探索将为推进银行等金融市场组织参与国际竞争提供学习模板和参考案例，增强其服务高水平开放金融市场的能力，为促进中国跨境金融服务市场组织体系的完善提供实践基础和经验支持。

其次，在金融市场法制体系建设以及金融市场环境建设方面，一方面，方案指出"在跨境融资领域，探索建立新的外债管理体制，试点合并交易环节外债管理框架，完善外债备案等级制管理"等内容，是金融市场法制体系在跨境资金管理中不断完善的有效探索；另一方面，方案积极促进金融市场环境体系的改革，不仅在风险管控的同时，为符合一定条件的非金融企业根据其实际融资需求自主借用外债提供了引导支持，同时还推动在跨境证券投融资相关领域的创新，服务合作区特色及比较优势产业发展，尤其是对境外上市、发债等方面的需求予以积极支持，丰富了企业跨境融资渠道，促进了金融要素资源的配置优化，提升了金融服务实体经济的水平和能力。实践中，各类金融机构及非金融企业跨境投融资的热情持续高涨，如2021年11

---

① 王彩萍，李建平，姜彦君. 创新跨境金融管理便利金融活水在粤澳便捷流动［N］. 21世纪经济报道，2022－01－21.

月,中国银行横琴粤澳深度合作区分行成功为澳门国际银行办理 4.8 亿元跨境融资业务,成为内地银行与澳门本地法人银行办理的首笔跨境人民币融资业务,有效促进了内地与澳门金融市场的互联互通①。

再次,在金融市场监管体系建设方面,横琴方案提出"在跨境直接投资交易环节,按照准入前国民待遇加负面清单模式简化管理,提高兑换环节登记和兑换便利性",是"先放后管""放管结合"的现代金融市场监管理念的积极探索和创新。一方面,监管的放松有助于提升资本跨境流通的效率,降低投资成本,吸引更多外商直接投资流入,促进合作区产业发展;另一方面,横琴粤澳深度合作区金融市场监管的创新也可被看作是国家对沙箱监管模式的试点,以包容审慎的态度促进合作区金融创新,厘清政府与市场的界限,明确哪些该管、哪些该放,即通过一定范围内的容错纠错机制,促进金融创新并提升其发展的活力②。

最后,横琴方案推动跨境金融管理的创新,对促进金融市场基础设施体系建设也提出了新的要求。一方面,横琴方案通过支持打造中国—葡语国家金融服务平台,推进葡语国家人民币清算中心建设,提升中国与葡语国家金融合作服务的水平;另一方面,横琴方案关注合作区跨境金融业务的高效安全运行,提升了对新型高科技金融基础设施的需求标准,为促进金融基础设施创新及金融基础设施体系构建完善提供实践场景③。

《"十四五"规划纲要》指出要优化区域经济布局,促进区域协调发展,金融是区域经济发展的重要推动力,金融要素的顺畅流动对于促进区域协调发展发挥着重要支撑作用。2022 年 4 月 10 日,《中共中央 国务院关于加快建设全国统一大市场的意见》发布,明确提出,要"加快建立全国统一的市场制度规则,建设高效规范、公平竞争、充分开放的全国统一大市场",以提高资源要素在各个环节的畅通度,金融是促进区域经济发展的重要资源要素,亟须加快研究以推进其跨区域畅通流动。横琴方案是在粤港澳大湾区面

---

① 引自《合作区首笔!横琴银行与澳门本地法人银行跨境融资业务落地》,人民网,2021 - 11 - 11.
② 王彩萍,李建平,姜彦君. 创新跨境金融管理便利金融活水在粤澳便捷流动 [N]. 21 世纪经济报道,2022 - 01 - 21.
③ 王彩萍,李建平,姜彦君. 创新跨境金融管理便利金融活水在粤澳便捷流动 [N]. 21 世纪经济报道,2022 - 01 - 21.

临"一国、两制、三种法律制度、三个关税区、三个货币区"现实问题大背景下的金融业重大创新，是促进金融资源跨区域畅通流动、推进国家金融改革的试验田。"六要素论"现代金融体系为全面、深入理解横琴粤澳深度合作区金融管理体制创新，促进金融活动在粤澳便捷流动提供了坚实的理论基础，如何应用"六要素论"现代金融体系，研究推进建设全国统一的"金融大市场"是当前值得思考的另一重要问题。

六、结论与展望

本文以现代金融体系"六要素论"观点为核心，首先从金融体系传统观点的衍化出发，强调了当前国家经济金融实践的快速发展对传统金融理论体系创新的迫切要求；其次对现代金融体系在传统金融体系基础上的创新进行剖析，并重点分析了其六要素（子体系）即金融市场要素、金融市场组织、金融市场法制、金融市场监管、金融市场环境、金融基础设施之间的逻辑关系，构建现代金融体系分析思路框架；最后是运用现代金融体系的思路框架，对国内国际金融实践问题展开应用分析。从总体来看，现代金融体系的构建有助于更好地理解和把握当前经济金融中存在的相关问题，并为问题的解决提供方向指导。

然而，现代金融体系六个子要素体系的功能仍进一步发展，由于金融市场主体认识上的不完整、政府政策上的不及时以及金融全球化的冲击等原因（陈云贤，2021），其功能的完全有效发挥还需要一个漫长的过程。其中，首要的措施是在现代金融体系六个子要素体系的功能方面设定一个相对清晰的标准，将当前相对模糊的子要素体系的边界清晰化、规则化，从而避免在负面冲击下由于市场主体认知不完整而导致的政策决策和作用时滞，提升金融制度建设和具体决策的质效，这将成为现代金融体系未来需要努力完善的重要方向。

参考文献

[1] 陈云贤. 国家金融学 [M]. 北京：北京大学出版社，2018.
[2] 王重润. 公司金融学 [M]. 南京：东南大学出版社，2010.
[3] 黄达. 金融学 [M]. 北京：中国人民大学出版社，2017.

[4] 霍文文. 市场金融学教程 [M]. 上海: 复旦大学出版社, 2005.

[5] 黄益平. 强化市场机制构建现代金融体系——《2018 径山报告》·综合 [J]. 新金融评论, 2018 (5).

[6] 张学森. 金融法学 [M]. 上海: 复旦大学出版社, 2020.

[7] 陈雨露. 工业革命、金融革命与系统性风险治理 [J]. 金融研究, 2021 (1).

[8] 吴晓求. 现代经济体系的五大构成元素 [J]. 经济理论与经济管理, 2018 (1).

[9] 陈云贤. 关于创设"国家金融学"的几点思考 [J]. 中山大学学报 (社会科学版), 2021 (2).

[10] 徐忠. 新时代背景下中国金融体系与国家治理体系现代化 [J]. 经济研究, 2018 (7).

[11] 朱明. 金融法概论 [M]. 北京: 中国金融出版社, 2006.

[12] 王国刚. 加快构建现代金融体系 [J]. 中国金融, 2018 (12).

[13] 邱兆祥, 陈名萃, 安世友. 构建服务高质量发展的现代金融体系 [J]. 理论探索, 2019 (6).

[14] 程炼. 金融科技时代金融基础设施的发展与统筹监管 [J]. 银行家, 2019 (12).

[15] 吕劲松. 关于中小企业融资难、融资贵问题的思考 [J]. 金融研究, 2015 (11).

[16] 陈阳, 侯奕隆. 跨境金融制裁与金融机构国际化之路 [J]. 当代金融家, 2019 (12).

[17] 徐以升, 马鑫. 金融制裁的手段及金融制裁核心特征 [J]. 国际融资, 2020 (11).

[18] 陶士贵, 聂蕾. 美国对伊朗经济金融制裁的动因、影响及启示 [J]. 南京邮电大学学报 (社会科学版), 2017 (4).

[19] 王彩萍, 张龙文. 国家金融体系结构 [M]. 广州: 中山大学出版社, 2021.

国家金融布局、创新模式转化与高质量发展

邝思宁　李　橙　国世平[①]

摘要：基于中国275个地级及以上城市的数据，从国家金融学角度出发，研究如何优化金融体系结构以寻求影响中国创新模式转化的激励机制及经济高质量发展的创新模式。研究结果表明，存在最优金融结构以促进创新模式转化，但该结构动态调整取决于后发国家（地区）与技术前沿的距离。在技术前沿距离缩短或前沿技术获取难度加大的情况下，后发国家（地区）需调整金融体系结构，从而激励自主创新的产出，克服技术低端锁定。中国需做好金融顶层布局，完善多元化金融体系，强化自主创新，实现科技自立自强。

一、引言

十三届全国人大五次会议的政府工作报告中提到，中国"十四五"实现良好开局，但全球新冠肺炎疫情仍在持续，中国经济发展面临新挑战，提出要加强金融对实体经济的有效支持，并要深入实施创新驱动发展战略，依靠创新提高发展质量。自改革开放以来，中国利用后发优势创造了中国经济发展的奇迹。然而伴随着整体国力的增强，后发追赶的技术红利因为中国和发达国家技术差距的逐步缩小而消失。后发国家在后期易陷入低水平创新路径锁定陷阱，即当模仿创新带来的边际效应递减使得技术差距无法收敛，就会形成较难突破的"最后最小距离"，而跨越该距离的方法就是前沿技术创新。同时，技术创新也需要坚实的经济金融基础支撑，不同类型的金融体系结构

---

① 作者简介：邝思宁（1994— ），女，辽宁大学经济学院博士生，研究方向为区域经济；李橙（1986— ），男，深圳大学当代金融研究所博士后，研究方向为区域经济与金融学；国世平（1957—2020），男，深圳大学当代金融研究所所长、教授、博士生导师，研究方向为宏观经济与区域经济学。

对于各创新模式的影响也不尽相同。陈云贤（2021）[1]提出要从宏观层面研究国家金融行为，做好金融顶层布局，让金融服务于科技创新与实体经济，进而推动国家发展。

Ansburg 和 Dominowski（2000）[2]认为，技术创新的产生有两种过程，一种是循序渐进的，技术曲线呈平滑稳定前进的发展态势，另一种是基于外部知识创新引起的生产力突变，技术创新曲线通过质变呈断点飞跃性发展。大多数文献将创新的异质性分为两类，一是技术曲线平稳发展归为模仿创新、延续创新（exploration R&D），二是技术曲线断点质变归为自主创新、前沿研发（exploitation R&D），本文也采用了该分类方法。

对于金融结构影响创新模式偏好选择这一现象，Allen 和 Gale（2000）[3]、龚强等（2014）[4]认为银行更愿意借贷给技术成熟的实体企业，即银行主导型金融结构更匹配模仿创新、延续创新的企业。林毅夫等（2013）[5]、Morck 和 Nakamura（1999）[6]认为钻研前沿技术的企业更倾向于股权融资，即市场主导型的金融结构更匹配自主创新的企业。此外，张春（2001）[7]、张成思和刘贯春（2016）[8]研究指出，在银行主导的金融体系下，银行过大的影响力会抑制企业经营的创新性。Rioja 和 Valev（2014）[9]、张一林等（2016）[10]研究发现，技术创新型企业在银行体系中较难获得有效的资金支持，因银行难以共享企业研发成功带来的超额回报，导致银行缺乏激励以支持技术创新的企业。

此前学者们的研究证明了金融结构对于创新模式偏好存在重要影响，不同的国家金融布局会给各类型企业带来不同的效果。本文旨在分析中国在前沿距离不断缩小的过程中，经济发展由要素驱动向知识和技术驱动的转变，匹配实体经济中需求侧对金融结构的要求。本文将从理论上分析，在不对称信息环境下，金融结构对不同企业的创新效率的影响，进而论证金融结构和经济发展阶段相匹配是基于企业创新的融资需求，揭示金融结构和创新理论、经济发展理论之间的联系。本文研究认为合适的金融结构可以促使结构性生产边界尽可能靠近技术性生产边界，技术创新作为金融结构优化促进经济发展的中介变量，进而对经济发展产生深刻的影响。

本文可能的贡献在于：第一，在理论上首次探讨了不同模式的金融结构对两类创新的影响，进而论证金融结构对创新理论，金融结构对经济发展理论之间的逻辑联系；第二，与已有研究讨论金融结构通过影响产业结构从而促进经济发展不同，本文强调金融结构与技术创新融资需求相匹配的重要性，认为技术创新是金融结构影响经济发展的重要渠道，尤其是在中国经济由高速增长转向高质量发展的关键时期。

二、模型与假说

为阐述在不同的技术前沿差距下，后发追赶国家如何通过金融结构布局实现经济追赶的动态过程，本文在Park和Kim（1998）[11]模型的基础上，引入Bolton和Freixas（2000）[12]和龚强等（2014）提出的金融结构对技术创新模式会产生影响这一结论，构建了一个包含模仿创新、延续创新和自主前沿研发两类模式的中间品内生增长模型。通过对模型均衡路径的分析，以阐述外生的前沿技术差距对最优金融结构的影响机理。本文假设自主研发会受信息不对称的影响，其研发融资源于金融市场，而金融市场的规模由家庭金融资产和金融结构中金融市场占比决定；模仿创新、延续创新所需的融资来源于银行，假定技术信息透明，则企业总是以模仿创新和延续创新获得银行融资，使其研发投入的方向符合企业利润最大化的需求。

（一）基本假设

基于Akcigit和Kerr（2018）[13]模型的基础上，增加了家庭金融资产作为异质类创新的资金来源，这一改进将金融结构要素引入模型中。假设存在四部门：最终产品生产、中间产品生产、前沿研究（金融融资）和应用研究（银行融资、利润驱动）。劳动者在最终产品生产部门、前沿研究部门和应用研究部门从事劳动生产活动，并无差别领取同一水平工资，最终产品部门工资等于应用研究部门工资等于前沿研究工资，即 $\omega_{Y,t} = \omega_{A,t} = \omega_{B,t}$。这些部门可以运用四种生产要素：（1）前沿研究包括基础科学的突破、颠覆性创新的产生；（2）应用研究部门推进应用生产的技术边界，其技术创新主要来源于三部分，分别为前沿研究的带动、已有技术的进一步优化（延续性创新）、通过海外收购、专利购买等吸收前沿技术国家的技术（模仿创新）；（3）物质资本，根据家庭的储蓄决定积累，用于中间产品部门的中间品生产；（4）劳动力，分别投入三部门，其中投入最终产品部门记为 $L_{Y,t}$，投入应用研究部门记为 $L_{A,t}$，投入前沿研究部门记为 $L_{B,t}$，而投入中间品部门的资本记

为 $k_{i,t}$。完全竞争市场下最终产品部门生产单一产品，产出需要中间产品和劳动力投入。中间产品市场为垄断市场，资本作为可变的生产要素。应用研究部门追逐利润最大化，通过将前沿技术转化用于推进生产最终产品的技术边界，并通过出售专利获利。前沿技术研究部门的研发动力来源于技术领先带来的市场垄断利润和技术突破的需求，因此会按照金融资产的固定比例 ρ_t 对前沿技术增加投入。必须先掌握前沿技术，才能将相关的前沿技术投入应用领域，如需要掌握核裂变技术才能够建造核电站。具体模型框架见图1。

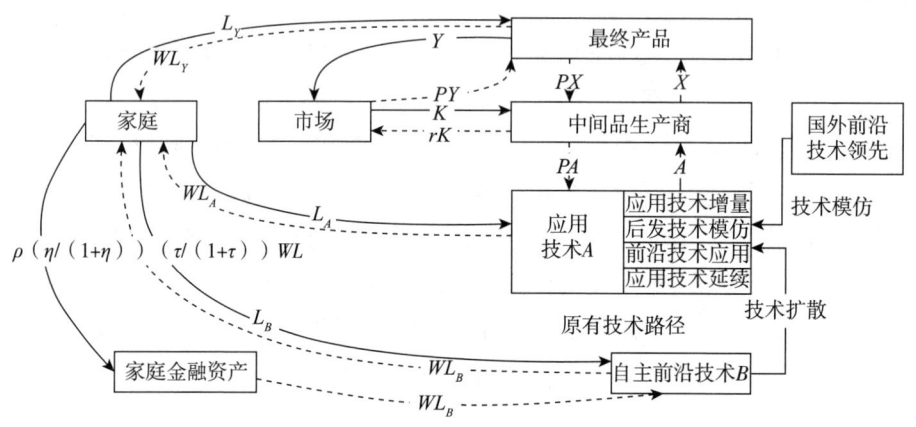

图1　分析框架

（二）模型框架

1. 家庭。考虑世代交替模型下的家庭，其效用函数为：

$$u_t = \log c_t + \eta \log[(R_{t+1} - 1) \times s_t] \tag{1}$$

其中，c_t 为工作期间消费，R_{t+1} 为代际折现率，s_t 为家庭储蓄。而家庭支出由金融资产、储蓄以及消费构成，并且金融资产的本质还是储蓄，单个家庭消费水平 $c_t = \dfrac{1}{1+\eta} h_t \omega_t$，储蓄水平为 $s_t = \dfrac{\eta}{1+\eta} h_t \omega_t$，并且一个家庭代表一个劳动力，有 h_t 代表一生工作时间，社会总劳动力为 L_t，简化处理不考虑家庭增长率。劳动力按照部门需求分别投入最终产品部门、应用研发部门和前沿研究部门。有 $L_t = L_{Y,t} + L_{A,t} + L_{B,t}$ 为社会所有劳动力。金融结构为 τ，采用金融结构规模来描述金融结构，有贷款来源于金融市场为 $\dfrac{\tau}{1+\tau}\dfrac{\eta}{1+\eta} h_t \omega_t$，将会

有固定比例 ρ 投入到前沿研发中，ρ 为外生变量，会受到国家政策及投资者风险偏好等因素的影响。

2. 最终产品部门。最终产品的生产需要由中间品的投入和应用生产的技术边界 A_t 决定，因此生产函数为：

$$Y_t = L_{Y,t}^{\alpha} \int At_0 x_i^{\beta} di, \ (\alpha + \beta = 1) \tag{2}$$

其中，Y_t 代表 t 时期的最终产出水平，由参与最终产品生产的劳动力水平 $L_{Y,t}$ 和投入生产的中间品 x_{it} 所决定。最终产品的价格标准化为单位1，由于最终产品属于完全竞争市场，因此生产要素的投入水平由其边际产出水平决定，因此每单位有效劳动的工资水平和中间品的价格水平为：

$$\omega_{Y,t} = \alpha L_{Y,t}^{-\beta} \int At_0 x_i^{\beta} dix_{it} = \alpha \frac{Y_t}{L_{Y,t}}, \ P_{it} = \beta L_{Y,t}^{\alpha} x_{it}^{\beta-1} \tag{3}$$

默认所有中间产品的投入具有对称性，则所有中间产品的价格相等。

3. 中间产品部门。中间产品部门的投入为资本要素，假定一单位资本要素的投入能够产出一单位的中间品，即可以认为 $x_{it} = k_{it}$，并假定资本的边际成本为 $\frac{\omega_t}{\lambda}$，这一设定可以满足两个假设：（1）使得中间产品的边际产出率与最终产品的边际产出增长率一致；（2）使得价格可以成为边际成本的一个固定成本加成。垄断市场下中间产品的利润为：

$$\pi_{it} = p_{it} x_{it} - \frac{\omega_t}{\lambda} k_{it} \tag{4}$$

垄断市场追求利润最大化，将式（3）中的价格代入式（4）并对资本求解一阶导数可知 $\frac{\omega_t}{\lambda} = \beta^2 L_{Y,t}^{\alpha} x_{it}^{\beta-1}$，说明价格是边际成本的固定加成，即有 $p_{it} = \frac{1}{\beta} \frac{\omega_t}{\lambda}$。显然，不同企业之间的最优定价政策是对称的，这意味着下标 i 可去掉。由于对称性，每家公司都使用的资本要素为 $k_{it} = \frac{K_t}{A_t}$，其中，K_t 为社会总资本的投入，A_t 为最终生产部门使用设计蓝图的数量。因此可以将最终产品部门的生产函数改写为：

$$Y_t = L_{Y,t}^{\alpha} A_t^{\alpha} K_t^{\beta} \tag{5}$$

中间品生产部门利润最大化，代入价格和成本的关系，以及式（5）可以获得最大化利润为：

$$\pi_{it} = \alpha\beta\frac{Y_t}{A_t} \quad (6)$$

4. 应用研究部门。应用部门的成本为劳动力成本，即其通过雇佣 L_{At} 水平的科学家推进应用生产的技术边界并通过售卖专利使用权获利。如图 1 所示，应用研究部门能够通过三个方面获取灵感，包括：（1）通过对已有技术的改进形成延续性创新，提升原有产品的质量以及生产效率；（2）后发国家通过和前沿技术国家的贸易、交流过程中获知更为先进的应用技术，该项新技术的产生需要在新的前沿技术 B 的支撑下才能自行研发产生，然而通过吸收创新使得后发国家可以略过对前沿技术 B 的自主研发，而直接获取该项技术，并且反哺国内的前沿技术研究团队。（3）来源于国内前沿技术的突破，进而可以基于新的前沿技术研发创新。从前沿研究到应用研究的溢出效应比应用研究的溢出效应更大，主要因为两个原因：（1）应用技术、专利具有部分排他性，而前沿研究可不受限制地被加以利用；（2）新的技术会开辟新的市场，而新的蓝海市场所带来的利润回报往往会高于在红海市场所获得的利润回报，这是因为蓝海市场在初期一般为垄断市场，而红海市场则是完全竞争市场，这也是为什么颠覆性创新能为企业带来更大利润的原因。企业在应用研究部门的生产函数为：

$$\dot{A}_t = \delta L_{At} B_t^{\mu} A_t^{\phi} u_t^{\vartheta} \quad (7)$$

生产函数借鉴孙早（2017）[14] 的基础，加入描述前沿技术差距的影响变量。其中 $\dot{A}_t$ 为 t 时期通过应用部门将所能获得的知识技术转化为新设计蓝图的增量水平，δ 为常数且大于 0，代表了研发人员将各类知识技术转化为中间品的转化效率。增量来源于四个部分，分别是：（1）应用研发的劳动力水平；（2）后发追赶国家现有的前沿技术水平，前沿技术的积累能够转化为应用技术，对 $\dot{A}_t$ 产生影响的除了积累水平 B_t 还有技术转化率（$\mu>0$），前沿技术间的差距主要体现在 B_t 的水平上。因为应用技术的更新是基于掌握了某项前沿技术的基础上产生的，当这项前沿技术缺失时，则无法进行生产；（3）原有技术路径的延续改进水平，这一部分延续性的创新能够在原有技术水平上提升生产效率，因此受原有技术水平 A_t 以及技术改进效率

($\phi>0$)的影响;(4)模仿创新、吸收创新效率,这也是后发追赶国家在技术增长效率上能够追赶上前沿技术国家的重要因素,其主要由后发追赶国家和前沿技术国家的前沿技术差距 u_t 所决定,有 $u_t \geq 1$。当 u_t 较大时,说明前沿技术差距较大,获取本国所不具备的前沿技术下诞生的专利或者应用技术较为容易,使得应用部门可跃过自主前沿研究部门而掌握其生产工艺。这也使得在技术差距较大时,技术创新带来的生产效率提升较快,而后发国家可以通过对于生产工艺的掌握反推前沿技术,因而当技术前沿差距较大时,模仿创新是较为高效的创新模式。当技术前沿距离较小时,很多专利设计还在专利保护中,技术获取存在困难,此时只能依靠自主创新突破。θ 为外生变量,代表获取国外前沿技术的难易程度。

应用研发部门的利润为:

$$\pi_{At} = p_{At}\delta L_{At}B_t^\mu A_t^\phi u_t^\vartheta - \omega_{A,t}L_{At} \tag{8}$$

为了满足利润最大化,应用研究部门最优选择了人力资本水平 L_{At},专利价格的条件为:

$$P_{At} = \frac{\omega_{A,t}}{\delta B_t^\mu A_t^\phi u_t^\vartheta} \tag{9}$$

同时,应用研究部门将专利卖给中间品生产商,在有专利保护的条件下,即该技术的使用具有排他性,其价格正好等于中间品生产商的利润,因为如果价格小于其利润,总会有不在市场中的企业想以稍高的价格买断专利进入市场,因此,专利的价格需要等于中间品生产厂商的利润,即 $p_{At} = \pi_{it}$。

5. 自主前沿研究部门。自主前沿研究的生产函数为:

$$\dot{B}_t = vB_t^\zeta A_t^\gamma L_{Bt} \tag{10}$$

其中,v 为常数,B_t 为后发国家当前所掌握的前沿技术,其提升效率为 $\zeta>0$,考虑到后发国家能够通过应用研究倒推前沿技术,因此加入了应用技术对前沿技术的影响,其中技术倒推效率为 $\gamma>0$,研发增量由参与研究的科学家人数决定。研发部门劳动力数量为:

$$L_{Bt} = \rho_t \frac{\tau}{1+\tau}\frac{\eta}{1+\eta}L_t \tag{11}$$

自主前沿研究具有高风险和不确定性,同时能够获取高回报,因此,按照金融结构影响创新偏好的理论,可以默认自主前沿研究部门的融资渠道来源于家庭金融，用 τ_t 代表金融市场在市场融资的占比，即金融结构，当全部为银行融资时，属于极端情况，则没有人愿意承担风险投入前沿研究。ρ 为外生变量，代表着研发投入占比，其外生于后发国家对于前沿技术的重视程度，当注重自主研发时，ρ 取值较大，因而投入研发的科学家数量也会增加。

（三）均衡市场分析

因劳动力参与三个部门的生产过程中所获得的工资相等，因此，根据式（3）、式（9）和式（11），可得到劳动力在三部门的分配关系为：

$$L_{Yt} = \frac{B_t^{-\mu} A_t^{1-\phi} u_t^{-\vartheta}}{\beta \delta} \tag{12}$$

$$L_{At} = L_t - L_{Yt} - L_{Bt} = L_t\left(1 - \rho_t \frac{\tau}{1+\tau}\frac{\eta}{1+\eta}\right) - \frac{B_t^{-\mu} A_t^{1-\phi} u_t^{-\vartheta}}{\beta \delta} \tag{13}$$

将式（13）代入式（7）可得下一期应用生产的技术边界为：

$$\begin{aligned}A_{t+1} &= \delta L_{At} B_t^\mu A_t^\phi u_t^\vartheta + A_t \\ &= L_t\left(1 - \rho_t \frac{\tau}{1+\tau}\frac{\eta}{1+\eta}\right)\delta B_t^\mu A_t^\phi u_t^\vartheta - \frac{1-\beta}{\beta}A_t\end{aligned} \tag{14}$$

进一步分析资本存量，资本存量来源于储蓄，包括金融资产和银行储蓄，利用式（3）、式（5）及式（12）可得：

$$\begin{aligned}K_{t+1} &= \left(1 - \rho_t \frac{\tau}{1+\tau}\frac{\eta}{1+\eta}\right)(h_t \omega_t L_t) = \left(1 - \rho_t \frac{\tau}{1+\tau}\frac{\eta}{1+\eta}\right)(h_t L_t)\alpha L_{Yt}^{-\beta} A_t^\alpha K_t^\beta \\ &= \left(1 - \rho_t \frac{\tau}{1+\tau}\frac{\eta}{1+\eta}\right)(h_t L_t)\alpha \left(\frac{B_t^{-\mu} A_t^{1-\phi} u_t^{-\vartheta}}{\beta \delta}\right) A_t^\alpha K_t^\beta\end{aligned} \tag{15}$$

而前沿技术在下一期的技术水平为：

$$B_{t+1} = v B_t^\zeta A_t^\zeta L_{Bt} + B_t = v B_t^\zeta A_t^\zeta \rho_t \frac{\tau}{1+\tau}\frac{\eta}{1+\eta} L_t + B_t \tag{16}$$

经济发展水平 GDP 为最终产品产量乘以价格也就是 Y_t，而下一期 GDP 为：

$$Y_{t+1} = \left(\frac{B_{t+1}^{-\mu} A_{t+1}^{2-\phi} u_{t+1}^{-\vartheta}}{\beta \delta}\right) K_{t+1}^\beta \tag{17}$$

在此基础上对均衡增长路径进行解析求解分析长期均衡下的增长路径，有：

$$g_{At} = \frac{A_{t+1} - A_t}{A_t} = L_t\left(1 - \rho_t \frac{\tau}{1+\tau}\frac{\eta}{1+\eta}\right)\delta B_t^\mu A_t^{\phi-1} u_t^\vartheta - \frac{1}{\beta} \quad (18)$$

$$g_{Bt} = \frac{B_{t+1} - B_t}{B_t} = v B_t^{\zeta-1} A_t^\zeta \rho_t \frac{\tau}{1+\tau}\frac{\eta}{1+\eta} L_t \quad (19)$$

$$g_{Kt} = \frac{K_{t+1} - K_t}{K_t} = \left(1 - \rho_t \frac{\tau}{1+\tau}\frac{\eta}{1+\eta}\right)(h_t L_t)\alpha\left(\frac{B_t^{-\mu} A_t^{1-\phi} u_t^{-\vartheta}}{\beta\delta}\right) - \beta A_t^\alpha K_t^{\beta-1} - 1 \quad (20)$$

由式（18）、式（19）和式（20）可得 GDP 的均衡增长因子为：

$$\frac{Y_{t+1}}{Y_t} = \left(\frac{B_{t+1}^{-\mu} A_{t+1}^{2-\phi} u_{t+1}^{-\vartheta}}{B_t^{-\mu} A_{t+1}^{2-\phi} u_t^{-\vartheta}}\right)^\alpha \frac{K_{t+1}^\beta}{K_t^\beta} = \left[\frac{\left(1 - \rho \frac{\tau_{t+1}}{1+\tau_{t+1}}\frac{\eta}{1+\eta}\right)}{\left(1 - \rho \frac{\tau_t}{1+\tau_t}\frac{\eta}{1+\eta}\right)}\right]\left(\frac{A_{t+1}}{A_t}\right)^\alpha\left(\frac{K_{t+1}}{K_t}\right)^\beta = \frac{K_{t+1}}{K_t} \quad (21)$$

即 $g_{Yt} = g_{Kt}$。稳态条件为：$g_{A,t+1} = g_{At}$，$g_{B,t+1} = g_{Bt}$，$g_{K,t+1} = g_{K,t}$，$g_{Y,t+1} = g_{Yt}$ 且有：

$$\frac{\left(1 - \rho \frac{\tau_{t+1}}{1+\tau_{t+1}}\frac{\eta}{1+\eta}\right)}{\left(1 - \rho \frac{\tau_t}{1+\tau_t}\frac{\eta}{1+\eta}\right)} = \frac{B_{t+1}^{-\mu} A_{t+1}^{1-\phi} u_{t+1}^{-\vartheta}}{B_t^{-\mu} A_t^{1-\phi} u_t^{-\vartheta}} \quad (22)$$

根据均衡条件分析，中文提出以下假说：

假说1：技术追赶初期，追赶脚步较快，但随差距缩短，技术追赶的速度放缓（$\frac{u_{t+1}}{u_t}$ 因为速度放缓而变大），需要增加自主前沿创新，最优金融结构会偏向市场结构 $\left(\frac{\tau_{t+1}}{\tau_t} > 1\right)$。

在技术追赶初期，因前沿距离较大，容易形成较快的追赶步伐，由于模仿创新带来的边际效应递减使得技术差距无法收敛，此时技术追赶脚步放缓，即随时间推移，根据式（22），等号右边缩小，则等号左边需要相应缩小维持稳态。而 $\left(1 - \rho \frac{\tau_t}{1+\tau_t}\frac{\eta}{1+\eta}\right)$ 是 τ 的减函数，所以需要增加市场结构比重，即最优金融结构会偏向市场结构。将该结论推广之，当获取前沿技术的难度加大，因 $\frac{u_{t+1}}{u_t} < 1$，则 $\left(\frac{u_{t+1}}{u_t}\right)^{-\theta}$ 变小，同理可知最优金融结构会偏向市

场结构以应对前沿技术的封锁。

假说2：初始资本固定，初始应用技术水平决定最优金融结构，如果应用技术水平越低，稳态下初始的金融结构选择也应该越低，即以银行主导为主。若初始应用技术水平越高，则反之。

由式（20）和式（21）可知 $\left(1-\rho\dfrac{\tau_t}{1+\tau_t}\dfrac{\eta}{1+\eta}\right)\times A_t \propto K_t$，存在最优金融结构，同时最优金融结构会受应用技术水平和初始资本的影响，资本固定的情况下，应用技术水平增加，则相应的最优金融结构需要同比例增加才能满足稳态增长的需求。假说1说明后发国家在追赶过程中，其金融结构安排需要由其自身的应用技术水平决定，当技术落后较大时，过多投入前沿研究反而会挤占应用研究的投入。另一方面，若技术差距较大，这时的应用研究效率更高，同时还能在技术吸收后形成对前沿技术的反推，促进前沿技术的提升，因此，合理地选择应该是较低的金融结构水平，更多依赖银行市场，减少风险投入，加快模仿创新才能更好地发挥后发优势。

以上分析说明，在后发国家的追赶路径上，因为后发优势会伴随着前沿距离缩短而减弱，为了避免低端技术锁定，需要调整创新模式，同时也需调整金融结构与之发展匹配。

三、研究设计

（一）数据来源

本文以中国275个地级及以上的城市在2004—2016年间的面板数据为研究样本，考虑到本文的研究目的是分析国家金融如何布局以影响创新模式的转化，进而促进经济高质量发展，本文将选取金融结构和创新模式偏好作为主要的解释变量。本文的面板数据源于《中国城市统计年鉴》和《中国城市建设统计年鉴》，金融数据来源于CSMAR和Wind数据库，剔除了ST股票、金融行业股票，获取275个城市每年在上海、深圳证券交易所的公司市值及交易量。

（二）金融结构的测度

金融结构的测度方法借鉴了Demirguc–Kunt和Levine（2001）[15]、杨子荣和张鹏杨（2018）[16]以及吴尧和沈坤荣（2020）[17]的做法，从金融结构规模和金融结构活力两个维度衡量各城市金融结构的市场化程度。

1. 金融结构规模。金融结构规模（Financial structure size，解释变量 fs-size）衡量的是股票市场相对于银行系统的比重大小。金融结构规模的具体指标，可分为股票市场总市值/银行贷款、股票市场总市值/银行存款、股票市场总市值/银行总资产。

2. 金融结构活力。金融结构活力（Financial structure activity，解释变量 fsact）衡量的是股票市场相对于银行系统的活力。金融结构活力的具体指标，可分为两个：股票市场总交易量/银行贷款、（股票市场总交易量/GDP）/（银行贷款/银行存款）。

金融结构市场化程度的取值越大，说明金融体系越趋于市场主导型；反之，越趋于银行主导型。纵观世界各国金融体系与经济发展的历史，美国和英国是典型的"市场主导型"金融体系，而德国和日本则是"银行主导型"金融体系，而在技术创新领域，日、德企业拥有大量顶级的利基企业（Niche top enterprise），在特定的利基市场拥有绝对的技术领先，但在半导体、新能源汽车等新兴市场，则是美国、英国企业占主导。考虑到以上事实，本文认为经济平稳发展对于是否选择"银行主导"或"市场主导"并无明显影响，所以可以将金融结构指标视为外生变量进行分析。

（三）创新模式偏好的测度

本文关注的是中国各地级市的发明专利、实用新型专利和外观设计专利三种专利类型的授权数量，分别记为 $innovation_{it}$、$utility_{it}$ 和 $design_{it}$，数据来源于中国国家知识产权局。Lederman 和 Saenz（2005）[18]指出，在发展中国家，专利数量更能体现创新活动的价值。本文参考毛昊等（2018）[19]的研究，认为以实用新型专利大多是技术的改进、模仿，而发明专利则代表自主研发创新，为了进一步描述创新模式偏好的选择，本文使用专利结构指标 $tecstr_{it} = innovation_{it} / (utility_{it} + design_{it})$ 来代表创新模式偏好，其中发明专利代表了以自主研发为主的高质量创新，实用新型专利和外观设计专利则代表低风险的延续性、模仿创新，因此专利结构的取值越大，说明更倾向于自主研发；反之，则说明整个创新风向更偏于模仿创新。

（四）前沿科技距离测度

均衡创新增长率表达了全要素生产率在长期均衡的增长情况。据此，本文参照 Kumbhakar（2000）[20]的方法，采用随机前沿生产函数（SFA），利用超越对数生产函数测算各地级市的全要素生产率，从而得到以全要素生产率的变动率为表征的产业创新绩效。超越对数生产函数方程设定如下：

$$\ln gdp_{it} = \beta_0 + \beta_k \ln K_{it} + \beta_l \ln L_{it} + \beta_t t + \frac{1}{2}\beta_{kk}\ln K_{it}^2 + \frac{1}{2}\beta_{ll}\ln L_{it}^2 + \frac{1}{2}\beta_{tt}t^2$$
$$+ \beta_{kt}t\ln K_{it} + \beta_{lt}t\ln L_{it} + \beta_{kl}\ln K_{it}L_{it} - u_{it} + \varepsilon_{it} \quad (23)$$

其中，u_{it}表示技术无效率项，gdp_{it}为各地级市产出水平，K_{it}为各地级市固定资产投资总额，L_{it}为各地级市年末总人口数量。根据连玉君（2018）[21]的观点，将随机因素分离以获得更为"干净"的技术效率变量TE_{it}，技术前沿的主要推动力是全要素生产率的增长，进一步细分，在全要素生产率的增长中，技术创新的提高是最主要动力，因此技术增长率TE与前沿国家技术增长率的差距可以刻画为前沿距离，考虑到最前沿国家技术增长率是固定值，因此也可以直接选用代表技术水平的TE_{it}作为与前沿技术距离的替代变量，TE_{it}越大说明离前沿技术越近，反之则说明离前沿技术越远。

（五）模型构建

本文主要研究内容包括三方面：创新偏好对于经济发展的影响，金融结构对于创新偏好的影响，以及金融机构通过创新形成对经济发展的影响效应传导路径分析，所以本文分为三部分来进行论证（见图2）。

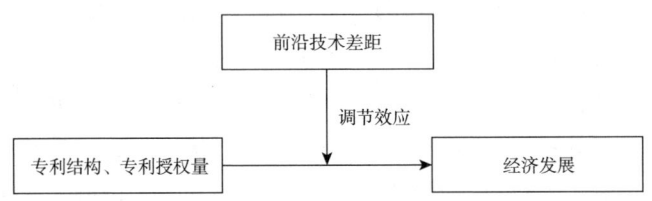

图2　模型框架

第一部分检验创新偏好对于经济发展的影响。毛昊等（2018）的理论模型认为实用新型专利对于经济发展水平呈现"倒U形"的特征，认为随着经济平稳发展，经济体的创新能力不断累积，实用新型专利所带来的学习效应不断递减，学习效应逐渐被替代效应取代，实用新型专利的低成本优势不再明显，从而形成发明专利对实用新型专利的替代：

$$\ln gdp_{it} = \beta_0 + \beta_1 \ln innovation_{it} + \beta_2 \ln innovation_{it}^2 + \beta_3 \ln utility_{it}$$
$$+ \beta_4 \ln utility_{it}^2 + \beta_5 \ln fs_{it} + \beta_6 \ln fs_{it}^2 + \alpha_1 control$$
$$+ u_i + q_t + \varepsilon_{it} \tag{24}$$

$$\ln gdp_{it} = \beta_0 + \beta_1 \ln tecstr_{it} + \beta_2 \ln tecstr_{it}^2 + \beta_3 \ln fs_{it}$$
$$+ \beta_4 \ln fs_{it}^2 + \alpha_1 control + u_i + q_t + \varepsilon_{it} \tag{25}$$

其中，式（24）和式（25）都是二次项模型，分别是使用不同专利授权数据和专利结构指标作为解释变量，金融结构 fs 分别用金融结构规模和金融结构活力指标进行拟合。其中 $\ln innovation_{it}$ 为各地级市当年发明专利授权数量的对数，专利数据呈指数分布，取对数处理，$\ln utility_{it}$ 为各地级市当年实用新型专利授权数量的对数。控制变量包括年末总人口数量、固定资产投资总额、FDI 总额、研发投资占比等。

进一步考虑前沿距离可能产生的影响，借鉴温忠麟和叶宝娟（2014）[22]的研究方法，以技术前沿距离替代指标 TE_{it} 为调节效应，构建模型如下：

$$\ln gdp_{it} = \beta_0 + \beta_1 \ln innovation_{it} + \beta_2 \ln innovation_{it} \times \ln te + \beta_3 \ln utility_{it}$$
$$+ \beta_4 \ln utility_{it} \times \ln te + \beta_5 \ln fs_{it} + \beta_6 \ln fs_{it}^2 + \alpha_1 control$$
$$+ \beta_6 \ln te_{it} + u_i + q_t + \varepsilon_{it} \tag{26}$$

$$\ln gdp_{it} = \beta_0 + \beta_1 \ln tecstr_{it} + \beta_2 \ln tecstr_{it} \times \ln te + \beta_3 \ln fs_{it} \beta_4 \ln fs_{it}^2$$
$$+ \alpha_1 control + \beta_6 \ln te_{it} + u_i + q_t + \varepsilon_{it} \tag{27}$$

第二部分检验金融结构对于创新偏好的影响。龚强等（2014）认为在产业技术较成熟时，银行是更加有效的融资渠道；而在技术前沿的产业中，金融市场更能提供有力的支持。在中国，金融市场的发展还未到抑制的拐点，因此金融市场的发展并不会直接抑制实用新型专利授权数量，但是可能已存在相对放缓的迹象，因此选择二次项刻画这一结果。

$$\ln tecstr_{it} = \beta_1 \ln te_{i,t} + \beta_2 \ln fs_{it} + \beta_3 \ln fs_{it}^2 + \alpha_1 control + u_i + q_t + \varepsilon_{it} \tag{28}$$

四、创新偏好对经济发展的影响

与计量模型设定相对应，考虑到创新偏好对经济发展的影响，本文分别对没有考虑调节效应和考虑以前沿距离作为调节效应的模型进行分析，金融结构指标分别选择了金融结构规模（$fssize$）和金融结构活力（$fsact$）来分析，而异质性创新上，分别选择发明专利授权数量、应用专利授权数量以及专利结构（lntecstr）为因变量，对式（24）、式（25）、式（26）和式（27）进行回归分析，检验异质性创新对于经济发展的影响，特别是探讨在前沿距离缩短下，对于技术创新和经济发展之间的调节作用。

（一）基本结果

表1中的（1）~（4）列是在没有考虑前沿距离的情况下，异质创新对于经济发展的非线性拟合结果。结果显示，发明专利对于经济发展的影响其二次项为正向显著，为U形结构，而实用新型专利的二次项系数为负数显著，为倒U形结构，说明随着经济发展，发明专利对于其影响不断加大，而实用新型专利则是一个先增后降的影响。以上结果从实证角度论证了推论1，说明在技术前沿距离缩短的情况下，需要相应地将金融结构向"市场主导"调整，通过自主创新来推进高质量发展。

同时，以金融结构规模和金融结构活力为金融结构参数估计都表明可能存在U形结构，说明当经济发展水平较低时，金融结构的提升对经济发展呈抑制作用，需加强银行市场的主导力量；当经济发展水平较高时，金融结构的提升对于经济发展呈促进作用，增加金融市场的比重能够促进高质量发展转型，这与杨子荣和张鹏杨（2018）的结论一致。

表1 创新对于经济发展的影响

lngdp	(1)	(2)	(3)	(4)	(5)	(6)	(7)	(8)
	不含调节效应				考虑前沿距离为调节效应			
lnfssize	-0.0111 (-0.65)		-0.00905 (-0.54)		-0.0120 (-0.71)		-0.00685 (-0.40)	
lnfssize2	0.0132* (1.84)		0.0120* (1.69)		0.0131* (1.83)		0.0108* (1.91)	
lnfsact		0.0101*** (2.73)		0.00859** (2.39)		0.00887** (2.40)		0.00701* (1.92)
lnfsact2		0.0015*** (3.65)		0.00127*** (3.27)		0.00135*** (3.38)		0.00111*** (2.83)

续表

lngdp	(1)	(2)	(3)	(4)	(5)	(6)	(7)	(8)
	不含调节效应				考虑前沿距离为调节效应			
lninnovation	-0.0213*** (-2.80)	-0.0217*** (-2.85)			-2.190*** (-3.76)	-2.128*** (-3.65)	-1.714*** (-3.38)	-1.528*** (-2.99)
lninnovation2	0.00220** (2.12)	0.00243** (2.33)						
lnteinno					0.101*** (2.73)	0.0976*** (2.63)		
lnutility	0.0546*** (3.97)	0.0500*** (3.63)				0.132*** (3.65)	0.137*** (3.78)	
lnutility2	-0.00243** (-1.98)	-0.00199* (-1.96)						
lnteutil					-0.120*** (-2.92)	-0.125*** (-3.04)		
lntecstr			-0.311*** (-4.35)	-0.301*** (-4.21)			-0.0474* (-1.95)	-0.0435* (-1.78)
lntecstr2			0.628*** (4.10)	0.617*** (4.04)				
lntetecstr							0.496* (1.80)	0.456* (1.65)
个体效应	控制	控制	控制	控制	控制	控制	控制	控制
时间效应	控制	控制	控制	控制	控制	控制	控制	控制
N	3575	3575	3575	3575	3575	3575	3575	3575
R-sq	0.9645	0.9646	0.9643	0.9644	0.9646	0.9647	0.9643	0.9643

注：***，**和*分别表示在1%、5%、10%下显著，括号内为t值或Z值，以下表格一致。

(二) 进一步分析前沿距离的影响效应

根据理论分析，本文认为造成异质创新效率变动的主要原因是应用创新效率存在边际效应递减，而其根源是前沿距离的缩短使可供模仿创新的技术减少，同时由于后发国家的潜在威胁，使得技术前沿国家截断后发国家的"干中学"路径，使得模仿技术获取难度加大，因此前沿距离会影响后发国家的创新效率和创新模式。表1中的（5）~（8）列进一步分析了加入前沿距离作为调节变量的影响，lnte 作为调节变量的模型估计参数。表1中的（5）、（6）列分别使用发明专利授权数量和实用新型专利授权数量，发明专利授权数的估计系数为负数显著，交叉项 lnteinno 是技术前沿和发明专利的交叉项，为正数显著，说明在初期发明专利的增加对于经济发展存在着抑制作用，这可能来源于发明专利投入对应用技术投入产生的挤出效应，但随着技术水平的增加与前沿距离的缩短，发明专利对于经济发展的作用逐渐增加。实用新型专利授权数的估计系数为正数显著，与前沿距离的交叉项 ln-teutility 为负数且显著，说明在追赶初期，应用创新对于经济发展有显著的促进作用，但伴随着技术追赶，实用新型专利对于经济发展的作用逐渐降低，过多投入在低端应用创新上，会导致低端技术锁定，进而影响高质量发展转型。表1中的（7）、（8）列将自变量换成创新偏好，其交叉项乘积为正，说明当前沿技术距离缩短时，自主创新比重增加能够有效促进经济发展，反之，应用创新比重增加则会抑制经济发展。金融结构的系数和（1）~（4）列的符号一致，说明当经济发展到一定水平时，增加金融市场的比重能够促进经济发展这一结论仍然成立。

通过加入前沿距离作为调节变量的分析，可发现后发国家在追赶初期，自主研发创新比重不宜太高。在前沿技术差距缩短、技术追赶的速度放缓的情况下，则需要适当增加自主前沿创新，该结果与假说1一致。

（三）稳健性检验

1. 内生性检验。回归分析的一个关键问题是克服变量的内生性。在本文中，各类专利授权数量能影响经济发展，同时经济发展水平的提高也会反过来促进专利授权数量的提升，这可能会造成内生性问题。因此，将发明专利授权数量、实用新型专利授权数量列为内生变量，使用与创新相关但与经济发展不相关的所属城市上市公司海外并购数量（merge）、上市公司无形资产账面价值（intangible）作为工具变量，其中，海外并购已成为中国企业在世界市场中寻求先进技术的方法，跟专利数量相关，但是海外投资企业的收益不计入 GDP，因此可以记为工具变量；企业无形资产主要是商标权、专利权，而企业又是地方创新申请专利的主体，七成以上的专利都来源于企业，但是无形资产的变更跟当地经济变动无关，因此可以作为工具变量。同时，将两类工具变量分别取平方和与技术前沿相乘，得到 merge2、intangible2 和

temerge、*teintangible*，替代和专利相关的平方项及交叉项，针对表 1 中的（1）、（2）、（5）、（6）列模型用工具变量替代。

表 2　　　　　　　创新对于经济发展的影响：工具变量结果

内生变量	工具变量	(1)	(2)	内生变量	工具变量	(5)	(6)
		二阶段				二阶段	
	ln*utility*	0.1413 *** (2.16)	0.148 *** (2.19)		ln*utility*	0.413 *** (3.28)	0.484 *** (3.19)
	ln*innovation*	−0.0413 *** (3.16)	−0.0406 *** (3.06)		ln*innovation*	−0.27 *** (2.56)	−0.26 *** (2.62)
	ln*utility*2	"−0.0048 ***" (−3.69)	"−0.0051 ***" (−3.71)		ln*teutil*	"−0.0048 ***" (−3.69)	"−0.0051 ***" (−3.71)
	ln*innovation*2	0.0044 ** (1.99)	0.0041 ** (2.01)		ln*teinno*	0.022 ** (2.12)	0.025 ** (2.33)
C-Donald WaldF		21.82	52.78	C-Donald WaldF		39.82	46.79

根据表 2，上市公司海外并购数量和无形资产账面价值对不同专利授权数量显著为正向影响，其二次项和交叉项影响也一致。

2. 遗漏变量分析。采取豪斯曼泰勒估计，加入会对经济发展和技术创新都有影响但是又不随时间而变的变量系数，包括：是否有"211"高校、"211"高校数量以及是否为省会城市、直辖市等不随时间而变的变量系数，构建豪斯曼泰勒估计。结果表明，上述结论没有发生根本性改变，说明异质性创新在动态的技术前沿距离下，对经济发展的作用也随着变动。

3. 变量替代。考虑到专利授权年份和实际专利产出年份有所不同，用滞后一期数据替代原有自变量，以及使用人均 GDP 来替代，回归结果依然稳健。

五、金融结构的传导路径

Demirguc、Kunt 等（2011）[23]提出，不同的技术创新模式对应不同的最优金融结构，发达国家的产出依赖于金融市场，而发展中国家的总产出和银行市场的发展水平关联更密切。中国在当前战略机遇期，科技自立自强已成为国家发展的战略支持,因此金融结构通过技术创新影响经济发展的传导路径是否存在,这一问题尤为关键。前文已经解答了创新模式需要匹配技术前沿距离,那么理论上证明当技术追赶放缓时,金融结构需要偏向金融市场结构,这一论点的现实依据是什么呢?

本文认为,创新模式在金融结构和技术前沿的调节效应中发挥了中介效应。企业采取基础前沿创新,当技术差距较大时,企业通过银行贷款的融资成本将显著提升,因为自主创新收益的不确定性增大了企业面临更高的清算和破产风险;随着企业向技术前沿靠拢,市场主导的金融结构可为较高风险项目提供融资,而银行却难以获取有效的企业内部信息以进行理性的信贷决策,导致金融资源配置效率下降。

表3说明了在以技术前沿距离为调节变量下,金融结构对不同创新模式的影响。其中,对于发明专利授权数量而言,如表3中的(1)、(2)列所示,ln$tefssize$、ln$tefsact$代表了金融结构与前沿距离的交叉项,交叉项系数为正数显著,说明随着技术前沿距离的缩短,金融市场规模和金融结构活力的增加对发明专利呈促进作用。对于实用新型专利而言,如表3中的(3)、(4)列所示,交叉项系数为负数,说明随着前沿距离的缩短,金融结构偏向市场结构对实用新型专利呈抑制作用。表3中的(5)、(6)列计算出创新结构的估计结果,金融结构和前沿距离的交叉项说明了当前沿技术距离缩小时,可适当提升前沿自主研发的比例,这论证了Bolton和Freixas(2000)和龚强等(2014)的结论,并通过实证证明假说2的合理性。

表3 金融结构对于创新的影响

变量	(1) ln$innovation$	(2) ln$innovation$	(3) ln$utility$	(4) ln$utility$	(5) ln$tecstr$	(6) ln$tecstr$
lnte	47.43*** (91.51)	14.16*** (5.92)	44.35*** (99.74)	−0.333 (−0.17)	0.873*** (3.04)	0.329 (1.05)
ln$fssize$	−0.154*** (−3.26)		0.0724* (1.79)		−0.0150** (−2.47)	
ln$tefssize$	0.389* (1.88)		−0.543*** (−3.06)		0.0749*** (2.91)	
ln$fsact$		−0.0116 (−1.34)		0.0209*** (2.97)		−0.00524*** (−4.63)

续表

变量	(1)	(2)	(3)	(4)	(5)	(6)
	ln*innovation*	ln*innovation*	ln*utility*	ln*utility*	ln*tecstr*	ln*tecstr*
ln*tefsact*		0.181***		−0.0877**		0.0328***
		(3.58)		(−2.13)		(4.87)
_cons	−3.699***	0.608**	−1.393***	4.265***	0.0000715	0.0679*
	(−49.20)	(2.00)	(−21.60)	(17.19)	(0.00)	(1.72)
个体效应	控制	控制	控制	控制	控制	控制
时间效应	控制	控制	控制	控制	控制	控制
控制变量	是	是	是	是	是	是
N	3575	3575	3575	3575	3575	3575
R-sq	0.8012	0.8289	0.8269	0.8650	0.1226	0.1274

注：控制变量因篇幅原因没有报告。

六、结论与建议

本文以技术创新为中介变量，从宏观金融角度，研究金融结构与经济发展之间的内在联系，拟解决影响企业技术创新的激励机制，完善技术创新市场导向机制，促进金融服务于实体经济，从而进一步推动高质量发展。本文通过建立中间投入品的内生增长模型，阐述了前沿技术距离在动态变化下对异质性创新的影响，以及相应金融结构的匹配需求。在实证研究上，通过2004—2016年中国地级城市的数据分析，采用调节中介效应论证了金融结构通过企业异质性创新促进经济发展的影响路径，实证检验了理论的合理性。从结果上来看，随着前沿技术差距的变动，创新模式需相应地调整，且金融结构需通过风险匹配机制激励创新模式的转型，其中金融结构的直接效应为U形结构，说明无论是银行主导或市场主导，在一定程度上都能促进经济发展。进一步分析其条件间接效应，也为U形结构，进一步说明了金融结构和创新模式的转化需在前沿技术距离的条件下进行动态匹配。

提升自主创新能力是实现高质量发展的核心，然而通过梳理全国的专利授权发现，发明专利与实用新型专利的比例呈现先增后降的趋势。当企业面对产业政策的激励，更多采取的是自身利益最大化的选择博弈，因而导致了实用新型专利在近几年的爆炸式增长,而符合国家战略的高质量技术创新却被抑制挤出,形成当前中国技术创新的主要矛盾。本文认为一是要根据国家战略要求,动态调整企业激励机制。强化企业创新主体地位,加大激励力度,促进企业加大自主研发,增强企业核心竞争力。加快关键技术攻关,在产业内形成良性层级推进,推动产业向中高端迈进,突破供给约束堵点。二是要从宏观角度出发,做好国家金融布局。金融体系作为国家经济的脉络,连接着各重要经济部门,需完善金融调控,将有限的金融资源配置到符合国家战略方向的关键领域,发挥金融政策对技术创新的积极作用,推动金融服务于实体经济,促进金融和经济循环健康发展。三是要坚定创新引领,加快实现科技自立自强,增强中国发展的竞争力与持续力,在日趋激烈的国际竞争中赢得先机。

参考文献

[1] 陈云贤. 关于创设"国家金融学"的几点思考 [J]. 中山大学学报(社会科学版),2021 (2).

[2] Ansburg P. I. and Dominowski R. I., Promoting insightful problem solving [J]. Journal of Creative behavior, 2000, Vol. 34, No. 1: 31 – 61.

[3] Allen F., and Gale D. Comparing financial systems [M]. Cambridge, MA: MIT Press, 2000.

[4] 龚强,张一林,林毅夫. 产业结构、风险特性与最优金融结构 [J]. 经济研究,2014 (4).

[5] 林毅夫. 利用后发优势实现经济增长 [J]. 今日中国论坛,2013 (20).

[6] Morck R., and Nakamura M. Banks and Corporate Control in Japan [J]. Journal of Finance, 1999, Vol. 54: 319 – 340.

[7] 张春. 经济发展不同阶段对金融体系的信息要求和政府对银行的干预: 来自韩国的经验教训 [J]. 经济学(季刊),2001 (1).

[8] 张成思,刘贯春. 最优金融结构的存在性、动态特征及经济增长效应 [J]. 管理世界,2016 (1).

[9] Rioja F. and Valev N. Financial structure and Capital Investment [J]. Applied E-

conomics, 2012, Vol. 44, No. 14: 1783-1793.

[10] 张一林, 龚强, 荣昭. 技术创新、股权融资与金融结构转型 [J]. 管理世界, 2016 (11).

[11] Park T. and Kim K. J. Determination of an optimal set of design requirements using house of quality [J]. Journal of Operations Management, 1998, Vol. 16: 569-581.

[12] Bolton P. and Freixas X. Equity, Bonds, and Bank Debt: Capital Structure and Financial Contracting [J]. American Economic Review, 2000, Vol. 83: 1165-1183.

[13] Akcigit U. and Kerr W. R. Growth through heterogeneous innovations [J]. Journal of Political Economy, 2018, Vol. 126, No. 4: 1374-1443.

[14] 孙早, 许薛璐. 前沿技术差距与科学研究的创新效应——基础研究与应用研究谁扮演了更重要的角色 [J]. 中国工业经济, 2017 (3).

[15] Demirguc-Kunt A. and Levine R. Financial structure and economics growth: a cross-country comparison of banks, markets, and development [M]. MIT Press, 2001.

[16] 杨子荣, 张鹏杨. 金融结构、产业结构与经济增长——基于新结构金融学视角的实证检验 [J]. 经济学 (季刊), 2018 (2).

[17] 吴尧, 沈坤荣. 资本结构如何影响企业创新——基于我国上市公司的实证分析 [J]. 产业经济研究, 2020 (3).

[18] Lederman D. and Sanez L. Innovation and development around the world [D]. World Bank, Policy Research Working Paper, 2005.

[19] 毛昊, 尹志锋, 张锦. 中国创新能够摆脱"实用新型专利制度使用陷阱"吗 [J]. 中国工业经济, 2018 (3).

[20] Kumbhakar S. C. Estimation and decomposition of productivity change when production is not efficient: a panel data approach. Econometric Reviews [J]. 2000, Vol. 19: 425-460.

[21] 连玉君. 随机边界模型: 进展及 Stata 应用 [J]. 郑州航空工业管理学院学报, 2018, 36 (1).

[22] 温忠麟, 叶宝娟. 中介效应分析: 方法和模型发展 [J]. 心理科学进展, 2014, 22 (5).

[23] Demirguc-Kunt A., Feyen E., and Levine R. Optimal financial structures and development: the evolving importance of banks and markets [D]. World Bank, Washington, DC, 2011.

政府投资与私人投资的互补性

——基于共同富裕时代背景

李粤麟　陈云贤[①]

摘要：资本作为驱动经济发展的重要生产要素，在实现共同富裕的过程中发挥着不可忽视的作用。从中观经济学的角度出发，考虑政府作为社会主义市场经济的"参与者"，研究政府投资对整体资本结构的影响。首先将政府投资引入双层嵌套型CES生产函数，验证私人投资与政府投资的互补性；其次建立扩展的拉姆齐模型，推导出稳态时私人资本与公共资本的最优比例关系，发现私人资本占比低于最优水平；最后通过技术进步偏向指数分解，发现技术偏向于私人资本主要源于私人资本的积累与公共资本与私人资本的互补效应。因此，在鼓励提高私人资本占比的同时，应注意到这会引致技术偏向于私人资本，需防范贫富差距扩大。

一、引言

共同富裕是未来一个发展阶段中的重要目标。党的十八大提出"共同富裕是中国特色社会主义的根本原则"，第十九届中央委员会第五次全体会议将共同富裕作为发展目标，写入《中共中央关于制定国民经济和社会发展第十四个五年规划和二〇三五年远景目标的建议》。中央财经委员会第十次会议研究了扎实促进共同富裕问题，对共同富裕的定义和共同富裕的实现进行了明确的解释，将经济发展作为衡量共同富裕的指标之一。因此，实现共同

---

① 作者简介：李粤麟（1994— ），女，中山大学岭南学院博士研究生，研究方向为中观经济学、经济增长与结构；陈云贤（1955— ），男，北京大学、中山大学客座教授，博士生导师，中山大学中观经济学研究院、国际金融学院、高级金融研究院和国家金融学研究院名誉院长，研究方向为中观经济学、国家金融学。

富裕不光要关注"分好蛋糕",还要关注"做大蛋糕"(李海舰和杜爽,2021[1])。一方面,发展为共同富裕的实现提供了物质基础。另一方面,"授人以鱼,不如授人以渔",共同富裕不光要依靠分配,还要强调落后区域自身的经济发展,从根本上实现共同富裕。在"做大蛋糕"的过程中,私人经济起到了举足轻重的作用(孙琳,2021[2];隗斌贤和赵文冕,2021[3])。私人资本是私人经济的重要生产要素,本文关注私人投资与政府投资的关系,从资本结构的角度为共同富裕的建设提供政策建议。

从供给侧资本要素的角度考虑,以往文献对公共资本与私人资本的处理方式主要有两种。一是直接忽略公共资本与私人资本的区别,或者将二者合并称为资本。例如,张军等(2004)[4]在计算资本存量时,使用的投资额流量并没有区分为政府投资和私人投资,那么其核算的资本存量也自然忽略了二者的区别。这种处理方法可见于诸多实证文献,既可以看作忽略了公共资本,也可以看作二者是完全替代的。因为资本存量=公共资本+私人资本,可以看作是完全替代的组合形式:私人资本可以完全替代公共资本,相反公共资本也可以完全替代私人资本。二是将政府投资作为一项生产要素引入到生产函数当中。例如,Barro(1990)[5]将政府投资引入到 Solow 模型中,即 $Y = AGK^{\alpha}L^{1-\alpha}$,这种引入方式隐含了政府公共资本与私人资本的单位替代弹性属性,而且赋予了政府公共资本以全要素生产率的特性。随后对政府投资的研究大多延续了这种设定,例如郭凯明和王腾桥(2019)[6]等。

但是,政府的投资或者公共资本与私人的投资和资本在本质上是不同的,存在互补特性。一方面,陈云贤(2019[7],2020[8])提出的资源生成理论将资源分为三类:可经营性资源、准经营性资源和非经营性资源。可经营性资源对应产业经济,非经营性资源对应民生经济,准经营性资源对应城市经济,属于资源生成领域。从资源生成的角度来看,私人投资和政府投资有本质的区别:私人投资的资源配置主体是企业,属于可经营性资源,被直接投入到生产和生活当中;政府投资或者公共资本的资源配置主体是政府,被应用于民生经济和城市经济,作用主要是为生产和生活提供必备的基础设施、公共物品等非直接性的生产要素。这一点与部分文献观点一致,例如,吴俊培等(2016)[9]研究了政府投资和民间投资对城镇化发展的差异性影响,印证了政府投资与私人投资的异质性。庞庆明(2018)[10]从政治经济学的角度，总结了公有资本和私人资本的差别。

另一方面，陈云贤（2019，2020）认为准经营性资源在一定条件下可以转换为可经营性资源，具体的资源配置原则是"政府推动、企业参与、市场运作"，这反映出政府投资与私人投资存在相互促进的关系，资源转化程度的把握是政府投资与私人投资融合的有效路径。林毅夫（2011）[11]从新结构经济学的角度指出，政府投资或者公共资本中的软硬件基础设施可以减少企业的交易费用和与生产线可能性边界的距离。政府的投资或者公共资本的积累将改善地区的生产和生活环境，从而促进私人投资或者私人资本的积累。反过来，私人投资或者资本的积累又制约着政府的投资或者公共资本的积累。因此，政府的投资或者公共资本与私人的投资或者公共资本不应该是完全替代的，也不应该是单位替代的，二者应该是相互促进、相互制约的互补关系。

鉴于此，本文将使用双层嵌套型的 CES 生产函数来刻画公共资本与私人资本的互补特性。要素的互补性是经济学研究的基础性问题，以往文献主要关注资本—技能互补（Griliches，1969[12]；Griliches，1970[13]；申广军，2016[14]）。回顾资本—技能互补假说的研究方法，主要可以归为三类：两步条件法（Griliches，1969；Falon 和 Layard，1975[15]；Krusel 等，2000[16]；Lewis，2011[17]）；超越对数函数法（Bergstrom 和 Panas，1992[18]；Papageorgio 和 Chmelarova，2005[19]）和 CES 生产函数参数估计法（Duffy 等，2004[20]；马红旗，2016[21]）。本文借鉴 CES 生产函数参数估计法来验证公共资本与私人资本的互补性。

从需求侧的角度来看，凯恩斯的 IS-LM 模型指出政府的投资会通过债务、税收、价格、汇率等机制挤出私人投资。挤出效应已被得到广泛的关注和验证，例如，Fisher（1993）[22]，尹恒和叶海云（2005）[23]、Link（2006）[24]、陈浪南和杨子晖（2007）[25]、楚尔鸣和鲁旭（2008）[26]以及 Liaqat（2019）[27]。但是，Aschauer（1989）[28]提出了政府的投资同样会通过创造更好的生产和生活环境、增加私人投资的信心等机制挤入私人投资。随后，部分学者也验证了挤入效应，例如 Afonso 和 Aubyn（2009）[29]以及吴俊培和张斌（2013）[30]。同时，也有一部分学者认为挤入效应和挤出效应同时存在，例如 Ahmed 和 Miller（2000）[31]、Reil-Held（2006）[32]、扈文秀和孔婷婷（2014）[33]、周晓燕和徐崇波（2016）[34]、Funashima 和 Ohtsuka

(2019)[35]、Lau 等（2019）[36]以及 Phiri 和 Ngeendepi（2021）[37]。本文认为，政府投资可以通过互补性挤入私人投资。

本文主要研究两个问题。第一，本文从供给侧的角度验证了政府公共资本与私人资本的互补关系。对接资本技能互补和技术进步偏向这类文献，以中观经济学提到的政府是市场竞争"参与者"为基础，本文将资本分为政府公共资本（G）与私人资本（I）两种类型，构建 $[L,(G,I)]$ 双重嵌套式 CES 生产函数，验证二者的互补性。第二，在公共资本与私人资本互补的设定下，本文重新分析了经济增长中的结构问题，为共同富裕政策建议的提出提供理论支撑：一是将拉姆齐的资本累积方程进行扩展，推导出最优的资本结构；二是使用雷钦礼和李粤麟（2020）[38]再定义的技术偏向性指数，研究资本结构对技术进步偏向的影响。

二、公共资本与私人资本的互补性

（一）模型设定

以往文献普遍关注资本要素与技能劳动力要素之间的互补关系，也就是说相对于非技能劳动力，技能劳动力与资本互补性更强。回顾已有资本—技能互补性检验的方法，主要可以归结为三大类：两步条件法、超越对数函数法和 CES 生产函数参数估计法。与以往文献不同，本文关注的是公共资本与私人资本的互补关系，因此将资本要素分为公共资本和私人资本两类。模型借鉴 Acemoglu（1998[39]，1999[40]，2002[41]，2003[42]，2009[43]）对技术进步偏向的设定，并结合 CES 生产函数参数估计方法，构建 $[L,(G,I)]$ 型双重嵌套式 CES 生产函数验证公共资本与私人资本的互补关系，如式（1）所示。

$$Y = \{\alpha(A_L L)^\rho + (1-\alpha)[\omega(A_G G)^\theta + (1-\omega)(A_I I)^\theta]^{\frac{\rho}{\theta}}\}^{\frac{1}{\rho}} \quad (1)$$

其中，Y 表示总产出；L 表示劳动力；G 表示政府的公共资本；I 表示私人资本；A_i 表示 $i(i=G,I,L)$ 要素增强型技术进步；α 和 β 代表分布参数决定要素相对重要程度；ρ 和 θ 为替代弹性参数。根据希克斯对替代弹性的定义可知，$[L,(G,I)]$ 双层嵌套型 CES 生产函数的要素替代弹性如式（2）、式（3）和式（4）所示。

$$\sigma_{GI} = \frac{1}{1-\theta} \tag{2}$$

$$\sigma_{IL} = \frac{\frac{1}{\zeta^L} + \frac{1}{\zeta^I}}{(1-\theta)\left(\frac{1}{\zeta^I} - \frac{1}{\zeta^{GI}}\right) + (1-\rho)\left(\frac{1}{\zeta^L} + \frac{1}{\zeta^{GI}}\right)} \tag{3}$$

$$\sigma_{GL} = \frac{\frac{1}{\zeta^L} + \frac{1}{\zeta^G}}{(1-\theta)\left(\frac{1}{\zeta^G} - \frac{1}{\zeta^{GI}}\right) + (1-\rho)\left(\frac{1}{\zeta^L} + \frac{1}{\zeta^{GI}}\right)} \tag{4}$$

其中，ζ^I、ζ^G、ζ^L分别为私人资本、公共资本和劳动在总支出中的相对支出份额，而ζ^{GI}则表示公共资本和私人资本在总支出中的份额。

由式（2）可知，当替代弹性参数$\theta<0$时，$\sigma_{GI}<1$，表示公共资本与私人资本是绝对互补的，即政府资本的增加将导致私人资本的进一步增加；当替代弹性参数$0<\theta<1$时，$\sigma_{GI}>1$说明政府资本G与私人资本I是替代的，即政府资本的增加将导致私人资本的减少。进一步地，借鉴对资本技能互补的定义可知：当$\sigma_{GL}>\sigma_{GI}$时，即$1>\rho>\theta$时，相对于劳动力，公共资本与私人互补性更强，本文将其定义为公共资本与私人资本是相对互补的；当$\sigma_{GL}<\sigma_{GI}$时，即$1>\theta>\rho$时，相对于劳动力，公共资本与私人不存在更强的互补性，也就是公共资本与私人资本不存在相对互补性。因此，为了验证公共资本与私人资本的互补关系，本文只需验证参数$1>\rho>\theta$。

（二）数据来源及变量说明

总产出使用收入法测算的国内生产总值。劳动力收入份额＝劳动者报酬/总产出；私人资本收入份额＝（营业盈余＋固定资本折旧×私人资本占总资本的比重）/总产出；政府资本收入份额＝1－劳动力收入份额－私人资本收入份额。政府资本和私人资本通过永续盘存法估算得到，其中名义政府投资和私人投资来自《中国统计年鉴》的资金流量表。各名义变量都经过平减得到实际变量。相关数据来源于《中国统计年鉴》，样本区间为1992—2017年。

（三）参数估计

本文使用Klump等（2007）[44]提出的标准化供给侧方法来估计式（1）的替代参数及要素增强型技术进步。根据Klump等（2007）的理论，用平均值作为基准线可以利用更多信息，因此，设定 $Y_0 = \Lambda \overline{Y}$、$G_0 = \overline{G}$、$I_0 = \overline{I}$、$L_0 = \overline{L}$、$\eta_{G_0} = \overline{\eta}_{G_t}$、$\eta_{I_0} = \overline{\eta}_{I_t}$、$\eta_{L_0} = \overline{\eta}_{L_t}$、$t_0 = \overline{t}$。其中，$\Lambda$ 为规模因子，将基准线代入标准化生产函数，连同利润最大化一阶条件，得到估计各参数的标准化供给侧联立方程组，如式（5）所示。

$$\begin{cases} \ln\left(\dfrac{Y_t}{Y_0}\right) = \ln(\Lambda) + \dfrac{1}{\rho}\ln\left\{\eta_{L_0}\left(\dfrac{L_t}{L_0}e^{g_{L_t}}\right)^\rho \right. \\ \qquad\qquad \left. + (1-\eta_{L_0})\left[\left(\dfrac{\eta_{I_0}}{\eta_{I_0}+\eta_{G_0}}\right)\left(\dfrac{I_t}{I_0}e^{g_{I_t}}\right)^\theta + \left(\dfrac{\eta_{G_0}}{\eta_{I_0}+\eta_{G_0}}\dfrac{G_t}{G_0}e^{g_{G_t}}\right)^\theta\right]^{\rho/\theta}\right\} \\ \ln(\eta_{I_t}) = \ln\left(\dfrac{\eta_{S_0}}{1+\mu}\right) - \rho\ln\left(\dfrac{Y_t}{\Lambda Y}\right) + \theta\ln\left(\dfrac{I_t}{I_0}e^{g_{I_t}}\right) \\ \qquad\qquad + \dfrac{\rho-\theta}{\theta}\ln\left[\left(\dfrac{\eta_{I_0}}{\eta_{I_0}+\eta_{G_0}}\right)\left(\dfrac{I_t}{I_0}e^{g_{I_t}}\right)^\theta + \left(\dfrac{\eta_{G_0}}{\eta_{I_0}+\eta_{G_0}}\right)\left(\dfrac{G_t}{G_0}e^{g_{G_t}}\right)^\theta\right] \\ \ln(\eta_{G_t}) = \ln\left(\dfrac{\eta_{G_0}}{1+\mu}\right) - \rho\ln\left(\dfrac{Y_t}{\Lambda Y}\right) + \theta\ln\left(\dfrac{G_t}{G_0}e^{g_{G_t}}\right) \\ \qquad\qquad + \dfrac{\rho-\theta}{\theta}\ln\left[\left(\dfrac{\eta_{I_0}}{\eta_{I_0}+\eta_{G_0}}\right)\left(\dfrac{I_t}{I_0}e^{g_{I_t}}\right)^\theta + \left(\dfrac{\eta_{G_0}}{\eta_{I_0}+\eta_{G_0}}\right)\left(\dfrac{G_t}{G_0}e^{g_{G_t}}\right)^\theta\right] \\ \ln(\eta_{L_t}) = \ln\left(\dfrac{\eta_{L_0}}{1+\mu}\right) - \rho\ln\left(\dfrac{Y_t}{\Lambda Y}\right) + \theta\ln\left(\dfrac{L_t}{L_0}e^{g_{L_t}}\right) \end{cases} \quad (5)$$

其中，η_{G_t}、η_{I_t}、η_{L_t} 分别为政府资本、私人资本、劳动力收入份额；$\mu \geq 0$ 测度价格影响；g_{i_t} 为 i（$i = G, I, L$）要素技术进步的增长率，如式（6）所示。

$$g_{i_t} = \dfrac{\gamma_i}{\lambda_i}t_0\left[\left(\dfrac{t}{t_0}\right)^{\lambda_i} - 1\right], \quad i \in \{G, I, L\} \quad (6)$$

其中，γ_i 为技术增长参数；λ_i 为技术曲率。最后，使用非线性似不相关回归法对式（5）进行参数估计，估计结果如表1所示。

表1　　　　　　　　　　　参数估计结果

参数	估计值	标准误
Λ	0.913	0.008
ρ	0.142	0.039
θ	-0.551	0.188

续表

参数	估计值	标准误
λ_L	1.341	0.217
γ_L	0.059	0.006
λ_G	-0.364	0.114
γ_G	-0.034	0.007
λ_I	-0.953	0.153
γ_I	-0.009	0.003
μ	0.002	0.001

根据政府公共资本 G 与私人资本 I 的要素替代弹性式（2）可知 $\sigma_{GI} = 0.645 < 1$，也就是说政府公共资本 G 与私人资本 I 是绝对互补的。另外，参数估计结果满足 $1 > \rho > \theta$ 验证了公共资本与私人资本互补的假设。至此，本文从理论和实证的角度印证了公共资本与私人资本是互补关系的假说，也为上文提到政府的投资不仅对私人投资有挤出效应还会有挤入效应，提供了一个中观经济学的解释视角：政府的投资作为准经营性资源与私人投资这类可经营性资源是互补的。也就是说，政府投资或者公共资本积累的增加会吸引更多私人投资或者资本积累的增加，从而引致了挤入效应。由经济学理论定义可知，互补的要素存在最优的比例关系①。因此政府投资与私人投资同样存在最优比，也即资本有最优的结构。由于私人投资是共同富裕建设过程中不可忽略的重要角色，因此分析私人投资的最优占比将对共同富裕的建设有重要意义。

三、资本结构

将拉姆齐的资本累计方程扩展为私人资本累积方程和公共资本累积方程，如式（7）和式（8）所示。

$$I_{t+1} = (1 - \delta)I_t + (1 - \tau)Y_t - C_t^i \tag{7}$$

$$G_{t+1} = (1 - \delta)G_t + \tau Y_t - C_t^g \tag{8}$$

---

① 例如眼镜和镜片是完全互补品，二者的最优比例是1:2。

其中，Y 表示总产出如式（1）所示；δ 表示折旧率；τ 表示平均税率；C_t^i 表示私人消费；C_t^g 表示政府消费。

对于政府规划者来说，其目的是让代表性消费者的效用最大。对于代表性消费者来说，私人消费品和公共消费品带来的效用方式不同，不能进行简单的线性加总，因此本文将其设定为 CRRA 加权形式，其效用函数如式（2）所示。

$$\sum_{t=1}^{\infty}\beta^{t-1}\left(\zeta\frac{C_t^{i\ 1-\sigma}-1}{1-\sigma}+(1-\zeta)\frac{C_t^{g\ 1-\sigma}-1}{1-\sigma}\right) \quad (9)$$

结合式（7）、式（8）、式（9），可得到拉格朗日方程如式（10）所示。

$$\begin{aligned}L =& \sum_{t=1}^{\infty}\beta^{t-1}\left(\zeta\frac{C_t^{i\ 1-\sigma}-1}{1-\sigma}+(1-\zeta)\frac{C_t^{g\ 1-\sigma}-1}{1-\sigma}\right) \\ &+ \sum_{t=1}^{T}\lambda_t[(1-\delta)I_t+(1-\tau)Y_t-C_t^i-I_{t+1}] \\ &+ \sum_{t=1}^{T}\mu_t[(1-\delta)G_t+(1-\tau)Y_t-C_t^g-G_{t+1}] \\ &+ \eta_I I_{T+1}+\eta_G G_{T+1}\end{aligned} \quad (10)$$

一阶导得到欧拉方程式（11）和式（12）。

$$C_t^{i\ -\sigma}=\beta C_{t+1}^{i\ -\sigma}\left[(1-\delta)+(1-\tau)\frac{\partial Y_{t+1}}{\partial I_{t+1}}\right] \quad (11)$$

$$C_t^{g\ -\sigma}=\beta C_{t+1}^{g\ -\sigma}\left[(1-\delta)+(1-\tau)\frac{\partial Y_{t+1}}{\partial G_{t+1}}\right] \quad (12)$$

其中，

$$\frac{\partial Y_t}{\partial I_t}=(1-\alpha)\omega A_{I_t}^{\theta}\{\alpha(A_{L_t}L_t)^{\rho}+(1-\alpha)[\omega(A_{G_t}G_t)^{\theta}$$
$$+(1-\omega)(A_{I_t}I_t)^{\theta}]^{\frac{\rho}{\theta}}\}^{\frac{1-\rho}{\rho}}[\omega(A_{G_t}G_t)^{\theta}+(1-\omega)(A_{I_t}I_t)^{\theta}]^{\frac{\rho-\theta}{\theta}}I_t^{\theta-1} \quad (13)$$

$$\frac{\partial Y_t}{\partial I_t}=(1-\alpha)(1-\omega)A_{G_t}^{\theta}\{\alpha(A_{L_t}L_t)^{\rho}+(1-\alpha)[\omega(A_{G_t}G_t)^{\theta}$$
$$+(1-\omega)(A_{I_t}I_t)^{\theta}]^{\frac{\rho}{\theta}}\}^{\frac{1-\rho}{\rho}}[\omega(A_{G_t}G_t)^{\theta}+(1-\omega)(A_{I_t}I_t)^{\theta}]^{\frac{\rho-\theta}{\theta}}G_t^{\theta-1} \quad (14)$$

稳态时，公共资本、私人资本、政府消费与私人消费保持不变，即 $C_t^g=C_{t+1}^g=\overline{C}^g$，$C_t^i=C_{t+1}^i=\overline{C}^i$，$I_t=I_{t+1}=\overline{I}$，$G_T=G_{t+1}=\overline{G}$，结合式（11）~式（14），可得稳态时公共资本与私人资本的关系式（15）和式（16）。

$$1=\beta\left[\begin{array}{l}(1-\delta)+(1-\tau)(1-\alpha)\omega A_I^{\theta}\\ \{\alpha(A_L L)^{\rho}+(1-\alpha)[\omega(A_G G)^{\theta}+(1-\omega)(A_I I)^{\theta}]^{\frac{\rho}{\theta}}\}^{\frac{1-\rho}{\rho}}\\ [\omega(A_G G)^{\theta}+(1-\omega)(A_I I)^{\theta}]^{\frac{\rho-\theta}{\theta}} I^{\theta-1}\end{array}\right] \quad (15)$$

$$1=\beta\left[\begin{array}{l}(1-\delta)+(1-\tau)(1-\alpha)(1-\omega)A_G^{\theta}\\ \{\alpha(A_L L)^{\rho}+(1-\alpha)[\omega(A_G G)^{\theta}+(1-\omega)(A_I I)^{\theta}]^{\frac{\rho}{\theta}}\}^{\frac{1-\rho}{\rho}}\\ [\omega(A_G G)^{\theta}+(1-\omega)(A_I I)^{\theta}]^{\frac{\rho-\theta}{\theta}} G^{\theta-1}\end{array}\right] \quad (16)$$

结合式（15）和式（16）可得稳态下均衡的资本结构式（17）。

$$\frac{I}{G}=\left(\frac{(1-\tau)\omega A_I^{\theta}}{\tau(1-\omega)A_G^{\theta}}\right)^{\frac{1}{1-\theta}} \quad (17)$$

接下来进一步分析各变量对均衡资本结构的影响。图 1 为资本结构随税率 τ 及要素增强型技术进步 A_i（$i=G, I, L$）的变化关系。可以看出，税率的增加将提高公共资本的占比，从挤出效应的角度进行理解，即税率的提升将挤出私人投资，从而降低了私人投资的占比。私人资本要素增强型技术进步 A_I 的增加，将提高公共资本的占比；公共资本要素增强型技术进步 A_G 的增加，将提高公共资本的占比。这可以从公共资本和私人资本互补特性进行

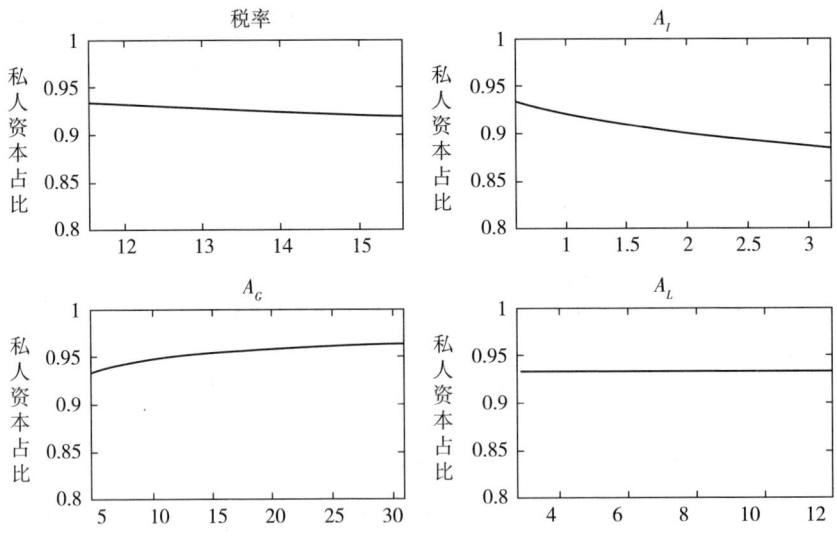

图 1 均衡资本结构与税率及要素增强型技术进步的关系

理解,二者互补特性决定了一类要素其增强型技术进步的提高,将需要配套对应的另一类要素的增加。劳动力资本要素增强型技术进步 A_L 的影响是中性的,不会改变资本结构。

进一步地,图2为结合式(15)和式(16)得出的公共资本与私人资本的稳态均衡值与税率 τ 和要素增强型技术进步 A_i($i=G,I,L$)的关系。税率、劳动力资本要素增强型技术进步 A_L、公共资本要素增强型技术进步 A_G 和私人资本要素增强型技术进步 A_I 的增加,都将提高均衡公共资本和私人资本的数量。公共资本要素增强型技术进步 A_G 的增加由于互补效应,使得私人资本的稳态值增加更多,从而使得私人资本的占比增加。私人资本要素增强型技术进步 A_I 的增加由于互补效应,使得公共资本的稳态值增加更多,从而使得公共资本的占比增加。

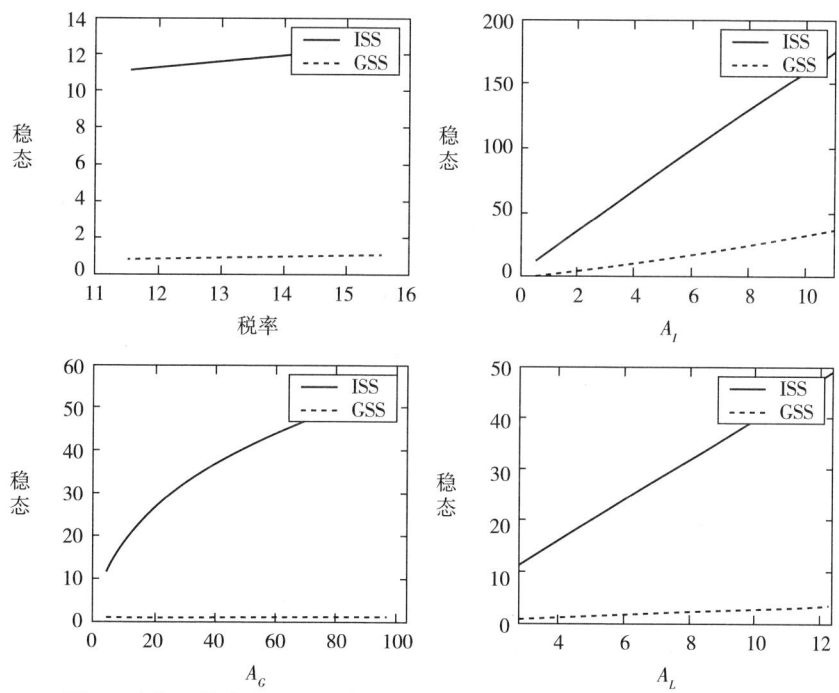

图2　均衡公共资本和私人资本与税率及要素增强型技术进步的关系①

---

① 实线为稳态时的私人资本,虚线为稳态时的公共资本。

均衡总产出与税率及要素增强型技术进步的关系如图 3 所示。由于税率、公共资本要素增强型技术进步 A_G、私人资本要素增强型技术进步 A_I 和劳动力资本要素增强型技术进步 A_L 的增加，提高了均衡公共资本和私人资本的数量，从而带动总产出的提高。

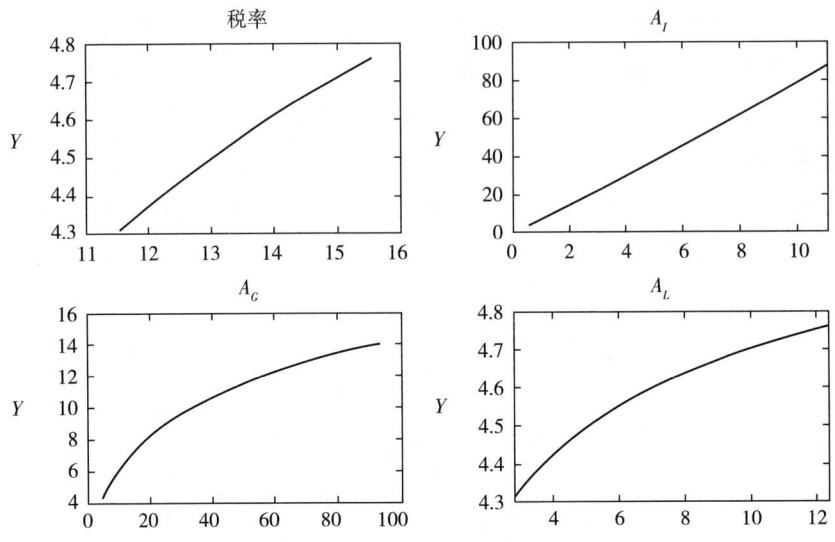

图 3　均衡总产出与税率及要素增强型技术进步的关系

图 4 为均衡资本结构①与实际资本结构对比。将每年的实际数据代入式（15）和式（16）求得每年均衡状态下的公共资本与私人资本，从而得到均衡资本结构。由此可以看出在 2003 年以前，实际的资本结构与模型推导的均衡资本结构拟合度较高，但是 2003 年以后，实际的资本结构逐渐偏离了模型推导的均衡资本结构，表现出公共资本占比过度，而私人资本相对过少的现象。

图 5 为转移动态资本结构②与实际资本结构对比，从中可以看出与均衡资本结构类似，在 2003 年前，实际的资本结构与模型推导的转移动态资本

---

① 均衡资本结构是指假定每年都处在均衡状态。
② 转移动态的资本结构是指，以最后一年的数据为均衡数据，求得均衡结果，然后根据拉姆齐资本积累方程模拟从初始到均衡中间 300 期的转移动态过程，得到转移动态的资本结构。

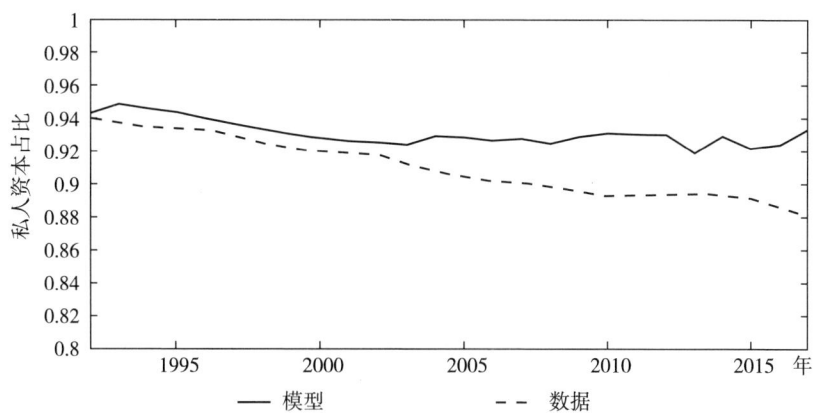

图 4　均衡资本结构与实际资本结构对比

结构拟合度较高，但是 2003 年后，实际的资本结构逐渐偏离了模型推导的均衡资本结构，表现出公共资本占比过度，而私人资本相对过少的现象。这一结果与引言提到的挤入效应与挤出效应并存的结论相一致：虽然公共资本与私人资本的互补特性，使得公共资本的积累带动更多的私人资本积累，从而带来了挤入效应，但是实际的资本结构却表现出公共资本占比过度的情形，这主要是由于公共资本的过度累积，从而挤出了私人资本。

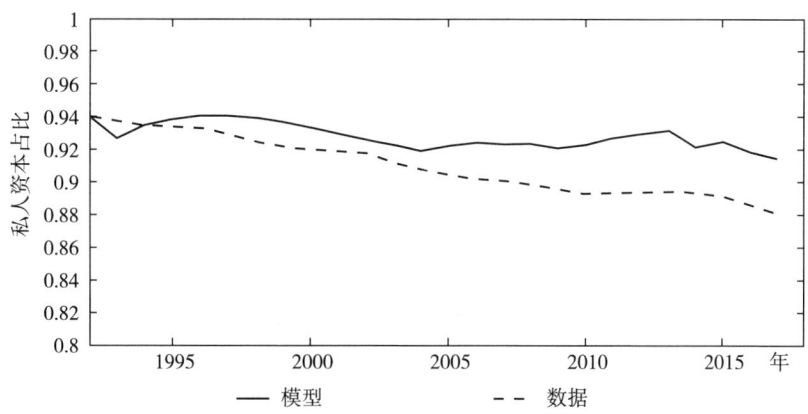

图 5　转移动态资本结构与实际资本结构对比

由于私人经济对共同富裕的建设有着重要作用，但实际上私人资本占比要低于最优水平，这将不利于共同富裕的推进。因此，对于落后地区而言，它们应该重视政府投资与私人投资的最优比例关系，提高私人投资的占比，充分发挥私人经济对共同富裕建设的推动作用。

四、资本结构对技术进步方向的影响

$$Ts = \frac{\mathrm{d}(V_I/V_L)/\mathrm{d}t}{V_I/V_L} = \rho\left(\frac{\dot{A_I}}{A_I} - \frac{\dot{A_L}}{A_L}\right) + \frac{\rho - \theta}{\theta}\frac{\dot{\psi}}{\psi} + \rho\left(\frac{\dot{I}}{I} - \frac{\dot{L}}{L}\right)$$

$$\simeq \underbrace{\rho\left(\frac{\dot{A_I}}{A_I} - \frac{\dot{A_L}}{A_L}\right)}_{\text{直接效应}} + \underbrace{(\rho - \theta)(1 - \beta)\left(\frac{A_G G}{A_I I}\right)^\theta \left(\frac{\dot{A_G}}{A_G} - \frac{\dot{A_I}}{A_I} + \frac{\dot{G}}{G} - \frac{\dot{I}}{I}\right)}_{\text{间接效应}}$$

$$+ \underbrace{\rho\left(\frac{\dot{I}}{I} - \frac{\dot{L}}{L}\right)}_{\text{规模效应}} \tag{18}$$

借鉴雷钦礼和李粤麟（2020）定义的三要素技术进步偏向指数，如式（18）所示。其中 $\psi = \omega + (1 - \omega)(A_G G/A_I I)^\theta$。由式（18）可以看出，技术进步的私人资本偏向性不只来自资本和劳动力的要素增强型技术进步（直接效应），在公共资本与私人资本互补情况下，公共资本以及公共资本体现型技术进步会通过资本—技能互补间接影响技能偏向性（间接效应），另一方面私人资本的相对增加也是影响技术进步方向的重要原因（规模效应）。其中，直接效应是通过提高私人资本相对于劳动力的增强型技术进步来实现，即当 $\rho > 0$，若 $\dot{A_I}/A_I - \dot{A_L}/A_L > 0$，则 Ts 增大；间接效应引致技术进步偏向于私人资本的机制有二：一是通过体现于公共资本的技术水平提高，二是通过资本结构中公共资本比例的提高，即由于公共资本与私人资本相对互补存在前提有 $\rho > \theta$，若有效公共资本相对于有效私人资本有所增加，得到 $\dot{\psi}/\psi > 0$，则 Ts 增大；规模效应是通过私人资本相对于劳动力的密度来实现，即当 $\rho > 0$ 时，若 $\dot{I}/I - \dot{L}/L > 0$，则 Ts 增大。

结合前文表1参数估计结果和式（18）对技术进步偏向指数的定义，得到全国1993—2017年的技术进步偏向性指数（见表2）。

表2　　　　　　　　　　　技术偏向性指数

年份	T_S	$\dfrac{\dot{\rho}-\theta\dot{\psi}}{\theta\psi}$（间接效应）	$\rho\left(\dfrac{\dot{A_I}}{A_I}-\dfrac{\dot{A_L}}{A_L}\right)$（直接效应）	$\rho\left(\dfrac{\dot{I}}{I}-\dfrac{\dot{L}}{L}\right)$（规模效应）	间接效应贡献	直接效应贡献	规模效应贡献
1993	0.061	0.043	-0.112	0.129	0.711	-1.840	2.129
1994	0.014	-0.009	-0.042	0.065	-0.602	-2.898	4.500
1995	0.002	-0.019	-0.024	0.044	-10.022	-12.968	23.991
1996	-0.011	-0.026	-0.017	0.032	2.422	1.598	-3.020
1997	-0.026	-0.036	-0.014	0.024	1.408	0.553	-0.941
1998	0.007	0.000	-0.012	0.019	0.000	-1.692	2.692
1999	-0.019	-0.025	-0.011	0.017	1.337	0.578	-0.915
2000	0.017	0.012	-0.010	0.016	0.675	-0.607	0.931
2001	-0.016	-0.024	-0.010	0.018	1.489	0.611	-1.100
2002	0.018	0.011	-0.010	0.017	0.624	-0.533	0.909
2003	0.019	0.011	-0.010	0.018	0.574	-0.508	0.934
2004	0.108	0.099	-0.010	0.018	0.919	-0.089	0.170
2005	-0.015	-0.022	-0.010	0.016	1.429	0.641	-1.070
2006	0.008	0.000	-0.010	0.018	0.000	-1.220	2.220
2007	0.023	0.015	-0.010	0.017	0.674	-0.431	0.756
2008	-0.062	-0.069	-0.010	0.017	1.116	0.158	-0.274
2009	0.042	0.034	-0.010	0.018	0.803	-0.237	0.434
2010	0.024	0.018	-0.010	0.016	0.736	-0.410	0.674
2011	0.007	0.000	-0.010	0.017	0.000	-1.452	2.452
2012	0.006	0.000	-0.010	0.016	0.000	-1.845	2.845
2013	-0.071	-0.075	-0.010	0.014	1.055	0.145	-0.200
2014	0.069	0.066	-0.010	0.014	0.954	-0.150	0.196
2015	-0.052	-0.053	-0.011	0.012	1.025	0.202	-0.227
2016	0.010	0.011	-0.011	0.010	1.092	-1.104	1.012
2017	0.054	0.055	-0.011	0.010	1.006	-0.197	0.191
均值	0.009	0.001	-0.016	0.025	0.073	-1.901	2.828

通过表 2 的技能偏向性指数可以看到，相对于劳动力，1993—2017 年全国整体技术进步偏向于私人资本，T_S 指数平均值为 0.009；直接效应均为负值，由于测算的 $\rho>0$，所以表明私人资本增强型技术进步的增长率低于劳动力增强型技术进步，这与雷钦礼（2017）[45]得到的结论相吻合："中国经济发展过程中的技术进步都主要体现在劳动力的技术效率的提升上，而资本技术效率的提升速度很慢"；间接效应的作用大部分为正向的，由于 $\rho>\theta$，公共资本与私人资本表现出相对互补性，因此公共资本及其增强型技术进步通过互补效应导致了技术进步偏向于私人资本。1992 年以来中国公共资本以平均 23% 的速度增长大于私人资本 20% 的增长速度，就使得私人资本的占比有所下降，公共资本通过资本技能互补效应提高了生产效率，从而使得技术进步偏向于私人资本；规模效应总为正值，由于测算的 $\rho>0$，所以私人资本的增长率高于劳动力的增长率，这主要得益于中国对资本投资的重视，数据表明中国 1992—2017 年私人资本的增长率平均为 20%，而劳动力的增长率平均为 0.76%，私人资本的增长为劳动力的 20 倍左右，近年来劳动力甚至出现了负增长，此时私人资本与劳动力相互替代，由于规模效应使得技术进步偏向于相对丰裕的要素。

另外，整体来看规模效应的贡献＞间接效应的贡献＞0＞直接效应的贡献，规模效应对技术进步技能偏向性的贡献最大，平均来看其贡献了技术进步偏向于私人资本283%，相对互补效应对技术进步技能偏向性有正贡献（7.3%），而直接效应对技术进步的私人资本偏向性是负贡献（-190%）。因此，当技术进步的质量外生时本文定量地印证了当考虑公共资本与私人资本的差异时，私人资本偏向型技术进步主要来自私人资本规模的增加，其次是公共资本与私人资本的相对互补效应。以往研究大多未考虑公共资本与私人资本的区别，也未考虑二者相对互补的特性，忽略了影响私人资本偏向型技术进步的一大因素，指数存在巨大偏差。公共资本和私人资本的增加，尤其是私人资本，将导致技术进步偏向于私人资本，而不是劳动力，可能会进一步扩大贫富差距。在鼓励增加私人资本占比的同时，应认识到其过度积累也可能不利于共同富裕的建设，因此应注意私人资本的合理占比。

五、结论

分配和发展都是实现共同富裕的重要路径。资本作为驱动经济发展的重要生产要素,在共同富裕的过程中发挥着不可忽视的作用。本文从中观经济学的角度出发,考虑政府作为社会主义市场经济的"参与者",研究政府投资对整体资本结构的影响。

首先,本文验证了政府公共资本与私人资本的互补关系。对接资本技能互补和技术进步偏向两类文献,本文将资本分为政府公共资本(G)与私人资本(I)两种类型,验证了二者的互补性:一方面,为政府投资对私人投资的挤入效应提供了新的解释角度,即由于政府投资与私人投资互补,因此政府投资或者公共资本积累的增加会吸引更多的私人投资或者资本积累的增加,从而引致了挤入效应;另一方面,也意味着二者具有最优的比例关系。

其次,本文将拉姆齐的资本累积方程扩展为公共资本累积方程和私人资本累积方程,推导出公共资本与私人资本最优的资本结构。理论模型结果表明,二者互补特性决定了公共资本(私人资本)增强型技术进步的提高,将提高私人资本(公共资本)要素的占比。数值模拟结果表明,实际的私人资本占比要低于最优水平,即政府公共资本累积过度,这不利于共同富裕的实现。因此,落后地区应该关注政府投资与私人投资的最优比例关系,提高私人投资的占比,充分发挥私人经济对共同富裕建设的推动作用。

最后,本文使用雷钦礼和李粤麟(2020)定义的技术偏向性指数,测算出技术进步偏向性指数。1993—2017 年,相较于劳动力,中国的技术进步偏向于私人资本。指数分解发现,技术偏向于私人资本主要源于私人资本的积累,其次是公共资本与私人资本的互补效应。

概括而言,公共资本存在过度积累的现象,但是在鼓励增加私人资本占比的同时,要认识到私人资本的过度积累不利于共同富裕的建设,要注意私人资本的合理占比。因此,区域政府借助城市基础设施投资发展的过程中,既应该推动区域经济的可持续发展,又应优化公有资本与私人资本投资的合理占比,从而优化资本投资组合,促进区域共同富裕繁荣。可以采用政府和社会资本合作(PPP)、港口公园式城市(PPC)和房地产信托投资基金(REITs)等模式作为政府投资和私人投资融合的有效方式。

参考文献

[1] 李海舰,杜爽. 推进共同富裕若干问题探析 [J]. 改革,2021 (12).

[2] 孙琳. 实现共同富裕的民企力量 [N]. 人民政协报,2021 - 10 - 22 (005).

[3] 隗斌贤,赵文冕. 新时代民营经济推动共同富裕的内在逻辑 [N]. 人民政协报,2021 - 11 - 19 (007).

[4] 张军,吴桂英,张吉鹏. 中国省际物质资本存量估算:1952—2000 [J]. 经济研究,2004 (10).

[5] Barro R. J. Government Spending in a Simple Model of Endogenous Growth [J]. Journal of Political Economy,1990,Vol. 98,No. 5:103 - 125.

[6] 郭凯明,王藤桥. 基础设施投资对产业结构转型和生产率提高的影响 [J]. 世界经济,2019 (11).

[7] 陈云贤. 中国特色社会主义市场经济:有为政府+有效市场 [J]. 经济研究,2019 (1).

[8] 陈云贤. 市场竞争双重主体论——兼谈中观经济学的创立和发展 [M]. 北京:北京大学出版社,2020.

[9] 吴俊培,艾莹莹,张帆. 政府投资、民间投资对城镇化发展差异性影响效应分析 [J]. 经济问题探索,2016 (3).

[10] 庞庆明. 试析新时代中国特色社会主义下的公有资本与私人资本 [J]. 教学与研究,2018 (10).

[11] 林毅夫. 新结构经济学——重构发展经济学的框架 [J]. 经济学(季刊),2011 (1).

[12] Griliches Z. Capital - Skill Complementarity [J]. Review of Economics & Statistics,1969,Vol. 51,No. 4:465 - 468.

[13] Griliches Z. Education,Income,and Human Capital:Notes on the Role of Education in Production Functions and Growth Accounting [M]. Cambridge:NBER,1970:71 - 127.

[14] 申广军. "资本—技能互补"假说:理论、验证及其应用 [J]. 经济学(季刊),2016 (4).

[15] Fallon P. R.,and Layard P. R. G. Capital - Skill Complementarity,Income Dis-

tribution, and Output Accounting [J]. Journal of Political Economy, 1975, Vol. 83, No. 2: 279-302.

[16] Krusel P., Ohanian L E, Rios – Rull J V, and Giovanni L. V. Capital – Skill Complementarity and Inequality: A Macroeconomic Analysis [J]. Econometrica, 2000, Vol. 68, No. 5: 1029-1053.

[17] Lewis E. Immigration, Skill Mix, and Capital Skill Complementarity [J]. The Quarterly Journal of Economics, 2011, Vol. 126, No. 2: 1029-1069.

[18] Bergström V., and Panas E. E. How Robust is the Capital – Skill Complementarity Hypothesis [J]. The Review of Economics and Statistics, 1992, Vol. 74, No. 3: 540-546.

[19] Papageorgiou C., and Chmelarova V. Nonlinearities in Capital – Skill Complementarity [J]. Journal of Economic Growth, 2005, Vol. 10, No. 1: 55-86.

[20] Duffy J., and Papageorgiou C., and Perez – Sebastian F. Capital – Skill Complementarity? Evidence from a Panel of Countries [J]. Review of Economics and Statistics, 2004, Vol. 86, No. 1: 327-344.

[21] 马红旗. "资本—技能互补"对我国技能溢价的影响 [J]. 上海财经大学学报, 2016 (2).

[22] Fischer S. The Role of Macroeconomic Factors in Growth [J]. Journal of Monetary Economics, 1993, Vol. 32, No. 3: 485-512.

[23] 尹恒, 叶海云. 政府债务挤出私人投资：国际证据 [J]. 统计研究, 2005 (10).

[24] Link S. B. Do Government Purchases Crowd out Investment? [J]. Rivista Internazionale di Scienze Economiche e Commerciali, 2006, Vol. 53, No. 3: 323-333.

[25] 陈浪南, 杨子晖. 中国政府支出和融资对私人投资挤出效应的经验研究 [J]. 世界经济, 2007 (1).

[26] 楚尔鸣, 鲁旭. 基于SVAR模型的政府投资挤出效应研究 [J]. 宏观经济研究, 2008 (8).

[27] Liaqat Z. Does Government Debt Crowd out Capital Formation? A Dynamic Approach Using Panel VAR [J]. Economics Letters, 2019, Vol. 178: 86-90.

[28] Aschauer D. A. Does Public Capital Crowd Out Private Capital? [J]. Journal of Monetary Economics, 1989, Vol. 24, No. 2: 171-188.

[29] Afonso A., and Aubyn M. Macroeconomic Rates of Return of Public and Private Investment Crowding – In and Crowding – Out Effects [J]. The Manchester School, 2009,

Vol. 77, No. 1: 21-39.

[30] 吴俊培, 张斌. 积极财政政策挤入效应的实证分析 [J]. 财贸经济, 2013 (7).

[31] Ahmed H., and Miller S. M. Crowding-Out and Crowding-In Effects of the Components of Government Expenditure [J]. Contemporary Economic Policy, 2000, Vol. 18, No. 1: 124-133.

[32] Reil-Held A. Crowding Out or Crowding In? Public and Private Transfers in Germany [J]. European Journal of Population, 2006, Vol. 22, No. 3: 263-280.

[33] 扈文秀, 孔婷婷. 政府投资对民间投资的影响效应——基于中国经济的实证研究 [J]. 国际金融研究, 2014 (11).

[34] 周晓燕, 徐崇波. 政府投资对民间投资的影响: 挤入效应还是挤出效应? [J]. 经济问题探索, 2016 (9).

[35] Funashima Y., and Ohtsuka Y. Spatial Crowding-Out and Crowding-In Effects of Government Spending on the Private Sector in Japan [J]. Regional Science and Urban Economics, 2019, Vol. 75: 35-48.

[36] Lau S. Y., Tan A. L., and Liew C Y. The Asymmetric Link between Public Debt and Private Investment in Malaysia [J]. Malaysian Journal of Economic Studies, 2019, Vol. 56, No. 2: 327-342.

[37] Phiri A., and Ngeendepi E. Do FDI and Public Investment Crowd in/out Domestic Private Investment in the SADC Region [J]. Managing Global Transitions, 2021, Vol. 19, No. 1: 3-25.

[38] 雷钦礼, 李粤麟. 资本技能互补与技术进步的技能偏向决定 [J]. 统计研究, 2020 (3).

[39] Acemoglu D. Why Do New Technologies Complement Skills? Directed Technical Change and Wage Inequality [J]. Quarterly Journal of Economics, 1998, Vol. 113, No. 4: 1055-1089.

[40] Acemoglu D. Changes in Unemployment and Wage Inequality: An Alternative Theory and Some Evidence [J]. American Economic Review, 1999, Vol. 89, No. 5: 1259-1278.

[41] Acemoglu D. Directed Technical Change [J]. Review of Economic Studies, 2002, Vol. 69, No. 4: 781-809.

[42] Acemoglu D. Labor-and capital-augmenting technical change [J]. Journal of

the European Economic Association, 2003, Vol. 1, No. 1: 1 - 37.

[43] Acemoglu D. Introduction to Modern Economic Growth. Princeton [M]. New Jersey: Princeton University Press, 2009.

[44] Klump R., Mcadam P., and Willman A. Factor Substitution and Factor - Augmenting Technical Progress in the United States: A Normalized Suply - Side System Approach [J]. Review of Economics & Statistics, 2007, Vol. 89, No. 1: 183 - 192.

[45] 雷钦礼. 制度环境与经济增长：理论模型与中国实证 [J]. 经济与管理研究, 2017（12）.

第 2 篇
国家金融国际参与

国际货币发行国与使用国的博弈关系与利益协调因素

罗 斌 苏文珺 罗旸洋[①]

摘要：基于国际货币发行国和使用国的利益风险因素及其关键博弈指标，结合国际货币基金组织（IMF）官网和世界银行数据库1995—2018年数据，构建货币发行国和使用国完全信息的一次博弈模型和重复博弈模型，研究表明，货币发行国和使用国均采用合作策略利于双方经济发展，反之亦然。其中，货币官方储备率、通货膨胀率、政治话语权和利息差是影响国际货币发行国与使用国利益平衡的关键因素。具体而言，货币发行国的官方储备率、通货膨胀率和政治话语权越高以及利息差越低，货币使用国的利益损害越大。建议团结多数国家推动世界国际货币及其支付系统的多元化，并对国际货币发行国高通胀、负利率、金融制裁等进行约束，降低国际货币霸权对世界的威胁；在推动人民币国际化过程中，不仅应该秉持利益共赢理念，依据国情适度控制资本自由兑换节奏，降低中国的风险，而且也应该保持人民币价值基本稳定，扩大货币互换协议的范围，建立人民币回流渠道和人民币投资产品等，提高人民币使用国的利益。

一、问题提出

货币国际化进程对国际货币发行国和使用国都会产生一定的利益和风险。例如，国际货币发行国能够获得国际铸币权收益、运用境外储备进行投资的金融收益、国际货币对贸易进出口交易进行结算的经济利益以及国际货

[①] 作者简介：罗斌（1963— ），男，北京理工大学管理与经济学院副教授，研究方向为战略管理；苏文珺（1997— ），女，北京理工大学管理与经济学院博士研究生，研究方向为应用经济；罗旸洋（1992— ），女，华北电力大学经济与管理学院讲师，硕士生导师，研究方向为金融政策与金融风险。

币体系中的政治话语权等利益；同时也会面临汇率、物价波动以及贸易逆差等风险。而国际货币使用国使用国际货币作为工具进行贸易交易，能够促进贸易出口，有助于其融入国际货币体系；同时也会付出铸币税的使用成本以及面临在政治上处于弱势地位等风险。

目前国内外学者对货币国际化利益风险的研究一般基于货币发行国视角，较少涉及货币使用国的利益风险分析和评价，从利益共赢视角研究货币国际化路径的成果更为少见。因此，从量化角度研究国际货币发行国和使用国双方的利益博弈关系，对建立公平的国际金融秩序、平衡国际货币发行国和使用国利益风险、分析货币国际化的利益共赢模式等具有理论和现实意义。为了完善相关研究，本文拟分析国际货币发行国和使用国利益风险的影响因素，在此基础上构建国际货币发行国和使用国利益风险的相关评价指标体系；同时结合一系列的相关数据，创新性地构建利益函数以及博弈模型，并厘清影响货币发行国与货币使用国利益均衡的关键因素。

二、文献综述

（一）国际货币发行国的利益与风险

1. 国际货币发行国的利益。从是否可以量化的角度，陈雨露等（2005）用货币当局新增的货币供应量和通货膨胀率来衡量铸币税收益，用利差来衡量运用境外储备投资产生的金融收益，发现国际货币发行国可以量化的经济利益有铸币税收益和金融收益。而降低汇率风险、降低交易成本、促进外交、抵御金融风险以及提升国际话语权等属于难以量化的经济利益和超出经济范围的其他利益。Lim（2005）、Opie 和 Riddiough（2020）、邓贵川和彭红枫（2019）从货币的职能角度，认为国际货币发行国可以利用其在交易、计价和储备方面的优势，扩大金融机构的业务范围，获取巨大的投资收益和汇兑收益，降低交易成本等。李建军等（2013）、白晓燕和邓明明（2016）认为国际货币发行国的货币在国际流通中作为标价和结算货币，行使价值尺度职能时，可以规避汇率风险，促进贸易发展，获取经济收益。钟伟（2002）认为国际货币发行国的货币可以获取与其经济紧密联系国家的铸币税输入，可以通过贬值减轻自身债务负担，同时也能获得巨额海外投资收益和汇差，而其自身承担的汇率波动风险有限。

2. 国际货币发行国的风险。从金融风险的角度，钟伟（2002）指出国际货币发行国为了维持相对独立的汇率政策需要付出成本，并且国际货币发行国之间的竞争行为会导致汇率危机。宋芳秀和李庆云（2006）认为美元的国际化会使美国经济容易受到其他国家经济波动的影响，产生铸币税逆转的风险。有学者认为长期储备货币贬值会破坏国际货币的信誉，导致债务上升，所以"嚣张的特权"不可能长期持续。Al-Azzam 和 Mimouni（2017）、张定胜和成文利（2011）从经济风险角度，认为货币国际化过程必定伴随着经济和金融开放的风险；张宇燕和张静春（2008）、陈建奇（2012）指出国际货币发行国因对外提供货币作为支付工具会产生贸易逆差，而若货币发行国不削弱国际贸易收支逆差，又会导致其汇率下降，甚至发生国际货币使用国的抛售现象，从而产生矛盾。目前没有明确的制度规定国际货币发行国对国际货币使用国应该承担的责任，因此货币发行国货币充当国际储备资产的稳定性是难以保证的。张宇燕和张静春（2008）、陈翊和韦宁卫（2010）认为国际货币发行国所承担的成本包括特里芬难题、维护金融稳定的责任、不对称冲击对国内政策的反面影响、增加国家宏观调控的难度、维护国家内部经济和金融稳定的难度等。

（二）国际货币使用国利益与风险

由于国际货币使用国利益与风险的相关研究较少，本文主要从货币国际化和国际货币体系利益与风险的文献中间接归纳。

1. 国际货币使用国的利益。在金融方面，李巍和苏晗（2015）指出改革开放前期，中国选择依赖美元的国际货币政策对防范金融和货币风险有利。杨荣海和李亚波（2017）、曾敏丽和卢骏（2012）认为渐进式的资本账户开放方式有利于维护金融稳定、经济增长和提升人民币隐性"货币锚"地位。范小云等（2014）、Gong 等（2017）认为人民币国际化推进对解决国际储备货币供给难题，维持国际储备货币偿付能力和币值稳定等有重要意义。

2. 国际货币使用国的风险。展凯等（2021）、曹彤和赵然（2014）表明经济实力、贸易规模和币值稳定性有助于支撑货币的国际地位，资本账户开放度、金融市场发展水平、政治稳定性和军事实力显著影响货币国际化相对程度，而国际货币使用国在这些方面均处于劣势。国际货币使用国与发行国在政治军事博弈中不仅在货币话语权方面有劣势，也面临货币发行国政治经济军事等方面的压制。Cohen（2012）指出货币国际化会导致货币权力分散，影响政治和军事独立性。在金融方面，白晓燕和邓明明（2016）认为货币国际化可以部分解释未完全国际化货币国家产生通货膨胀和汇率波动的原因。张定胜和成文利（2011）认为国际货币使用国不得不以低息持有货币发行国的债券，从而导致其被动受制于国际货币发行国的净负债增长。在经济方面，张宇燕和张静春（2008）、Ogrokhina 和 Rodriguez（2019）的研究指出，国际货币发行国的货币政策主要从汇率波动、通货膨胀率以及负债等方面影响货币使用国。

（三）货币国际化利益风险的相关研究评述

已有文献如陈雨露等（2005）、宋芳秀和李庆云（2006）、Cohen（2012）、展凯等（2021）主要从经济、金融以及政治军事因素等方面分析国际货币发行国和使用国利益风险的影响因素。其中，货币发行国的利益主要表现在铸币税、"嚣张的特权"、投资收益、汇兑收益、金融市场发展和国际影响力等方面，而其风险主要表现在汇率变动、物价波动、债务风险、贸易逆差、贸易开放风险和政治政策独立性受约束等方面。国际货币使用国的利益主要表现在经济和对外贸易的增长、金融市场发展和相关金融收益等方面，而其风险主要表现在铸币税和"嚣张的特权"产生的风险、汇率波动、通货膨胀率、债务风险以及受货币发行国政治影响和制约。

目前货币国际化利益风险的研究对象主要是国际货币发行国，对国际货币使用国的利益风险关注较少，对两者利益风险的系统性量化比较和利益协调问题的研究更少。为此，本文基于国际货币基金组织（IMF）官网和世界银行1995—2018年数据，构建完全信息的一次博弈模型和重复博弈模型，从货币发行国和使用国双视角分析国际货币发行国和使用国的利益协调问题，识别国际货币发行国与使用国的关键利益协调因素，以期为货币国际化相关研究提供新思路。

三、国际货币发行国和使用国利益风险的影响因素及其量化指标

参考陈雨露等（2005）学者对相关问题的研究思路，本文主要从经济、金融和政治等方面分析国际货币发行国和使用国利益风险的影响因素及其量化指标（见表1）。

(一) 经济金融因素

1. 铸币税。铸币税对国际货币发行国来说是利益指标，对于国际货币使用国来说是风险指标。关于铸币税的量化方法，陈雨露等（2005）将国际货币发行国银行体系中由其他央行持有的新增储备用 ΔM_r 表示，用 $S_{ni} = \Delta M_r$ 表示名义国际铸币税收益，用 $S_{ri} = \Delta M_r/P$ 表示实际国际铸币税收益，在这里 P 表示 cpi。本文用某个国际货币的官方储备率和世界国际储备总额的乘积计算该国际货币的国际储备额，记为 M_r，即设某个国际货币的官方储备率为 b，设世界国际储备总额为 m，则 $M_r = b \times m$，因此 $\Delta M_r = \Delta(b \times m)$，国际货币的实际国际铸币税收益与 b、m 和 cpi 有关。

2. "嚣张的特权"。"嚣张的特权"是指国际货币发行国通过外国中央银行将其国际货币作为储备货币，使其货币可以获得直接投资盈余并为自己国家的经常项目赤字融资。张定胜和成文利（2011）在建立"嚣张的特权"模型时使用外汇储备投资进行衡量，研究发现"嚣张的特权"与该国发行的国际货币产生的外汇储备有关，即与该货币的官方储备率 b 和世界国际储备总额 m 的乘积有关。

3. 金融收益。金融收益主要分为两个部分：一是金融投资收益，二是汇兑收益。在金融投资方面，陈雨露等（2005）表明国际货币发行国在货币国际化的收益中有一部分是运用境外储备投资而产生的金融收益，而这对于国际货币使用国而言则是其机会损失。显然，货币发行国的投资收益或货币使用国的机会损失，既与货币使用国持有该国外汇储备的规模成正比，也与该货币的存贷款利息差成正比。因此，这里选取货币发行国货币的存贷利差作为利益博弈变量，设利差变量为 ir。在汇兑收益方面，由于汇兑收益大部分属于金融企业，不属于国际货币使用国和发行国的收益，因此在利益博弈分析中不考虑汇兑收益。

4. 金融风险。金融风险主要分为汇率波动风险、通货膨胀率和债务风险三个部分。从汇率波动风险来看，张宇燕和张静春（2008）、陈建奇（2012）的研究表明，汇率波动对于国际货币发行国和使用国都存在金融和经济风险，是博弈双方均不期望看到的，不是双方的关键博弈变量，因此不予考虑。通货膨胀率显然会导致货币使用国的储备价值下降，是关键博弈指标，因此将通货膨胀率作为货币贬值的衡量指标，设为 cpi。债务风险不仅是国际货币发行国的风险指标，也会导致国际货币使用国面临国际货币发行国的外债贬值风险，但因为货币发行国本国居民和非居民均可以进行外债购买，存在重复计算问题，所以本文不考虑外债这个指标。

5. 经济收益。李稻葵和刘霖林（2008）指出经济实力是影响一国货币国际化程度的最重要因素，而经济收益对于国际货币发行国和使用国而言都是利益指标，本文主要采用贸易进出口总额来衡量。因为本文只计算某种国际货币对贸易进出口总额的贡献，因此需要将贸易进出口总额乘以某国际货币在国际贸易结算中的占比。考虑这一结算占比的数据2016年以后才有，本文用该国货币的官方储备率替代。假设这个指标对于发行国而言为t_1，其数据为美国的对外贸易额与美元官方储备率的积，单位为万亿美元。同时，假设这个指标对于货币使用国而言为t_2，其数据为全球贸易额减去美国贸易额后与美元官方储备率的积，单位为万亿美元。此外，由于发达的金融市场会对经济贸易产生积极影响，因此在金融市场方面，Liu等（2019）表示国际贸易中的货币选择与金融市场深度有关。Rietz（2019）认为外汇交易通过交易轴实现，因此国际货币发行国和国际货币使用国可以通过把交易媒介固定在一种或几种货币上，节约交易时间，降低成本，提高效率。张纯威等（2021）认为美国国际投资收益对美元国际地位具有重要支撑作用。由于金融市场发展导致的交易成本降低和交易效率提高最终会反映到贸易进出口和其他金融收益中，属于间接收益。因此，本文在利益博弈分析中不考虑这个指标。

6. 经济风险。张宇燕和张静春（2008）认为，由于国际货币使用国持有储备资产是以国际货币发行国对外提供支付为前提，因此货币发行国必须保持贸易逆差。若货币发行国不削弱国际贸易收支逆差，则会导致其汇率下降，甚至发生货币使用国的抛售现象。由于，经济风险的双方博弈主要体现在贸易逆差上，因此本文选取其作为经济风险指标。贸易逆差会影响货币发行国的国际收支平衡，属于风险指标，而货币使用国则会获得贸易顺差的收益，有利于改善其国际收支平衡。在这里设逆差为n。因为本文在计算国际货币发行国的贸易逆差时，只考虑了美元的贡献值，所以也将贸易逆差数据乘以国际货币官方储备率，以便更准确地估量国际货币发行国的贸易逆差和国际货币使用国的贸易顺差。由于美国的贸易逆差等于其他国家相对美国的贸易顺差，且设美国的逆差美元贡献值为n_1（负效益），取值为美国的贸易逆差与美元储备率的积，其他国家的顺差美元贡献值为n_2（正效益），则$n_1 = -n_2$。

(二) 政治军事因素

1. 政治话语权。国际货币使用国在国际地位上较国际货币发行国处于劣势。萧松华和王春月（2005）认为国际货币使用国在与发行国的利益博弈中占据劣势地位。如今的国际货币体系中很多制度的安排对于国际货币使用国而言是不公平的，且国际货币使用国本身的经济发展程度和国际地位也处于劣势，导致其在许多政治问题上损失发言权等，从而产生风险。因此，本文使用特别提款权单位折合货币发行国数据（平均数）进行衡量，设为 sdr。

2. 军事制约。国际货币发行国为了维持其政治地位，必定要付出大量军费支出，而货币使用国也受到货币发行国的军事制约，因此军事制约也是风险指标。但军事属于间接因素，最终会通过国际货币的官方储备率、对外贸易等收益体现出来，因此不单独考虑这一指标。

表1　　　　　　　　货币国际化影响因素及其量化指标

类别	影响因素	变量名	数据来源
经济因素	铸币税和"嚣张的特权"	国际货币的官方储备率（b）	国际货币基金组织（IMF）官网
		世界国际储备总额（m）	国际货币基金组织（IMF）官网
	金融收益	存贷利差（ir）	国际货币基金组织（IMF）官网
	金融风险	物价波动水平即通货膨胀率（cpi）	世界银行数据库
	经济收益	国际货币的官方储备率（b）	国际货币基金组织（IMF）官网
		贸易逆差（n）	国际货币基金组织（IMF）官网
政治因素	政治话语权	特别提款权单位折合货币发行国数据（平均数）（sdr）	国际货币基金组织（IMF）官网

综上分析，如果将国际货币发行国和使用国的利益与风险分别设为 V_1 和 V_2，那么因变量 V_1 和 V_2 的主要影响因素涉及铸币税、金融收益、经济收益和贸易逆差等方面，其影响因素的量化指标及其分类如表1所示。其中，主要自变量包括物价波动水平，设为 cpi；国际货币发行国的存贷利差，设为 ir；国际货币官方储备率设为 b；特别提款权单位折合货币发行国数据（平均数），设为 sdr；贸易逆差设为 n；世界国际储备总额设为 m。

四、国际货币发行国与使用国的利益函数

（一）利益函数的影响因素指标选择及来源

从前文可看出，表示国际货币发行国和使用国利益与风险的关键博弈指

标有4个，分别为国际货币的官方储备率（b）、存贷利差（ir）、通货膨胀率（cpi）和特别提款权单位折合货币发行国数据（平均数 sdr）。相关数据来源见表1。美国是当今世界第一大经济体，而且美元的官方储备率 b 大于50%，对世界经济的发展影响较大，因此以美元为对象进行分析具有代表性和典型性。所以，本文在国际货币发行国与使用国的利益博弈实证分析中选择美元进行分析。具体而言，自变量选取1995—2018年美国的相关数据作为研究样本；因变量在讨论国际货币发行国时选择美国的数据，在讨论国际货币使用国时选择除美国外的地区和国家的数据。

（二）国际货币发行国（以美国为例）的利益函数

设国际货币发行国的利益与风险为 V_1，那么因变量 V_1 主要是由三部分组成。第一部分为铸币税和金融收益，将其表示为：

$$\frac{\Delta(b \times m)}{cpi} \times (1 + ir) \qquad (1)$$

第二部分为经济收益，即选用货币发行国贸易进出口总额与国际货币的官方储备率乘积来作为因变量进行衡量（t_1）。对 t_1 建立多元回归模型，假定因变量 t_1 与自变量 cpi、b 和 sdr 之间存在线性关系。在这里，使用的货币发行国数据为美国数据，运用 STATA 软件进行多元线性回归，最终发现 b、cpi、sdr 对 t_1 的影响显著（见表2），因此得出：

$$t_1 = 2.89b + 4.11cpi + 0.84sdr - 5.09 \qquad (2)$$

表2　　　　　　　　国际货币发行国 t_1 的多元线性回归结果

变量名	系数
b	2.892 **
	(1.102)
cpi	4.107 ***
	(0.182)
sdr	0.840 *
	(0.417)
Constant	-5.089 ***
	(1.253)
样本量	24
R^2	0.968

注：***、**、* 分别表示在1%、5%和10%水平上显著；括号内为标准误。

第三部分是贸易逆差与国际货币官方储备率的乘积,记为 n_1(为发行国负效益,数据取负值)。假定因变量 n_1 与自变量 cpi、ir、b、sdr 之间存在线性关系,同样结合美国的数据,使用 STATA 软件进行多元线性回归,所得结果如表 3 所示。由此可见,b、ir、sdr 和 cpi 对 n_1 存在显著的影响。

$$n_1 = -2.64b - 1.44cpi + 132.36ir - 0.91sdr - 0.09 \quad (3)$$

表3 　　　　　国际货币发行国 n_1 的多元线性回归结果

变量名	系数
b	-2.636***
	(0.590)
cpi	-1.439***
	(0.167)
ir	132.4***
	(35.002)
sdr	-0.910***
	(0.231)
Constant	-0.087
	(1.105)
样本量	23
R^2	0.884

注:***、**、*分别表示在1%、5%和10%水平上显著;括号内为标准误。

根据式(1)、式(2)、式(3)可以得到国际货币发行国的利益函数:

$$V_1 = \frac{\Delta(b \times m)}{cpi} \times (1 + ir) + 0.25b + 2.67cpi - 0.07sdr + 132.36ir - 5.18 \quad (4)$$

(三)国际货币使用国(取美国之外的其他国家或地区)的利益函数

设国际货币使用国的利益与风险为 V_2,那么因变量 V_2 主要由三部分组成。

第一部分为铸币税损失和金融损失,其损失可以表示为:

$$-\frac{\Delta(b \times m)}{cpi} \times (1 + ir) \quad (5)$$

第二部分为经济收益,选用货币发行国贸易进出口总额和国际货币的官方储备率进行衡量,记为 t_2。假定因变量 t_2 与自变量 cpi、ir 和 b 之间存在线性关系，在此使用世界除去美国之外的进出口总额，利用 STATA 软件进行多元线性回归，因此得出 b、cpi 和 ir 是 t_2 的重要解释变量。回归结果如表 4 所示。

$$t_2 = -17.69b + 34.15cpi + 1395.45ir - 48.93 \quad (6)$$

表 4　　　　　　国际货币使用国 t_2 的多元线性回归结果

变量名	系数
b	−17.687**
	(8.012)
cpi	34.151***
	(3.463)
ir	1395.453*
	(718.155)
$Constant$	−48.930**
	(20.900)
样本量	23
R^2	0.965

注：***、**、*分别表示在1%、5%和10%水平上显著；括号内为标准误。

第三部分是货币发行国的贸易顺差与美元官方储备率的乘积，设为 n_2（为使用国正效益），即与 n_1 相反，表现同上可得：

$$n_2 = -n_1 = 2.64b + 1.44cpi - 132.36ir + 0.91sdr + 0.09 \quad (7)$$

因此根据式（5）、式（6）和式（7），得到货币使用国的利益函数：

$$V_2 = -\frac{\Delta(b \times m)}{cpi} \times (1 + ir) - 15.05b + 35.59cpi$$
$$+ 1263.09ir + 0.91sdr - 48.84 \quad (8)$$

五、货币发行国和货币使用国的博弈模型和利益协调因素分析

（一）利益主体的基本假设和博弈策略

此模型由国际货币发行国和使用国两方参与。国际货币发行国和使用国都是风险中性的理性经济主体，均追求自身效用最大化。国际货币发行国与使用国的基本博弈策略有两种：一种是采取对抗策略（Hawk），即双方只考虑自己利益；第二种是采用合作战略（Dove），即双方共同承担维持稳定国际货币秩序的责任。

(二) 一次博弈模型

一次博弈模型是在完全信息框架下进行的,假设国际货币发行国和使用国掌握彼此的信息,充分知晓对方采取策略后产生的收益,可能产生4种情形。

1. 博弈双方均采取合作策略（D，D）。当国际货币发行国和使用国都采取合作策略时,根据国际货币发行国和使用国的利益函数,国际货币发行国的铸币税收益和金融收益与使用国的贸易顺差相互抵消,因此国际货币发行国的利益表达式为 $V_1^{(D,D)} = t_1$,即为:

$$V_1^{(D,D)} = 2.89b + 4.11cpi + 0.84sdr - 5.09 \tag{9}$$

国际货币使用国可以获得的收益表达式为 $V_2^{(D,D)} = t_2$,即为:

$$V_2^{(D,D)} = -17.69b + 34.15cpi + 1395.45ir - 48.93 \tag{10}$$

2. 国际货币发行国对抗、使用国合作（H，D）。当国际货币发行国选择对抗,而使用国选择合作时,这时国际货币发行国不但想要获得铸币税收益,同时也想要其国际贸易呈现顺差局面,因此选择逆差 = 0，$n_1 = n_2 = 0$,此时国际货币发行国的利益与风险函数表达式为:

$$V_1^{(H,D)} = \frac{\Delta(b \times m)}{cpi} \times (1 + ir) + 2.89b + 4.11cpi + 0.84sdr - 5.09 \tag{11}$$

国际货币使用国的利益与风险函数为:

$$V_2^{(D,H)} = -\frac{\Delta(b \times m)}{cpi} \times (1 + ir) - 17.69b + 34.15cpi + 1395.45ir - 48.93$$

$$\tag{12}$$

3. 国际货币发行国合作,使用国对抗（D，H）。国际货币发行国选择合作,而使用国选择对抗时,这时国际货币发行国不能得到货币铸币税收益和投资收益,即 $\frac{\Delta(b \times m)}{cpi} \times (1 + ir) = 0$,而国际货币使用国不用付出铸币税成本,也能够继续维持贸易顺差。这时货币发行国的利益与风险函数为:

$$V_1^{(D,H)} = 0.25b + 2.67cpi - 0.07sdr + 132.36ir - 5.18 \tag{13}$$

货币使用国的利益与风险函数为:

$$V_2^{(H,D)} = -15.05b + 35.59cpi + 1263.09ir + 0.91sdr - 48.84 \tag{14}$$

4. 博弈双方都采取对抗策略（H，H）。在国际货币发行国和使用国都采取对抗策略时,此时国际货币使用国会使用其他国际货币发行国的货币,双方既没有铸币税收益和损失,也不会产生金融投资收益。双方只有使用其他国际货币发行国的国际货币产生的经济收益,即贸易进出口产生的收益。假设其他货币使用国的国际货币官方储备率为 $(1-b)$,则国际货币发行国的收益表达式为:

$$V_1^{(H,H)} = (2.89b + 4.11cpi + 0.84sdr - 5.09) \times (1-b) \quad (15)$$

则国际货币使用国的收益表达式为:

$$V_2^{(H,H)} = (-17.69b + 34.15cpi + 1395.45ir - 48.93) \times (1-b) \quad (16)$$

表5　　　　　　　　货币国际化一次博弈模型矩阵

		国际货币使用国	
		合作	对抗
国际货币发行国	合作	$V_1^{(D,D)} = 2.89b + 4.11cpi + 0.8sdr - 5.09$ $V_2^{(D,D)} = -17.69b + 34.15cpi + 1395.45ir - 48.93$	$V_1^{(D,H)} = 0.25b + 2.67cpi - 0.07sdr + 132.36ir - 5.18$ $V_2^{(H,D)} = -15.05b + 35.59cpi + 1263.09ir + 0.91sdr - 48.84$
	对抗	$V_1^{(H,D)} = \frac{\Delta(b \times m)}{cpi} \times (1+ir) + 2.89b + 4.11cpi + 0.84sdr - 5.09$ $V_2^{(D,H)} = -\frac{\Delta(b \times m)}{cpi} \times (1+ir) - 17.69b + 34.15cpi + 1395.45ir - 48.93$	$V_1^{(H,H)} = (2.89b + 4.11cpi + 0.84sdr - 5.09) \times (1-b)$ $V_2^{(H,H)} = (-17.69b + 34.15cpi + 1395.45ir - 48.93) \times (1-b)$

如表5所示,因为美元的官方储备率 b 大于50%,因此 $b > 1-b$。当博弈双方都采取合作战略(D,D)时,国际货币发行国和使用国的福利水平均高于双方采取竞争战略(H,H)时的福利水平。对于货币发行国而言,$V_1^{(H,D)} > V_1^{(D,D)}$,$V_1^{(H,H)} < V_1^{(D,H)}$;对于货币使用国而言,$V_2^{(D,H)} > V_2^{(D,D)}$,$V_2^{(H,H)} < V_2^{(D,H)}$。所以不难证明,(合作,对抗)是一个双方的最优反应。类似地,(对抗,合作)也是一个双方的最优反应。所以在博弈中,(合作,对抗)与(对抗,合作)两者都是纳什均衡解。

(三)重复博弈模型

根据博弈论理论,在面临"囚徒困境"的博弈情景下,双方重复进行博弈最终可以使得博弈双方达成合作的目的。假设博弈方有某个预定的概率 ε 会对对方采取的对抗策略进行报复,则在足够长的有限时间 T 内,必然会存在一个时点 K,博弈者在 $T-K$ 的时刻之间会一方对抗,在 $T-K$ 时刻之后的无限期博弈中，博弈者之间就会确认其之间的合作关系。

1. 博弈方的可能选择。当国际货币发行国选择采取"对抗"战略，而国际货币使用国选择采用"合作"战略时，国际货币发行国相对于使用国的额外福利收益为：

$$(EV)_1^{(H,D)} = V_1^{(H,D)} - V_1^{(D,D)} = \frac{\Delta(b \times m)}{cpi} \times (1 + ir) \quad (17)$$

当国际货币使用国选择采用"对抗"战略，而国际货币发行国选择采用"合作"战略时，国际货币使用国相对于发行国的额外福利收益为：

$$(EV)_2^{(H,D)} = V_2^{(H,D)} - V_2^{(D,D)} = 2.64b + 1.44cpi - 132.36ir + 0.91sdr - 0.09 \quad (18)$$

情况会在多期连续博弈中产生变化，国际货币使用国可以在未来博弈中对国际货币发行国采取惩罚措施，惩罚就是国际货币使用国也采用"对抗"策略。如果国际货币发行国吸取教训，开始在之后博弈过程中选择"合作"策略，那么国际货币使用国的福利水平将大大提高。如果国际货币发行国继续采用"对抗"战略，那么对于国际货币使用国来说，其福利损失也会相对减少，但此时的福利水平依旧低于（合作，合作）时的帕累托最优水平。所以博弈双方在连续并且重复的博弈过程中要提升自身信誉，减少次优福利的博弈次数，将博弈策略尽快从（合作，对抗）和（对抗，合作）战略转变为（合作，合作）战略，这样博弈双方损失的福利会减少。博弈双方选择不同战略的福利损失情况见表6。

表6　博弈双方在不同的战略情境下福利损失（增加）情况表
（以（合作，合作）战略为对照基准）

		国际货币发行国	
		合作	对抗
国际货币使用国	合作	福利水平 $V_1^{(D,D)}$，损失 = 0 福利水平 $V_2^{(D,D)}$，损失 = 0	福利水平 $V_2^{(H,D)}$，额外收益 $2.64b + 1.44cpi - 132.36ir + 0.91sdr - 0.09$
	对抗	福利水平 $V_1^{(H,D)}$，额外收益 $\frac{\Delta(b \times m)}{cpi} \times (1 + ir)$	福利水平 $V_1^{(H,H)}$，损失 $(2.89b + 4.11cpi + 0.84sdr - 5.09) \times b$ 福利水平 $V_2^{(H,H)}$，损失 $(-17.69b + 34.15cpi + 1395.45ir - 48.93) \times b$

2. 国际货币发行国较长时间区间内重复博弈的均衡问题。在满足以下充分必要条件时，国际货币发行国才会从"对抗"战略转向"合作"战略。这个条件是：第一期博弈中货币发行国采取"对抗"而使用国采取"合作"时，货币发行国获取的额外福利收益应该小于使用国在第二期，以及之后各期使用惩罚性的"对抗"时对国际货币发行国产生的福利损失的累积净现值之和（王婷婷，2014）。即：

$$(EV)_1^{(H,D)} \leq \sum_{i=1}^{T} \delta^T (VL)_1^{(H,H)} \quad (19)$$

其中，$(EV)_1^{(H,D)}$ 为国际货币发行国在第一期选择"对抗"战略时所获得额外福利收益；$(VL)_1^{(H,H)}$ 是使用国采用惩罚性的"对抗"战略后，国际货币发行国在第 t 期（t 从 1 增加到 T）的当期福利损失；$\delta = \dfrac{1}{1+R}$，其中，R 为国际货币发行国的实际利率，R 越高，δ 越小，$0 < \delta < 1$，从表 6 可以得到国际货币发行国战略选择转向的充要条件为：

$$[\Delta(b \times m) \times (1+ir)]/cpi < \sum_{i=1}^{T} \delta^T \times (2.89b + 4.11cpi + 0.84sdr - 5.09) \times b \quad (20)$$

进一步化简可得：

$$\delta^T < 1 - [R \times \Delta(b \times m) \times (1+ir)]/ \\ [(2.89b + 4.11cpi + 0.84sdr - 5.09) \times b \times cpi] \quad (21)$$

设定 T^* 满足：

$$\delta^{T^*} = 1 - [R \times \Delta(b \times m) \times (1+ir)] \\ /[(2.89b + 4.11cpi + 0.84sdr - 5.09) \times b \times cpi] \quad (22)$$

则 $T > T^*$ 时，国际货币发行国的战略就会从"对抗"调整为"合作"，从无限期的时间来看，最后博弈双方会实现福利水平帕累托最优均衡，采取（合作，合作）战略，即 $T \to \infty$ 时，国际货币发行国和使用国最终将进行合作。

紧接着，本文将仅有一国进行"对抗"、一国进行"合作"的关系转换为双方都进行"合作"所需要的时间跨度的影响因素进行分析，得到 $T^* = T^*(b, cpi, ir, sdr)$ 为：

$$T^* = \ln\{1 - [R \times \Delta(b \times m) \times (1+ir)]/[(2.89b + 4.11cpi + 0.84sdr - 5.09) \\ \times b \times cpi]\}/\ln[(1/(1+R)] \quad (23)$$

3. 国际货币使用国较长时间内重复博弈的均衡问题。在满足以下充分必要条件时，国际货币使用国的战略从进行"对抗"再到"合作"的条件即为：

$$(EV)_2^{(H,D)} \leq \sum_{i=1}^{T} \delta^T \times (VL)_2^{(H,H)} \tag{24}$$

其中，$(EV)_2^{(H,D)}$ 为国际货币使用国在第一期选择"对抗"战略时所获得的额外福利收益；$(VL)_2^{(H,H)}$ 是在国际货币发行国采用惩罚性的"对抗"战略后，国际货币使用国在第 t 期（t 从 1 增加到 T）的当期福利损失；$\delta = \frac{1}{1+R}$，其中，R 为国际货币发行国的实际利率，R 越高，δ 越小，$0 < \delta < 1$。从表 6 可以得到国际货币使用国战略选择转向的充要条件为：

$$2.64b + 1.44cpi - 132.36ir + 0.91sdr - 0.09$$
$$< \sum_{i=1}^{T} \delta^T \times (-17.69b + 34.15cpi + 1395.45ir - 48.93) \times b \tag{25}$$

进一步化简可得：

$$\delta^T < 1 - [R \times (2.64b + 1.44cpi - 132.36ir + 0.91sdr - 0.09)]$$
$$/[(-17.69b + 34.15cpi + 1395.45ir - 48.93) \times b] \tag{26}$$

设定 T^* 满足：

$$\delta^{T^*} = 1 - [R \times (2.64b + 1.44cpi - 132.36ir + 0.91sdr - 0.09)]$$
$$/[(-17.69b + 34.15cpi + 1395.45ir - 48.93) \times b] \tag{27}$$

则 $T > T^*$ 时，国际货币使用国的战略就会从"对抗"调整为"合作"。从无限期的时间来看，最后博弈双方会实现福利水平帕累托最优均衡，采取（合作，合作）战略，即 $T \to \infty$ 时，国际货币发行国和使用国最终将进行合作。

紧接着，本文将对于从一国进行"对抗"、一国进行"合作"的关系转换为双方都进行"合作"所需要的时间跨度与决定这个时间跨度的因素进行考量，得到 $T^* = T^*(b, cpi, ir, sdr)$ 为：

$$T^* = \ln\{1 - [R \times (2.64b + 1.44cpi - 132.36ir + 0.91sdr - 0.09)]$$
$$/[(-17.69b + 34.15cpi + 1395.45ir - 48.93) \times b]\}$$
$$/\ln[(1/(1+R)] \tag{28}$$

（四）灵敏度及利益协调因素分析

灵敏度系数是指某一项指标对其他不确定因素的敏感性程度，本文采用多元函数求偏导的方法计算。灵敏度系数的正负表示作用方向，绝对值大小表明变量的敏感程度。其绝对值越大表示这项指标对变量越敏感。下面分别求各个参数的偏导,并分别代入1997年、2002年、2007年、2012年和2017年的数据,表示相关时期的敏感度系数。

本文从影响货币发行国的合作意向出发,对式(23)的各个系数分别求偏导,得到货币发行国的灵敏度计算结果如表7所示。计算结果表明,货币发行国的国际货币官方储备率、通货膨胀率以及政治话语权均小于0,表示这些评价指标与变化方向相反。也就是说,官方储备率、通货膨胀率以及政治话语权越高,达成合作的时间越短,发行国越愿意达成合作。而利差大于0,表示这些评价指标与变化方向相同,即利差越大,达成合作的时间越长,货币发行国越不愿意达成合作。就绝对值而言,通货膨胀和官方储备率的影响强度最大,即目前货币发行国更愿意通过改变通胀和官方储备率来获得货币使用国的利益,而利差的绝对值逐渐增大,表示货币发行国逐渐重视通过利差的手段来获取货币使用国的利益。

表7　　　　　　　　　货币发行国的敏感度系数

年份	$(\partial T^*)/\partial ir$	$(\partial T^*)/\partial cpi$	$(\partial T^*)/\partial b$	$(\partial T^*)/\partial sdr$
1997	0.15	-0.88	-0.71	-0.14
2002	0.08	-0.34	-0.29	-0.05
2007	0.35	-1.13	-1.09	-0.15
2012	0.15	-0.44	-0.46	-0.06
2017	0.40	-1.02	-1.11	-0.14

一般而言,影响货币使用国合作的因素应该与货币发行国相反;但考虑到两者关心的重点不一定相同,本文根据式(28)对影响货币使用国合作的因素单独进行灵敏度分析(见表8)。表8结果表明,货币发行国的国际货币官方储备率、通货膨胀率以及政治话语权均大于0,表示这些评价指标与变化方向相同,即官方储备率、通货膨胀率以及政治话语权越高,达成合作的时间越长,货币使用国越不愿意合作。而利差小于0,则表示该评价指标与变量反方向变化,即利差越大,达成合作的时间越短,货币使用国越愿意合作。就绝对值而言,利差的绝对值最大,即目前国际货币发行国的利差是对国际货币使用国利益影响最大的因素,这可能与目前美元储备规模高有关系。但根据变化趋势来看,利差的影响在逐渐缩小。通胀、利差、政治话语

权以及官方储备率的灵敏度逐渐缩小,表示其对货币使用国的影响力在逐渐减弱,这可能与国际货币多元化有关。

表8　　　　　　　　　　货币使用国的敏感度系数

年份	$(\partial T^*)/\partial ir$	$(\partial T^*)/\partial cpi$	$(\partial T^*)/\partial b$	$(\partial T^*)/\partial sdr$
1997	-25.93	0.52	0.57	0.22
2002	-20.96	0.25	0.40	0.15
2007	-17.04	0.09	0.26	0.10
2012	-12.37	0.09	0.19	0.08
2017	-11.11	0.08	0.17	0.07

六、结论与建议

(一)主要结论

总体而言,货币发行国和使用国的合作中存在利益矛盾,货币发行国期望在提高官方储备率、通货膨胀率以及政治话语权的同时,降低利息差;而货币使用国则与其相反。本文主要结论有两点。第一,货币发行国和使用国的合作有利于双方获益和降低双方的风险;第二,发行国的货币官方储备率、通货膨胀率、政治话语权和利息差是影响货币发行国和使用国双方利益平衡的关键因素。其中,货币发行国更愿意通过提高通胀和官方储备率来获得货币使用国的利益,且随着官方储备规模的扩大,降低利息差也可能成为将来货币发行国获得使用国利益的重要手段;对于货币使用国而言,降低发行国货币的官方储备率、通货膨胀率、政治话语权的同时,提高利息差,可以促使其更愿意合作。

(二)启示与建议

虽然国际货币官方储备率对国际货币发行国和使用国的利益均衡影响小于通货膨胀率和利息差,但是国际货币官方储备率是根源性因素,且国际货币发行国借助货币优势对相关国家进行打压时,货币使用国的风险会大幅提升,目前美国对伊朗等国的金融制裁就说明了这一点。因此,本文提出以下六点建议。

第一,中国加大与各个地区贸易伙伴的合作,减少对美元的依赖,如与主要贸易伙伴国、不结盟国家、周边国家等合作建立金融支付系统;或加大金融网点的相互开放等，为本币结算和货币互换协议的落实提供金融服务保障。这不仅有利于中国与其他各国降低金融霸权的威胁和提高自身抗风险能力，也在一定程度上分散了美元可能对中国产生的政治经济风险。

第二，减低美元储备占比，优化中国外汇储备结构。中国应该适度降低美元储备，基本按照贸易额占比增加主要贸易伙伴国的货币储备（即使目前该国的货币不是主要国际货币）；同时，增加黄金和稀缺战略物资储备，特别是进口占比高、价值高、库存成本低和保持时间长的战略物资储备或其生产能力的储备，如黄金、铜、优质铁锭和石油等，以降低单一货币储备占比高产生的风险。

第三，团结各个货币使用国推进国际货币体系改革，推动国际货币多元化。实际上，从国际货币的本质（国际信用）上讲，无论是美国的经济贸易地位，还是美国大国责任担当，均无法支持美元现有的国际地位，产生这一问题的原因是国际货币体系的不合理，国际支付系统的垄断等。中国应该联合世界绝大多数国家反对金融霸权，逐步建立公平安全的国际金融秩序，如争取 SDR 的构成中纳入更多的货币币种，让贸易或经济排名前 10~20 的国家的货币进入等。

第四，通过国际金融机构等约束货币发行国的通胀率。本文研究表明，国际货币发行国的通货膨胀率会对使用国产生严重的负面影响。因此，国际货币使用国应当与国际货币发行国商议，建立一种有效的机制对通胀率进行约束，使双方经济更加健康地发展。

第五，约束和防止货币发行国出现过低的利息差。研究表明，国际货币发行国降低利差是使用国最敏感的，因此建议国际货币发行国从长远和可持续角度重视对利差的控制，也建议国际金融机构在国际货币体系改革中逐步建立相关约束机制，特别要防止货币发行国实施负利率政策。

第六，推进人民币国际化过程中，应该树立利益共赢的理念。首先，人民币国际化要建立在中国的国情基础之上，结合中国的经济结构和金融市场的发展状况考虑资本项目开放程度，控制人民币国际化对中国产生的风险。其次，对人民币使用国的利益诉求应该充分考虑，如尽量避免出现过低利差，更不能出现负利率；在人民币获得国际地位后，应该坚决放弃采用过度通胀、金融制裁等方式向人民币使用国转移危机、获取政治利益的企图；进一步扩大货币互换协议的实施范围，有利于人民币持有国在与其他国家或地区的交易中使用人民币;开拓人民币回流渠道和国际金融产品,为人民币持有国增加金融收益等。

参考文献

[1] 陈雨露,王芳,杨明. 作为国家竞争战略的货币国际化:美元的经验证据——兼论人民币的国际化问题[J]. 经济研究,2005(2).

[2] Lim L K. A Dollar or Yen Currency Union in East Asia [J]. Mathematics and Computers in Simulation, 2005, Vol. 68, No. 5: 507–516.

[3] Opie W., and Riddiough S. J. Global Currency Hedging With Common Risk Factors [J]. Journal of Financial Economics, 2020, Vol. 136, No. 3: 780–805.

[4] 邓贵川,彭红枫. 货币国际化、定价货币变动与经济波动[J]. 世界经济,2019(6).

[5] 李建军,甄峰,崔西强. 人民币国际化发展现状、程度测度及展望评估[J]. 国际金融研究,2013(10).

[6] 白晓燕,邓明明. 不同阶段货币国际化的影响因素研究[J]. 国际金融研究,2016(9).

[7] 钟伟. 略论人民币的国际化进程[J]. 世界经济,2002(3).

[8] 宋芳秀,李庆云. 美元国际铸币税为美国带来的收益和风险分析[J]. 国际经济评论,2006(4).

[9] Al–Azzam M. d., and Mimouni K. Currency Risk and Microcredit Interest Rates [J]. Emerging Markets Review, 2017, Vol. 31: 80–95.

[10] 张定胜,成文利."嚣张的特权"之理论阐述[J]. 经济研究,2011(9).

[11] 张宇燕,张静春. 货币的性质与人民币的未来选择——兼论亚洲货币合作[J]. 当代亚太,2008(2).

[12] 陈建奇. 破解"特里芬"难题——主权信用货币充当国际储备的稳定性[J]. 经济研究,2012(4).

[13] 陈翊,韦宁卫. 人民币国际化的收益和成本分析[J]. 会计之友(中旬刊),2010(9).

[14] 李巍,苏晗. 从体系依赖者到体系改革者——中国参与国际货币体系

的角色演变 [J]. 国际展望, 2015 (3).

[15] 杨荣海, 李亚波. 资本账户开放对人民币国际化"货币锚"地位的影响分析 [J]. 经济研究, 2017 (1).

[16] 曾敏丽, 卢骏. 资本账户开放与金融不稳定的国际经验分析 [J]. 南方金融, 2012 (9).

[17] 范小云, 陈雷, 王道平. 人民币国际化与国际货币体系的稳定 [J]. 世界经济, 2014 (9).

[18] Gong D., Jiang T., and Wu W. A Foreign Currency Effect in the Syndicated Loan Market of Emerging Economies [J]. Journal of International Financial Markets, Institutions and Money, 2017, Vol. 52, No. 1: 211 – 226.

[19] 展凯, 王茹婷, 张帆. 美国货币政策调整对中国的溢出效应与传导机制研究 [J]. 国际经贸探索, 2021 (1).

[20] 曹彤, 赵然. 从多核心货币区视角看人民币国际化进程 [J]. 金融研究, 2014 (8).

[21] Cohen B. J. The Benefits and Costs of an International Currency: Getting the Calculus Right [J]. Open Economies Review, 2012, Vol. 23, No. 1: 13 – 31.

[22] Ogrokhina O., and Rodriguez C. M. The Effect of Inflation Targeting and Financial Openness on Currency Composition of Sovereign International Debt [J]. Journal of International Money and Finance, 2019, Vol. 97: 1 – 18.

[23] 李稻葵, 刘霖林. 人民币国际化: 计量研究及政策分析 [J]. 金融研究, 2008 (11).

[24] Liu T, Lu D., and Woo W. T. Trade, Finance and International Currency [J]. Journal of Economic Behavior & Organization, 2019, Vol. 164, No. 8: 374 – 413.

[25] Rietz J. Secondary Currency Acceptance: Experimental Evidence with a Dual Currency Search Model [J]. Journal of Economic Behavior & Organization, 2019, Vol. 166, No. 10: 403 – 431.

[26] 张纯威, 石巧荣, 李广林. 美国国际投资净收益对美元国际地位的支撑作用 [J]. 金融经济学研究, 2021 (3).

[27] 萧松华, 王春月. 现行国际货币体系非均衡: 基于博弈理论的解释 [J]. 南方金融, 2005 (9).

[28] 王婷婷. 货币国际化进程的博弈分析——两国博弈模型及其对人民币国际化的启示 [J]. 金融研究, 2014 (5).

人民币国际化水平测度及影响因素分析
——基于双循环及国家金融视角下的实证研究

汪天倩　朱小梅[①]

摘要： 运用面板熵值法构建货币全球化指数（CGI），对比分析2010—2019年主要世界货币及人民币国际化水平的变化情况，在此基础上，从内循环、外循环及国家金融三个层面分别遴选人民币国际化影响因素的相关指标，进行影响因素的灰色关联度分析。研究表明，近十年来，人民币国际化水平的变化经历了"快速提升—震荡反复—缓慢增长"三个发展时期，依然处于初级阶段；人民币清算、货币合作等国家金融层面的制度支持对人民币国际化发挥了关键推进作用；内循环层面因素对人民币国际化的影响程度要大于外循环层面因素。基于此，可通过"加强国家金融层面的制度支持+畅通内外循环"的方式扩大人民币的国际使用场景，提高人民币国际化水平。

一、引言

现行的"中心—外围"国际货币体系的制度缺陷在2007年美国次贷危机后显露无遗，构建更加多元化的国际货币体系，实行更加公平合理的国际货币体系是全球多数国家的共同心愿。2009年，人民币跨境贸易结算试点正式启动，人民币国际化伊始。近些年来，人民币国际化进程取得了诸多标志性成果，其国际货币职能得到了一定程度的发挥，货币交易网络辐射到了更广的地域，开始比较稳定地跻身世界主要货币行列。但现阶段，人民币国际化水平的提升遇到了一些障碍，人民币的国际货币地位与美元、欧元相比仍

---

① 作者简介：汪天倩（1989—　），女，湖北大学商学院博士后研究人员，讲师，经济学博士，研究方向为国际金融；朱小梅（1968—　），女，湖北大学商学院教授，博士生导师，经济学博士，研究方向为国际金融与区域经济。

有较大差距，也与中国的经济实力不相称。

伴随着双循环新发展格局的提出，学者们注意到人民币国际化可能面临着新的机遇和挑战。如何立足于国内大循环，借助于国际大循环，增强人民币国际化的硬实力和软实力，稳慎推进人民币国际化是学术界关注的重要问题。自2018年起，国内外经济形势变得越发错综复杂，国家金融层面的顶层设计、政策调控不仅在金融市场的运行中发挥着"稳定器"的作用，也为人民币国际化的持续推进提供了制度支持。国家金融理论（陈云贤，2018）[1]的提出也为人民币国际化的研究带来了新的思路。

本文采用如下研究思路：首先，在梳理相关研究的基础上，采用面板熵值法创新性地构建货币全球化指数（Currency Globalization Index，CGI），重新测度并对比分析了人民币和美元、欧元、英镑、日元、瑞士法郎在2010—2019年国际化水平的变化情况，并对近10年来人民币国际化水平的变化趋势进行评价分析；其次，从内循环、外循环及国家金融三个层面分别遴选人民币国际化影响因素的指标变量，并采用邓氏灰色关联度方法进行实证检验，测度出各影响因素的关联度大小；最后，提出推进人民币国际化的对策建议，以"加强国家金融层面的制度支持＋畅通内外循环"的方式构建现代国家金融体系，优化人民币国际化的推进策略。本文的研究重点包括两个方面：一是测度样本期人民币国际化水平的变化趋势，对其国际化水平进行横向、纵向定位评价；二是根据测度出的人民币国际化水平，检验影响人民币国际化水平的主要因素，并据此提出优化人民币国际化推进方案的政策建议。

二、相关文献回顾

（一）人民币国际化水平测算的相关研究

早期学者们大多选择跨境贸易人民币计价总量及占比、境外人民币存款总量及占比、国际债券人民币计价总量及占比、对外直接投资总量及占比等单一性存量指标来进行研究（周阳，2021[2]；魏昊等，2010[3]；张光平，2011[4]）。这些指标的选择有一个共同的缺陷：选择的角度比较单一，只从贸易或投资层面单方面地测度人民币国际化水平，缺少综合性和代表性，不能全面反映人民币国际货币职能的变化情况。由于单一性指标的缺陷，国内外学者开始探索人民币国际化水平的综合性指标，主要包括货币国际度指数、人民币国际化指数、人民币环球指数和跨境人民币指数（李瑶，2003[5]；李稻葵和刘霖林，2008[6]；Tung et al.，2012[7]）。在上述综合性测度指标中，由人民大学国际货币研究所 2012 年起连续发布的人民币国际化指数（RMB Internationalization Index，简称 RII）的应用最为广泛，但该指数在编制上也存在一定缺陷，表现在二级指标的权重赋值缺乏必要的理论依据且指标的选取不够全面，而且该指数发布时间较短，无法和其他主要世界货币的国际化水平进行横向对比。因此，学者们尝试对人民币国际化指数进行修正、完善，主要是采用主成分分析法、因子分析法等统计方法对二级指标的权重进行修正，并尝试加入外汇市场人民币交易占比等更多的二级指标（杨灿和廖泽芳，2022[8]；范祚军，2018[9]），人民币国际化水平测度指标的精确性在逐步提高。但相关研究仍然有进一步深入的空间，二级指标的选取有待拓宽，需要更多客观赋权的方法对该指数的精确性进行检验，以更加客观、准确地测度人民币国际化水平，为人民币国际化影响因素的分析提供技术基础。

（二）人民币国际化影响因素的相关研究

早期人民币国际化影响因素的研究以定性研究为主，且着重于制约性因素的分析（赵海宽，2003[10]；李靖，2009[11]；Frankel and Sananelos，2012[12]）。为了增强分析的科学性和准确度，近年来，学者们借鉴有关货币国际化影响因素的研究方法，根据货币国际化相关理论选取经济金融、军事科技等不同层面的指标变量，实证检验影响人民币国际化水平的显著性因素。在研究方法上，学者们利用动态面板模型、系统 GMM 模型、VAR 模型等不同的实证方法进行检验分析，但由于实证研究方法、样本期、指标选择的不同，研究结论不尽一致。多数研究认为一国的经济规模、货币持有惯性、经济实力、币值的稳定性、贸易因素等是影响人民币国际化的主要因素（邓黎桥，2014[13]；林乐芬等，2016[14]；宗良，2017[15]；范祚军等，2018；朱小梅和汪天倩，2020[16]；张莹莹，2021[17]；程贵和李杰，2021[18]；汪天倩和朱小梅，2022[19]）。相较于早期的相关研究，其研究结论的科学性有所提高，但仍有争议，且不同时期人民币国际化的影响因素会不断变化，相关研究有不断更新的必要，研究方法有待进一步丰富，研究结论也需更多研究方法的检验分析。

（三）双循环新发展格局对人民币国际化的影响研究

自 2020 年双循环发展格局提出以来，学者们开始关注其对人民币国际化可能产生的影响。2021年中国人民大学货币研究所发布的《人民币国际化报告》中对双循环发展格局和人民币国际化之间的理论逻辑进行了比较系统的阐述分析,认为高水平的内循环可以奠定人民币国际化的基础条件,高水平的外循环可以扩充人民币国际化的实现手段。双循环新发展格局的构建有助于加强中国商品、劳务、资本的跨境流动,推进人民币的货币职能向世界范围延伸。相关的学术研究也比较一致地认为双循环新格局为人民币国际化带来了新的发展机遇,以内需为主的双循环有助于修正贸易缺口,减少贸易顺差,为人民币参与跨境结算提供有利契机。此外,双循环新发展格局也有助于提升人民币在全球大宗商品贸易中的地位、推进金融市场的对外开放、培养其他国家对人民币的真实需求,推进人民币国际化稳定、持续的发展(李欢丽等,2020[20];杨荣海,2021[21];刘震,2021[22];高伟等,2021[23];王晓芳和鲁科技,2021[24];李自磊,2022[25])。但相关研究比较碎片化,仍处于起步阶段。

(四)国家金融理论对人民币国际化研究的启示

陈云贤(2018)提出了国家金融理论,该理论认为在国内外经济发展实践中,国家金融行为一直发挥着重要作用,破解一国金融发展难题、构建现代金融体系的关键在于国家层面的金融顶层设计(雍和明,2020[26];王彩萍和李建平,2022[27])。此后,也有学者指出,国家金融理论可以应用于人民币国际化、国家金融国际参与、国际冲突与国际金融制裁、金融协同合作等国际金融层面的研究(陈云贤,2019[28];陈阳和侯奕隆,2019[29];徐以升和马鑫,2020[30];朱太辉等,2022[31];李粤麟和陈云贤,2022[32];王彩萍和李建平,2022),但相关研究多限于理论层面的探讨。在人民币国际化影响因素的现有研究中,学者们鲜少将国家金融层面的因素考虑其中。但无论在理论还是实践层面,均可以发现,人民币国际化和国家金融层面的制度支持密不可分。国家金融层面的影响因素应该纳入人民币国际化的相关研究中。

(五)述评

综上所述,人民币国际化水平测度及其影响因素的研究成果比较丰富,但仍有诸多未尽之处。一是人民币国际化水平测度指标的精确性有待进一步提高,二级指标的遴选和权重赋予方法需进一步完善;二是人民币国际化影响因素的研究结论尚有争议,影响因素的指标选择和研究视角需进一步拓宽，研究结论的时效性、科学性也要有更多研究方法的检验分析；三是双循环新发展格局对人民币国际化的影响研究缺乏实证研究的检验分析，需要进一步深化，研究结论的科学性有待提高；四是国家金融理论的观点对人民币国际化影响因素的研究有一定的借鉴性，相关研究可以进一步细化。

本文的创新之处有三点：其一，完善了人民币国际化水平的综合性测度指标，增强了人民币国际化等原有指标赋值的客观性。在人民币国际化指数的基础上，在二级指标中补充了全球外汇市场和全球衍生品市场主要货币的交易占比，并采用面板熵值法对二级指标进行客观赋权，构建的货币全球化指数 CGI 优化了人民币国际化指数；其二，拓展了人民币国际化影响因素的研究视角。本文借鉴国家金融理论的研究观点，尝试在人民币国际化影响因素的研究中加入国家金融层面的影响因素，检验分析现阶段，该因素是否是助推人民币国际化水平提升的有力手段。国家金融层面影响因素的加入在一定程度上弥补了双循环层面影响因素的未尽之处。在国家金融层面的影响因素上，本文构建了央行货币合作制度指数和人民币清算制度指数，在一定程度上丰富了人民币国际化影响因素的相关研究；其三，丰富了人民币国际化水平测度及影响因素的研究方法。面板熵值法、灰色关联度等实证研究方法的运用在一定程度上丰富了人民币国际化的相关研究，其研究结论也可为其他相关研究提供参考。

三、人民币国际化水平的测度分析

（一）货币全球化指数（CGI）的构建

人民币国际化的概念在学术界尚未形成一致的认知，缺乏权威、统一公认的概念。多数学者根据 Cohen（1971）[33]关于货币国际化的理解，从主权货币国际货币职能综合发挥程度上对人民币国际化的内涵进行界定。在相关研究的基础上，本文认为，人民币国际化指的是人民币使用活跃度的逐步提升，其价值尺度、流通手段、价值贮藏、支付手段职能在国际市场发挥得越来越充分。

人民币国际化指数是目前测度分析人民币国际化水平认可度较高、应用最为广泛的综合性指标，该指数通过加权平均的方法计算出人民币在每个时期的国际化水平，综合测度人民币在国际市场的计价支付、投资交易及价值贮藏三大职能的发挥程度。基本的测算方法如式（1）所示。

$$RII_t = \frac{\sum_{i=1}^{5} X_{it} W_i}{\sum_{i=1}^{5} W_i} \times 100 \tag{1}$$

其中，RII_t 为人民币国际化指数值，X_{it} 和 W_i 分别表示选取的 5 个二级指标和相应的指标权重。贸易、金融及官方外汇储备三个层面的指标各占1/3的比重。

现有的研究一般认为人民币国际化指数能够对人民币国际货币职能的发挥程度进行比较系统的测度，但该指标在实际应用时仍有改进空间。本文在相关研究的基础上，认为人民币国际化指数存在的主要缺陷包括三点：一是二级指标的选择比较有限，只涉及全球贸易结算中人民币结算占比、全球对外信贷总额中人民币信贷占比、国际债券和票据发行额中人民币发行占比、全球对外直接投资中人民币对外直接投资占比、全球外汇储备中人民币储备占比 5 个指标，并未覆盖国际经济金融市场的主要市场，在货币国际职能测度的精确性上有待提高；二是该指数对人民币的国际计价支付、投资交易及价值贮藏三大职能分别赋权 1/3，赋权的主观性较强，缺少必要的理论依据；三是该指数发布的持续时间较短，无法和其他世界货币做国际化水平的横向对比（彭红枫等，2015[34]；范柞军等，2018；王雪和胡明志，2019[35]；谭中明和严舒萌，2021[36]；王爱俭和王韩，2021[37]）。

本文在人民币国际化指数 RII 的基础上，重新构建货币全球化指数 CGI。CGI 在 RII 二级指标的基础上增加了二级指标的数量，并采用面板熵值法对各二级指标进行客观赋权。考虑到人民币国际化指数涉及的二级指标覆盖的国际金融市场的子市场比较有限，本文尝试进行拓展，通过涉及更多国际金融市场的子市场来更加全面、客观地考察在国际市场中，人民币国际化职能的综合发挥程度，以期进一步提升人民币国际化测度指标的精确性。根据金融深化理论，外汇市场和衍生品市场是金融工程、数字科技等新技术创新的重要应用领域，对金融自由化、金融市场发展程度起到重要推进作用，已成为现代金融市场的重要子市场（彭欢欢和姚磊，2016[38]；杨权和郭雅恒，2020[39]；千慧雄和安同良，2022[40]）。各主权货币在全球外汇市场和衍生品市场中也在进行激烈的国际货币竞争，其交易占比也是各主权货币国际投资交易职能发挥程度的直接体现。因此，本文在国际货币投资交易职能中补充两个二级指标：全球外汇市场主要货币交易占比、全球衍生品市场主要货币交易占比。

在各二级指标的赋权上，本文考虑采用面板熵值法进行客观赋权。选择熵值法赋权的原因是考虑到三种常用的客观赋权方法（熵值法、主成分分析法、因子法）中，熵值法相对更加合适。主要是因为三种方法的赋权原理不同，熵值法是基于变量携带的信息量大小来确定指标权重，而主成分分析法、因子法是通过信息浓缩来确定权重。虽然三种方法都可以进行指标的客观赋权，但适用性有所不同。在构建货币全球化指数中，选取的二级指标相互之间不可能做到完全独立（因为主权货币国际化职能的不同层面是相互关联的，比如货币的国际计价支付职能在很大程度上会和其价值贮藏职能有正相关性），若采用主成分分析法或因子法进行降维、信息浓缩成几个少数变量，这几个少数变量之间也不太可能做到相互独立，采用主成分分析法或因子法进行客观赋权的结果可能并不理想。因此，本文考虑采用面板熵值法进行指标的客观赋权。

在样本期选取上，学术界一般认为 2009 年人民币跨境贸易结算试点的推行是人民币国际化的起点，在此之前人民币国际化尚未真正起步。基于研究数据的可得性，为保证全文中所有变量数据研究频次的一致性，本文采用的变量数据均为年度统计数据，以 2010 年的年度数据为样本期的起点。新冠肺炎疫情自 2020 年在全球蔓延并延续至今，部分经济数据可能会出现异常性波动，人民币国际化影响因素可能会异于其他正常年份。因此，基于数据的可得性及样本期设置合理性的考虑，本文选取的样本期为 2010 年初至 2019 年末，以 10 年为一个完整的周期，对人民币国际化水平进行客观评价。

货币全球化指数 CGI 二级指标的选取情况如表 1 所示。

表 1　　　　货币全球化指数（CGI）二级指标及数据来源

国际货币职能	二级指标	数据来源
计价支付职能	国际支付中主要货币占比 X_1	中国人民银行、SWIFT 统计数据
投资交易职能	国际债券票据市场主要货币发行占比 X_2	BIS 数据库
	全球对外直接投资主要货币投资占比 X_3	OECD、IMF 数据库
	跨境信贷主要货币交易占比 X_4	BIS 数据库
	外汇市场主要货币交易占比 X_5	BIS 数据库
	衍生品市场主要货币交易占比 X_6	BIS 数据库
价值贮藏职能	全球外汇储备主要货币占比 X_7	IMF 的 COFER 数据库

(二) 基于货币全球化指数 (CGI) 的人民币国际化水平测度分析

根据表 1 选择的 7 项二级指标，本文对 2010—2019 年美元、欧元、英镑、日元、瑞士法郎、人民币 6 个币种 7 项二级指标构成的面板数据，采用面板熵值赋权，构建货币全球化指数 CGI。与传统截面数据熵值赋权法处理步骤类似，对原始指标进行标准化处理、指标的归一化处理后计算熵值，最后计算各指标的冗余度和权重，但在指标归一化处理和熵值的计算时有所不同。

由于 7 个指标均为正向指标，统一对其按照式（2）进行标准化处理得到 $Z_{\alpha ij}$，并对 $Z_{\alpha ij}$ 按照式（3）进行归一化处理得到 $P_{\alpha ij}$。

$$Z_{\alpha ij} = \frac{x_{\alpha ij} - x_{min}}{x_{max} - x_{min}} \tag{2}$$

$$P_{\alpha ij} = \frac{Z_{\alpha ij}}{\sum_{\alpha=1}^{10}\sum_{i=1}^{6} Z_{\alpha ij}} \tag{3}$$

其中，x_{max}、x_{min} 分别为第 j 个指标最大值、最小值；$x_{\alpha ij}$、$Z_{\alpha ij}$ 分别为第 j 个指标标准化之前、之后的指标值（α、i、j 分别为年份数、币种数和指标数），$P_{\alpha ij}$ 为归一化处理后的指标值。根据式（4），对归一化处理后指标值 $P_{\alpha ij}$ 进行熵值的求解。

$$e_j = -k_1 \sum_{\alpha=1}^{m}\sum_{i=1}^{k} P_{\alpha ij} \ln P_{\alpha ij} \tag{4}$$

其中，$k_1 = \frac{1}{\ln(m \times k)}$，$e_j$ 为指标待求的熵值，其取值范围为 0 到 1 之间，取值越小，指标的离散程度越大，权重越高。根据求出的各指标的熵值大小，按照式（5）和式（6）分别求出各指标的冗余度和权重。

$$g_j = 1 - e_j \tag{5}$$

$$\omega_j = \frac{g_j}{\sum_{j=1}^{7} g_j} \tag{6}$$

其中，g_j 为各指标冗余度，ω_j 为各指标权重大小。求出的各指标的熵值、冗余度和权重大小如表 2 所示。

表2 各指标熵值及权重

二级指标	熵值	冗余度	权重
国际支付中主要货币占比 X_1	0.82	0.18	14.23%
国际债券票据市场主要货币发行占比 X_2	0.82	0.18	14.04%
全球对外直接投资主要货币投资占比 X_3	0.88	0.12	9.23%
跨境信贷主要货币交易占比 X_4	0.81	0.19	14.89%
外汇市场主要货币交易占比 X_5	0.84	0.16	12.57%
衍生品市场主要货币交易占比 X_6	0.78	0.22	17.88%
全球外汇储备主要货币占比 X_7	0.78	0.22	17.16%

根据测算的各指标权重大小及原始数据，测算出2010—2019年6个币种的货币全球化指数CGI值，各币种CGI数值见表3。

表3 各币种CGI指数值

年份	美元	欧元	英镑	日元	瑞士法郎	人民币
2010	47.44	35.89	7.62	4.71	1.76	0.94
2011	47.81	34.95	7.05	4.89	1.79	1.02
2012	48.08	33.17	7.43	5.21	1.77	1.21
2013	49.02	32.43	7.56	5.11	1.53	1.44
2014	52.54	28.56	7.73	4.95	1.53	1.90
2015	56.30	26.70	7.63	4.82	1.79	2.01
2016	56.93	25.25	7.99	5.07	1.73	1.96
2017	55.37	26.41	7.35	4.75	1.87	2.21
2018	55.19	27.10	7.16	4.78	1.50	2.66
2019	55.87	26.45	6.88	4.72	1.28	2.76

根据表3和图1测算出的货币全球化指数CGI，本文对人民币国际化水平进行横向、纵向评价。

从人民币和其他主要货币的国际化水平的横向对比来看，美元、欧元

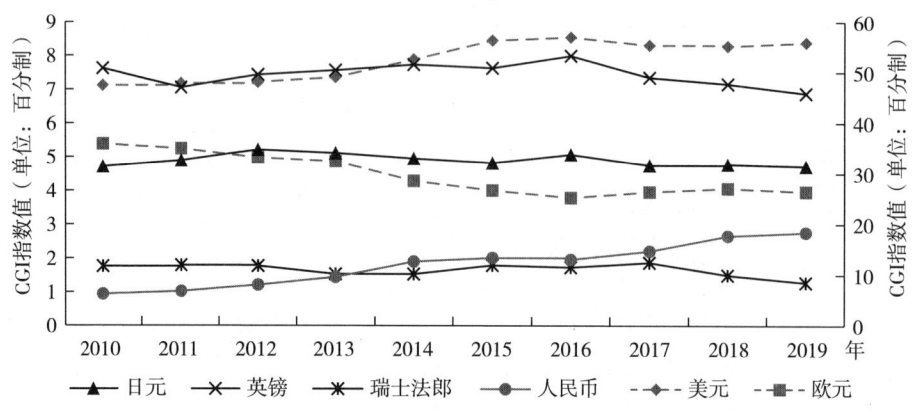

注：各币种指数值差别较大，为了绘制分析的方便，采用双纵坐标轴绘制。实折线（日元、英镑、瑞士法郎、人民币）以左坐标轴为参照，虚折线（美元、欧元）以右坐标轴为参照。

图1　2010—2019年世界主要货币CGI值变化趋势

的CGI数值较大，国际货币职能发挥得比较充分，处于货币国际化的成熟阶段，近年来美元的CGI数值达到欧元的2倍左右，其国际货币的优势更加明显；英镑和日元的CGI数值在4~8，国际货币职能有一定程度的发挥，在国际货币体系中占有一席之地，处于货币国际化的发展阶段，英镑相对于日元的CGI数值更高一些，在国际货币职能的发挥上更胜一筹；瑞士法郎和人民币的CGI数值基本在2以内，国际货币职能发挥得比较有限，尚处于货币国际化的初级阶段。2013年起，人民币的CGI数值开始逼近瑞士法郎，2014年CGI数值超过瑞士法郎，2017年之后CGI数值开始显著高于瑞士法郎，和英镑、日元CGI数值之间的差距也逐渐缩小。综合各币种CGI数值的变化趋势来看，除了人民币以外，其他主要货币均呈现较为明显的波动性，人民币在近十年里CGI数值基本呈现平稳上升的态势。在指数的变化趋势上，2013年"一带一路"倡议提出之初，人民币国际化程度有较大程度的提升，但从2014年开始逐渐进入一个瓶颈期，推进速度和推进的稳定性都在下降。从2016年开始，人民币国际化水平开始恢复到一个比较平稳的上升区间，但上升速度明显小于2014年之前的上升速度。

从人民币国际化水平自身的纵向变化趋势来看，相对于2010年初，人民币国际化水平的变化经历了快速提升—震荡反复—缓慢增长三个时期。

在快速提升时期,特别是2013年"一带一路"倡议提出之初,人民币指数呈现出台阶式增长。从指数增长的贡献原因来看,人民币依托货物贸易"走出去"的特征明显。自2013年起,"一带一路"倡议的提出并实施加强了中国和沿线国家之间的贸易往来,进出口贸易额的增长刺激了沿线周边国家对人民币的结算需求。根据BIS的统计数据,2013年底,人民币成为全球第八大国际支付结算货币。从统计数据可以看出,"一带一路"倡议提出之初,其政策释放的积极效应比较明显,经常项目下跨境货物贸易的增长成为人民币国际化推进的有力抓手。

在震荡反复时期,从2014年到2016年人民币国际化水平呈现波浪式震荡反复状态,尤其是在2015年和2016年,波动幅度较大。这一时期,人民币国际化沿着资本项目可自由兑换和金融市场双向开放的路径逐步有序推进,"一带一路"倡议的持续深入推进、自贸区相关政策的出台进一步夯实了人民币国际化基础,未来人民币国际化推进的潜力很大。但经历了第一个阶段的快速增长后,各项业务规模的增长速度变缓,相对于快速推进时期,这一时期直接投资项下人民币跨境支付成为人民币国际化新的增长点,但资本市场的进一步开放也加剧了人民币在岸和离岸市场汇率的波动,外部经济冲击传导效应更加显著,中国境内金融市场的稳定性还需要进一步加强。

在缓慢增长时期,从2016年至今,跨境人民币指数恢复到相对稳定的上升区间,人民币的国际化水平呈现出稳步上升的态势。这得益于多方面的积极因素,一是整体的宏观经济发展趋势向好,为人民币跨境使用规模的企稳回升提供了重要的经济基础;二是金融市场对外开放的进一步扩大,市场运行机制进一步成熟完善,跨境人民币证券投资热情提高;三是人民币国际化的基础设施被逐渐夯实,"一带一路"倡议的推进程度在不断加深。中国境内13家主要商业银行陆续加入全球支付创新项目(SWIFT GPI),人民币跨境支付体验得到进一步改善。支付宝、微信等第三方支付渠道逐渐向境外延伸。但在2018年以后,人民币国际化水平的上升速度明显变缓,人民币国际化的进程陷入了比较缓慢的发展阶段。

(三)人民币国际化水平的未来展望

近5年来,特别是2020年新冠肺炎疫情在全球蔓延之后,国际经济形势错综复杂,人民币国际化水平提升较慢且呈现出反复波折的态势。究其原因,本文认为主要是由于近年来国内外经济形势的复杂多变给人民币的国际化进程带来了更多的不确定性。尽管如此,当前人民币国际化仍具有良好机遇。其一是中国宏观经济发展的稳定性较好。中国对疫情控制较好,及时的复工复产促使经济发展水平较快,对外贸易的发展趋势良好,人民币在货物贸易下的使用水平有所提高,国际市场对人民币跨境使用的需求还在不断上升。此外,在全球疫情反复蔓延波动、国际金融市场动荡不安的国际背景下,人民币对一篮子货币汇率的稳定性较好,人民币也逐渐成为越来越多国家的避险货币,这为人民币在跨境证券投资结算中的使用活跃度提供了保障。其二是人民币周边化、区域化成效较为显著。"一带一路"倡议的持续深入推进使得人民币周边化、区域化进程比较顺利,中国周边的国家、地区成为人民币跨境使用活跃度提升最快的区域,人民币在周边国家的使用规模快速扩大。

同时人民币国际化进程也面临着诸多挑战。其一是人民币国际化的外部环境比较复杂。2018年以来,中美贸易磋商受阻,全球贸易摩擦不断,主要国家央行的货币政策出现分歧,国际金融市场波动有所加剧,疫情冲击使得全球经济比较低迷,国际货币竞争越发激烈。严峻的外部市场环境容易诱发金融恐慌,在一定程度上增强了美元的持有惯性。疫情蔓延的这几年,美元呈现持续走强的态势,这对人民币国际化产生了一定的"挤出效应";其二是中国资本市场发展尚不健全,抗干扰性较差。全球疫情的反复冲击加之各国央行货币政策的不稳定,中国资本市场流入了大量外资,但这类资金具有短期性和流动性,资本流动的大幅波动会对人民币汇率的稳定性产生冲击,也不利于人民币持币信心的稳定。此外,国际经济形势的动荡使得人民币的投融资功能失衡,一方面,人民币逐渐成为国际资本市场青睐的避险投资资产;但另一方面,人民币在国际融资领域发展受阻。根据 BIS 的统计数据,2020 年以人民币计价的国际债券余额同比大幅缩减,较 2015 年的高位萎缩了约 30%。

综上所述,人民币国际化进程中虽然经历着"瓶颈期",但未来积极的发展趋势非常明显。中国推进人民币国际化方面的条件在不断完善,但由于风险控制手段仍显不足,加之自贸区跨境资金流动、金融市场开放等相关政策红利释放的滞后性,人民币国际化持续推进的稳定性有待进一步提高。因此,就人民币国际化未来的发展来看,如何在双循环新发展格局下刺激政策红利的充分释放,充分利用外部市场环境,找到推进人民币国际化新的增长点是破除人民币国际化推进瓶颈的关键所在。

四、双循环及国家金融视角下人民币国际化的影响因素分析

(一) 研究方法及研究指标

考虑到本文的研究样本是 10 年期的年度数据,数据容量不大,而回归分析一般对更长期限的大样本容量的样本分析效果更佳。比如,关于货币国际化影响因素的相关研究中,通常会采用长期限 (15~20 年或者更长时间) 的面板数据回归,或者短期限高频数据的回归分析。灰色关联度方法对样本容量没有特别的要求、限制。人民币国际化是一个动态的发展过程,其在每个不同时期都会受到多个因素的影响,这些影响因素有些是主要的,有些是次要的,影响力的强弱也在不断地变化。因此,人民币国际化可以看作是一个多因素相互关联、相互制约的动态系统。邓氏灰色关联度分析法作为动态过程发展态势的常用量化分析方法,能够在一定程度上克服面板回归分析的部分缺陷,检验人民币国际化影响因素的关联度大小。

因此,本文基于灰色关联度方法的原理和适用性,通过检验各影响因素和人民币国际化水平之间变化趋势的一致性,来判断该因素和人民币国际化水平之间的关联程度。此部分的分析是本文在人民币国际化影响因素领域对其研究方法做出的一点探索和尝试,其研究结论的科学性、合理性有待更多方法的验证。

本文以历年的人民币国际化水平作为评价对象,将上文中求出的 2010—2019 年人民币 CGI 数值设定为参考数列 X'_0,参考数列 X'_0 表示为式 (7)。式 (7) 中,m 为待选取的影响因素的指标数量。

$$X'_0 = (x'_0(1), x'_0(2), \cdots, x'_0(m)) \qquad (7)$$

根据中国人民大学货币研究所发布的《人民币国际化报告 (2021):双循环新发展格局与货币国际化》(中国人民大学国际货币研究所,2021)[41]中关于内循环、外循环和人民币国际化之间的逻辑关系:"国际经验表明,内循环是货币国际化的先决条件,外循环则是货币国际化的实现手段。'国内大循环'决定国内消费市场、投资市场的规模和结构,从根本上创造人民

币需求;'国际大循环'实现国际范围内的包容性发展和风险分散,有助于提高中国发展的高效性和稳健性,增加人民币的国际使用场景和黏性。"因此,本文尝试从内循环、外循环层面遴选人民币国际化影响因素的指标变量。此外,根据国际货币竞争理论,主权货币的国际化水平是国际货币竞争的结果,而国际货币竞争实际上是各主权国综合实力的较量,综合实力包括一国的经济发展水平和经济规模、贸易投资规模和结构、金融市场发展程度、金融体系的完善程度、政治军事科技实力等各个方面。结合人民币国际化影响因素的相关研究,本文对内循环层面的影响因素和外循环层面的影响因素进行如下界定:内循环层面的影响因素主要涉及人民币国际化的内在基础条件,主要包括中国实体经济的发展情况、金融市场的发展基础、稳定的经济发展环境和强有力的科技、军事竞争力等;外循环层面的影响因素主要涉及人民币国际化的外在实现手段,主要包括贸易投资发展情况、经济开放水平等。

  内循环层面的影响因素和外循环层面的影响因素均未涉及国家层面的金融制度设计。国家金融理论认为国家层面的金融顶层设计是破解现代金融发展难题的关键所在。据此,本文认为,和人民币国际化相关的国家金融制度设计、政策支持或将对人民币国际化产生较大推进作用,表现为国家金融政策、制度的不同会对主权货币的可自由兑换性、双边贸易、投资的便利化产生不同程度的影响,由此而产生的交易成本差异也会对货币的国际化水平产生重要的影响。此外,欧元的国际化历程也充分说明,在货币国际化的初级阶段,区域货币合作等国家金融层面的制度支持会起到较大的推进作用。因此,本文借鉴国家金融理论的研究观点,在双循环层面影响因素的基础上,尝试加入国家金融层面的影响因素,主要涉及和人民币国际化相关的国家金融制度支持,例如,在央行的推动下,与其他国家签署货币合作协议、人民币清算安排合作备忘录等。如表4所示,本文将人民币国际化的影响因素分为三个层面:内循环层面的影响因素、外循环层面的影响因素及国家金融层面的影响因素。

  在相关研究的基础上,本文遴选出15个二级指标,评价指标的选取情况及其表示方法见表4。

表4　　　　　　　人民币国际化影响因素指标的关联度大小

影响因素	一级指标	二级指标	表示方法	数据来源
内循环层面影响因素	实体经济发展	综合经济实力 Y_1	我国实际GDP占全球GDP比重	资料1
	金融市场发展	金融市场深度 Y_2	我国股票市场换手率	资料2
		金融市场广度 Y_3	我国股票市场交易额占GDP比重	资料2
	稳定的经济金融发展环境	人民币对外币值稳定性 Y_4	实际有效汇率波动率	资料3
		人民币对内币值稳定性 Y_5	以CPI为基础测算的年通胀率	资料2
		外汇市场调节能力 Y_6	外汇储备总量	资料2
	军事竞争力	军费开支规模 Y_7	我国军费开支占GDP比重	资料2
	科技竞争力	科技产品出口规模 Y_8	我国高新技术产品出口占总出口比重	资料4
		科技研发投入规模 Y_9	我国研发总投入占GDP比重	资料1
外循环层面影响因素	贸易投资发展	贸易规模 Y_{10}	我国进出口贸易额占GDP比重	资料2
		投资规模 Y_{11}	（FDI+OFDI）占GDP比重	资料2
	经济开放情况	经济开放程度 Y_{12}	经济自由度指数	资料5
		对外贸易经济贡献度 Y_{13}	我国经常账户余额占GDP比重	资料2
国家金融层面影响因素	人民币国际化的国家金融制度支持	货币合作制度支持 Y_{14}	央行货币合作制度指数	资料5，6
		人民币清算制度支持 Y_{15}	人民币清算制度指数	资料5，6

注：资料1—世界银行WDI数据库；资料2—世界银行WDI数据库资料；资料3—BIS数据库；资料4—中国统计年鉴；资料5—美国传统基金会数据库；资料6—中国人民银行统计资料。

在国家金融层面的影响因素中，本文构建央行货币合作制度指数和人民币清算制度指数，以这两个量化指标代表国家金融层面人民币国际化的制度支持情况。在央行货币合作指数的构建中，以和中国签署了货币互换协议的国家（地区）数量作为货币合作的制度支持水平，以中国和该国之间的进出口贸易额在中国进出口贸易总额中的占比为权重，分别测算样本期的央行货币合作制度指数。人民币清算制度指数构建和央行货币合作指数的构建方法类似，以和中国签署了人民币清算安排合作备忘录的国家（地区）数量作为人民币清算制度的支持水平，以中国和该国之间的进出口贸易额在中国进出口贸易总额中的占比为权重。

（二）邓氏灰色关联度分析结果

在原始数据初值化处理的基础上，为了进一步测算第 k 个时刻各评价指标和参考指标的相对差值，求出各评价指标和参考序列在各年度的关联系数 $\xi_i(k)$。

$$\xi_i(k) = \frac{min(\Delta_i(min)) + \rho max(\Delta_i(max))}{|x_0(k) - x_i(k)| + \rho max(\Delta_i(max))} \tag{8}$$

其中，$\xi_i(k)$ 为评价指标和参考指标之间在 k 时刻的关联系数，分辨系数 ρ 取 0.5，$max(\Delta_i(max))$ 和 $min(\Delta_i(min))$ 为两级最大差和最小差，各个参考指标 x_i 的两级最大差和最小差选取样本期内各时间段上评价指标 x_0 和各参考指标 x_i 差值的绝对值的最大值和最小值，用公式表示为：$max(\Delta_i(max)) = max(max|x_0(k) - x_i(k)|)$，$min(\Delta_i(min)) = min(min|x_0(k) - x_i(k)|)$。关联系数计算结果如表5所示。

表5　　人民币国际化影响因素各指标各年度的关联系数

评价指标	2010	2011	2012	2013	2015	2016	2017	2018	2019
Y_1	1	0.98	0.89	0.79	0.62	0.65	0.59	0.50	0.49
Y_2	1	0.91	0.69	0.71	0.87	0.62	0.50	0.43	0.43
Y_3	1	0.76	0.62	0.60	0.74	0.61	0.51	0.39	0.42
Y_4	1	0.68	0.80	0.61	0.59	0.45	0.48	0.38	0.39
Y_5	1	0.73	0.95	0.81	0.95	0.74	0.80	0.52	0.43
Y_6	1	0.98	0.92	0.88	0.59	0.58	0.53	0.44	0.43
Y_7	1	0.97	0.85	0.73	0.55	0.56	0.51	0.44	0.42
Y_8	1	0.90	0.80	0.71	0.53	0.55	0.50	0.43	0.41
Y_9	1	0.97	0.89	0.79	0.60	0.62	0.56	0.47	0.46
Y_{10}	1	0.94	0.81	0.69	0.51	0.51	0.46	0.40	0.38
Y_{11}	1	0.87	0.71	0.65	0.50	0.50	0.43	0.38	0.35
Y_{12}	1	0.95	0.83	0.73	0.56	0.57	0.53	0.45	0.44
Y_{13}	1	0.69	0.68	0.55	0.49	0.46	0.42	0.33	0.34
Y_{14}	1	0.95	0.84	0.78	0.59	0.61	0.54	0.46	0.44
Y_{15}	1	0.94	0.83	0.75	0.70	0.77	0.67	0.55	0.52

由于各年度各指标都有不同的关联系数,信息过于分散,为了综合分析样本期各评价指标和参考数列之间的关联性,需要将各年度的关联系数综合为一个数值。评价指标和参考数列的关联度 r_i 的计算方法见式(9)。

$$r_i = \frac{1}{10}\sum_{k=1}^{10}\xi_i(k) \tag{9}$$

其中,r_i 为各影响因素评价指标对人民币 CGI 数值的关联度大小,根据各指标 r_i 值大小的测算结果,对人民币国际化影响因素进一步做理论分析。各评价指标关联度计算结果如表 6 所示。

表 6　　　　　　　　人民币国际化影响因素指标的关联度大小

影响因素	一级指标	二级指标	关联度 r_i
内循环层面影响因素	实体经济发展	综合经济实力 Y_1	0.71
	金融市场发展	金融市场深度 Y_2	0.67
		金融市场广度 Y_3	0.62
	稳定的经济金融发展环境	人民币对外币值稳定性 Y_4	0.58
		人民币对内币值稳定性 Y_5	0.77
		外汇市场调节能力 Y_6	0.70
	军事竞争力	军费开支规模 Y_7	0.66
	科技竞争力	科技产品出口规模 Y_8	0.64
		科技研发投入规模 Y_9	0.70
外循环层面影响因素	贸易投资发展	贸易规模 Y_{10}	0.63
		投资规模 Y_{11}	0.59
	经济开放情况	经济开放程度 Y_{12}	0.66
		对外贸易经济贡献度 Y_{13}	0.55
国家金融层面影响因素	人民币国际化的国家金融制度支持	货币合作制度支持 Y_{14}	0.68
		人民币清算制度支持 Y_{15}	0.75

表 6 显示,从内循环、外循环及国家金融三个层面来看,国家金融层面影响因素的平均关联度达到 0.715,内循环影响因素的平均关联度为 0.67,外循环影响因素的平均关联度为 0.61。可以发现,国家金融层面的制度支持在人民币国际化初级阶段发挥着关键性的推进作用,内循环层面的因素对人民币国际化水平的影响程度大于外循环层面的因素。未来需要进一步夯实人

民币国际化的内在基础条件。在内循环层面的影响因素中,中国的经济发展实力,稳定的经济金融发展环境最为重要;在外循环层面的影响因素中,进出口贸易对人民币国际化的联动效应要大于对外直接投资。

其中,影响力较强的因素为人民币对内币值的稳定性、人民币清算制度支持、中国的综合经济实力、央行的外汇市场调节能力及科技研发的投入规模,其关联系数均在0.7以上;而投资规模、人民币对外币值的稳定性和对外贸易经济贡献度的影响力相对较弱,其关联系数均在0.6以下;其他指标对人民币国际化水平的提升有一定的影响力,关联系数在0.6~0.7,其中,货币合作的制度支持、金融市场发展深度、经济开放程度及军费开支规模这四个因素的影响力相对较强,关联系数在0.65以上。从影响因素关联系数大小排序来看,现阶段,货币合作、人民币清算等国家金融层面的制度支持对人民币国际化水平的提升有着关键性的引导作用;其次是中国综合经济实力、金融市场交易的活跃性、稳定的经济金融发展环境、经济开放度、军事科技的发展程度;最后是贸易、投资的联动效应。

(三)稳健性检验

为了保证研究结果的可靠性,本文在灰色关联度检验分析中,通过替换参考数列的表示方法,检验研究结论是否稳健可靠。上文中参考数列为测算的人民币全球化指数,该指数和人民币国际化指数等多数综合性测度指标一样,是从国际货币职能综合发挥程度视角测度分析人民币国际化水平的变化情况。根据人民币国际化内涵的相关研究,人民币国际化不仅可以理解为人民币国际货币职能充分发挥的过程,也可以理解为人民币在国际市场使用范围的不断扩大。人民币国际化水平不仅可以通过考察其国际货币职能的综合发挥程度,也可以考察人民币在境外市场使用的广泛性、活跃程度和普遍接受性的高低。因此,本文考虑以人民币境外使用情况表示上文的参考数列,以此进行稳健性检验。关于人民币境外使用情况的测度指标中,比较有代表性的主要有中国银行发布的跨境人民币指数、离岸人民币指数和渣打银行发布的人民币环球指数。其中,跨境人民币指数主要反映的是人民币在跨境流出、境外流转和跨境回流三个环节上使用的活跃程度。离岸人民币指数主要考察的是人民币在离岸金融市场上的表现情况。人民币环球指数主要考察新加坡、伦敦、香港等三个主要的人民币离岸市场中人民币在存款、点心债券、贸易结算和外汇交易四个方面的使用情况。比较来看,跨境人民币指数全部采用流量指标,可以从货币流转的维度动态反映人民币在跨境及境外市场的实时使用情况,而人民币环球指数覆盖的人民币离岸金融市场比较有限。因此,本文以中国银行发布的各年度末跨境人民币指数 CRI 表示灰色关联度的参考数列。根据上文灰色关联度的检验方法,得出人民币国际化影响因素指标的关联度大小的稳健性检验结果,计算结果如表 7 所示。

表7　　人民币国际化影响因素指标关联度大小的稳健性检验

影响因素	一级指标	二级指标	关联度 r_i
内循环层面影响因素	实体经济发展	综合经济实力 Y_1	0.645
	金融市场发展	金融市场深度 Y_2	0.565
		金融市场广度 Y_3	0.606
	稳定的经济金融发展环境	人民币对外币值稳定性 Y_4	0.628
		人民币对内币值稳定性 Y_5	0.531
		外汇市场调节能力 Y_6	0.627
	军事竞争力	军费开支规模 Y_7	0.600
	科技竞争力	科技产品出口规模 Y_8	0.591
		科技研发投入规模 Y_9	0.634
外循环层面影响因素	贸易投资发展	贸易规模 Y_{10}	0.583
		投资规模 Y_{11}	0.554
	经济开放情况	经济开放程度 Y_{12}	0.612
		对外贸易经济贡献度 Y_{13}	0.514
国家金融层面影响因素	人民币国际化的国家金融制度支持	货币合作制度支持 Y_{14}	0.625
		人民币清算制度支持 Y_{15}	0.677

从表 7 稳健性检验的结果可以看出,国家金融层面影响因素的平均关联度达到 0.651,内循环影响因素的平均关联度为 0.603,外循环影响因素的平均关联度为 0.565。这说明三个层面的影响因素的比较中,国家金融层面的影响程度大于内循环层面的影响程度,内循环层面的影响程度大于外循环层面的影响程度,这和上文的研究结论是一致的。从各因素的影响力大小看,首先为人民币清算制度支持,关联度为 0.677;其次为综合经济实力、科技研发的投入规模、人民币对外币值的稳定性、外汇市场的调节能力和货币合作的制度支持,关联度在 0.62~0.65;再次为经济开放度、军费开支规

模和金融市场广度，关联度为 0.6～0.62；其余因素的关联度均为 0.6 以下。从影响因素关联系数大小排序来看，货币合作、人民币清算等国家金融层面的制度支持作用有着关键性的引导作用，其次是中国综合经济实力、军事科技发展程度、稳定的经济金融发展环境和金融市场发展程度，最后是经济开放度和贸易投资的联动效应。这和上文的研究结论也基本吻合。这说明，本文的研究结论基本是稳健可靠的。

五、结论与对策建议

综合全文的研究结果，可以得出两点主要结论：

第一，现阶段，美元、欧元的 CGI 数值较大，国际货币职能发挥得比较充分，在国际货币体系中占据重要地位，处于货币国际化的成熟阶段；英镑和日元的 CGI 数值在 4～8，国际货币职能有一定程度的发挥，在国际货币体系中占有一席之地，处于货币国际化的发展阶段，相较于日元，英镑的国际货币职能发挥得更加充分；瑞士法郎和人民币的 CGI 数值基本在 2 以内，国际货币职能发挥得比较有限，在国际货币体系中地位尚不高，处于货币国际化的初级阶段。但从 2013 年起，人民币的国际化水平开始逐渐超过瑞士法郎，与英镑、日元国际化水平的差距也在逐渐缩小。相较于其他世界货币，近 10 年人民币 CGI 数值的波动性较小，经历了快速提升—震荡反复—缓慢增长三个发展时期，虽然经历了一定的"瓶颈期"，但整体积极的发展趋势非常明显。

第二，邓氏灰色关联度研究结果显示，在人民币国际化的初级阶段，国家金融层面的制度支持发挥着关键性的引导作用，内循环层面的因素对人民币国际化的影响程度大于外循环层面的因素。根据不同因素的影响力强弱，本文认为对人民币国际化的推进作用首先是人民币清算、货币合作等国家金融层面的制度支持，其次是中国综合经济实力、金融市场交易的活跃性、稳定的经济金融发展环境、经济开放度和军事科技的发展程度，最后是贸易、投资的发展对人民币国际化的联动效应。

基于前文研究，本文提出推进人民币国际化水平的政策建议，即未来应尝试通过"加强国家金融层面的制度支持+畅通内外循环"的方式扩大人民币的国际使用场景，提升人民币的货币黏性，提高人民币国际化水平。具体包括三个方面：

第一，国家金融层面要进一步优化人民币国际化推进路线的顶层设计。对外要始终坚持多边主义和国际合作，加强央行的货币合作制度支持和人民币清算基础设施建设，提高宏观经济政策的调节能力，实现国家金融层面的高水平对外开放，构建具有国际竞争力的现代金融体系。未来可尝试通过货币合作的政策制度创新重塑国际合作的新格局，提升人民币对周边、"一带一路"沿线等更多国家的隐性货币锚效应，突破美元、欧元等传统世界货币的持有惯性，降低中国和区域货币合作对象国之间的货币合作成本，提升人民币国际化程度。对内央行等监管调控机构要根据国内外经济形势的变化适时把握资本账户的开放节奏，完善国家层面的金融政策制度，同时运用金融科技手段，防范化解人民币国际化进程可能引发的经济金融风险。

第二，畅通国内大循环。现阶段仍要坚持以畅通国内大循环为主导，进一步夯实人民币国际化的内在基础。未来可通过生产端和市场端共同调节国内消费、投资市场的规模和结构，创造更加广泛的人民币国际需求：在生产端，通过科技创新提升供给创造需求的能力和经济发展动力，以此来刺激改革红利的进一步释放，增强中国实体经济发展的稳健性，提高金融市场的对外开放水平，提升金融市场交易的活跃程度、运行效率和抗风险能力，充分发挥金融对实体经济的支持作用；在市场端，应尝试优化市场营商环境、增强政府监管机构的宏观政策调控能力等多措并举，推进国家治理体系和治理能力的现代化，着力于消除市场的"堵点"，促进实体经济潜能的释放。

第三，畅通国际大循环。如何提升中国对外开放水平是畅通国际大循环的关键所在，考虑到现阶段进出口贸易对人民币国际化的联动效应要大于对外直接投资，未来可通过多种形式的贸易创新手段，发挥进出口贸易对人民币国际化的拉动效应，稳固国际产业链和供应链，提升人民币国际化的效率和稳定性。在贸易创新手段上，可通过打造贸易示范区、建设差异化贸易创新发展平台、提升重点领域数字贸易水平等手段扩大贸易合作规模、提高贸易合作的质量，并通过拓宽贸易合作的深度和广度进一步推进对外直接投资的发展。

参考文献

[1] 陈云贤. 国家金融学 [M]. 北京：北京大学出版社, 2018.

[2] 周阳. 强势美元会影响人民币的货币锚地位吗——基于"一带一路"沿线35个国家的实证分析 [J]. 当代财经, 2021 (1).

[3] 魏昊, 戴金平, 靳晓婷. 货币国际化测度、决定因素与人民币国际化对策 [J]. 贵州社会科学, 2010 (9).

[4] 张光平. 货币国际化程度度量的简单方法和人民币国际化水平的提升 [J]. 金融评论, 2011 (3).

[5] 李瑶. 非国际货币、货币国际化与资本项目可兑换 [J]. 金融研究, 2003 (8).

[6] 李稻葵, 刘霖林. 人民币国际化：计量研究及政策分析 [J]. 金融研究, 2008 (11).

[7] Tung C., Wang G., and Ye H. J. Renminbi Internationalization: Progress, Prospect and Comparison [J]. China & World Economy, 2012, Vol. 20, No. 5: 63 – 82.

[8] 杨灿, 廖泽芳. 估值视角下人民币国际化风险影响因素研究 [J]. 金融与经济, 2022 (8).

[9] 范祚军, 夏文祥, 陈瑶雯. 推进人民币国际化的政策建议 [J]. 经济研究参考, 2018 (24).

[10] 赵海宽. 人民币可能发展成为世界货币之一 [J]. 经济研究, 2003 (3).

[11] 李婧. 人民币汇率制度与人民币国际化 [J]. 上海财经大学学报, 2009 (2).

[12] Frankel J, and Saravelos G. Can Leading Indicators Assess Country Vulnerability? Evidence from the 2008 – 09 Global Financial Crisis [J]. Journal of International Economics, 2012, Vol. 87, No. 2: 216 – 231.

[13] 邓黎桥. 人民币国际化程度与影响因素研究——基于国际储备份额视角 [J]. 经济研究参考, 2014 (38).

[14] 林乐芬, 王少楠. "一带一路"进程中人民币国际化影响因素的实证分析 [J]. 国际金融研究, 2016 (2).

[15] 宗良. "一带一路"与人民币国际化协同效应研究 [J]. 国际金融,

2017（3）．

[16] 朱小梅，汪天倩．中国与"一带一路"沿线国家货币合作的实证研究——基于最优货币区（OCA）指数的聚类分析[J]．金融经济学研究，2020（5）．

[17] 张莹莹．人民币货币锚效应及其影响因素研究：基于Heckman两阶段模型的新证据[J]．世界经济研究，2021（7）．

[18] 程贵，李杰．新发展格局下人民币国际化的空间布局研究——以"一带一路"沿线国家为例[J]．金融经济学研究，2021（2）．

[19] 汪天倩，朱小梅．共建"一带一路"倡议下中国同沿线国家区域货币合作的博弈分析[J]．江淮论坛，2022（3）．

[20] 李欢丽，刘昊虹，王晓雷．跨境人民币流动：制度供给、运行态势与管理创新[J]．金融经济学研究，2020（5）．

[21] 杨荣海．人民币国际化"双循环"程度测算：模型与实证[J]．经济学家，2021（9）．

[22] 刘震．新形势下如何推进人民币国际化[J]．人民论坛，2021（8）．

[23] 高伟，陶柯，梁奕．"双循环"新发展格局：深刻内涵、现实逻辑与实施路径[J]．新疆师范大学学报（哲学社会科学版），2021（4）．

[24] 王晓芳，鲁科技．三元悖论非角点解与人民币国际化推进政策研究[J]．世界经济研究，2021（10）．

[25] 李自磊．构建双循环新发展格局的国际经验及其启示[J]．天津师范大学学报（社会科学版），2022（3）．

[26] 雍和明．破解国家金融发展难题——读《国家金融学》[J]．中国金融，2020（22）．

[27] 王彩萍，李建平．国家金融视角下现代金融体系理论的衍化和创新——基于"六要素论"体系的新思考[J]．金融经济学研究，2022（2）．

[28] 陈云贤．中国特色社会主义市场经济：有为政府+有效市场[J]．经济研究，2019（1）．

[29] 陈阳，侯奕隆．跨境金融制裁与金融机构国际化之路[J]．当代金融家，2019（12）．

[30] 徐以升，马鑫．金融制裁的手段及金融制裁核心特征[J]．国际融资，2020（11）．

[31] 朱太辉, 林思涵, 张晓晨. 数字经济时代平台企业如何促进共同富裕 [J]. 金融经济学研究, 2022 (1).

[32] 李粤麟, 陈云贤. 政府投资与私人投资的互补性——基于共同富裕时代背景 [J]. 金融经济学研究, 2022 (1).

[33] Cohen B. J., 1971. Future of Sterling as An International Currency, London: Macmillan.

[34] 彭红枫, 陈文博, 谭小玉. 人民币国际化研究述评 [J]. 国际金融研究, 2015 (10).

[35] 王雪, 胡明志. 汇改提高了人民币国际化水平吗？——基于"7·21"汇改和"8·11"汇改的视角 [J]. 国际金融研究, 2019 (8).

[36] 陈新禹, 郭周明, 张晓涛. 在岸人民币汇率和离岸人民币汇率的互动 [J]. 南昌大学学报（人文社会科学版）, 2020 (10).

[37] 王爱俭, 王韩. "逆周期因子"提高了人民币国际化水平吗？——基于信息溢出的视角 [J]. 世界经济研究, 2021 (7).

[38] 彭欢欢, 姚磊. 资本开放、贸易开放与金融发展——基于中国的实证研究 [J]. 现代管理科学, 2016 (7).

[39] 杨权, 郭雅恒. "一带一路"金融发展与经济增长研究 [J]. 厦门大学学报（哲学社会科学版）, 2020 (3).

[40] 千慧雄, 安同良. 中国金融深化对企业技术创新的影响机制研究 [J]. 南京社会科学, 2022 (7).

[41] 中国人民大学国际货币研究所. 人民币国际化报告2021 [M]. 北京: 中国人民大学出版社, 2021.

第 3 篇
国家金融科技创新

数字经济时代平台企业如何促进共同富裕

朱太辉 林思涵 张晓晨[①]

摘要：在数字化快速推进的新时代，实现共同富裕目标需要充分发挥数字经济在促进经济增长和实现发展共享方面的关键作用。聚焦数字经济与共同富裕两大发展战略的内在联系，立足高质量发展阶段共同富裕的新内涵，将数字经济的三大核心支柱数据要素、数字技术、数字平台统一到经典的索罗增长模型中，较为系统地分析数字经济、数字平台在促进共同富裕方面的作用机制和实现路径。研究表明，数字经济从数据要素投入、释放科技效力和改进要素配比三个方面对经济增长起到促进作用，强化了共同富裕的增长基础；数字化赋能产业发展、政府治理、基础设施过程中所产生的网络效应，极大地促进了中国社会公共服务的均等化，提升了共同富裕的共享效应；具有实体性、科技性、生态普惠性和网络外部性的"新型平台企业"在促进共同富裕、优化资源配置上具有突出作用，是推进共同富裕的重要主体。

一、引言

当今世界正值百年未有之大变局，经济逆全球化、全球产业链重构、大国博弈加剧和新冠肺炎疫情等诸多不稳定因素复杂交织，人民日益增长的美好生活需要和不平衡不充分发展之间的矛盾越发突出，推进高质量发展、促进共同富裕已成为中国的必然选择。与此同时，数字经济的发展速度、辐射范围、影响程度前所未有，正在推动生产方式、生活方式和治理方式深刻变

[①] 作者简介：朱太辉（1985— ），男，经济学博士，国家金融与发展实验室、中国人民大学国际货币研究所研究员，研究方向为金融科技、数字经济与宏观调控；林思涵（1992— ），女，首都经济贸易大学经济学院讲师，经济学博士，研究方向为金融计量与宏观经济；张晓晨（1990— ），男，南开大学金融学院经济学硕士，研究方向为数字经济与宏观经济。

革，成为重组全球要素资源、重塑全球经济结构、改变全球竞争格局的关键力量。对中国而言，"十四五"时期数字经济将转向深化应用、规范发展、普惠共享的新阶段，将成为高质量发展的重要引擎。因此，在新发展阶段和高质量发展要求下，探讨数字经济、数字平台如何促进共同富裕，具有重要的现实意义。

共同富裕作为中国经济社会发展战略的长期目标，其内涵与实现路径在理论研究与实践探索中不断发展丰富。改革开放之后，中国经济经历了从"共同贫穷"到"不均等繁荣"的过渡，即实现了一部分人、一部分地区先富起来。在这一阶段，中国经济实现了整体富裕，但地区差异、收入差距以及城乡差距比较明显。进入新时代以来，共同富裕成为中国的阶段性发展目标，到21世纪中叶要基本实现全体人民共同富裕。为达成全体人民共同富裕到2035年取得更为明显的实质性进展的阶段性目标，实现"不均等繁荣"到"共同富裕"的平稳过渡，中国在经济社会发展中将共同富裕摆在了更加重要的位置，并于2021年5月将浙江省划为共同富裕示范区，且在同年7月出台了《浙江高质量发展建设共同富裕示范区实施方案（2021—2025）》。

理解数字经济发展与推动共同富裕的内在关系，需要基于共同富裕的基本内涵。共同富裕包含"富裕"和"共同"两个维度，其中"富裕"包含物质富裕与精神富裕两个层面，"共同"则包含"共享"与"公平"的含义（李海舰和杜爽，2021[1]）。就物质富裕而言，整个社会的富裕程度应该由最能体现人民生活水平和质量的变量来反映，比如收入、财产和公共服务（李实，2021[2]）。在全社会富裕的基础上实现全体社会成员共享发展成果，意味着收入和财产分配差距的缩小以及公共服务能够公平、高效地惠及全体人民（李毅，2021[3]）。精神富裕则与物质富裕息息相关，通常用于描述精神富裕的关键词如"幸福感""收获感"和"满足感"等在很大程度上由物质富裕决定，因此促进共同富裕的关键仍在于物质财富的大幅提升与公平分配。由上所述可知，探讨数字经济与共同富裕的相关关系需要从经济增长（物质财富的提升）与收入、财富公平分配两方面进行，即探讨在助力高质量发展过程中数字经济是否具有显著的经济增长效应以及共享效应。

推动共同富裕需要结合生产力的发展阶段，2021年8月17日召开的中央财经委员会第十次会议强调，"要坚持以人民为中心的发展思想，在高质量发展中促进共同富裕，正确处理公平和效率的关系"。这一重大论述表明，在中国经济转向高质量发展过程中，实现共同富裕的战略目标需要与高质量发展的战略目标相一致，即在发展中实现共享，在共享中实现发展。当前中国正值数字经济时代，伴随着5G、人工智能、工业互联网等数字技术逐渐成为通用技术，实现高质量发展离不开数字技术和数字经济的发展。因此，在数字经济时代，在高质量发展中推动共同富裕需要解决的核心问题在于高质量发展机制与公平共享机制是否兼容，数字经济发展是否可以助力经济发展与共享。

目前，已有较多研究围绕着数字经济的经济增长效应展开，为后续的研究打下了基础。许宪春和张美慧（2020）[4]测算了中国数字经济对经济增长的贡献，结果表明，截至2017年，中国数字经济增加值占当年国内生产总值的6.46%。中国通信研究院2020年发布的《中国数字经济发展白皮书（2020年）》显示，2020年中国数字经济规模占GDP的比重约为36.2%。由此来看，不论是理论测算还是实际测算，中国数字经济的增长效应在发展速度和发展规模上都十分巨大。而关于数字经济共享效应的研究较少，研究结论差异性较大，且多数研究缺少经验数据支持。张勋等（2019）[5]对普惠金融与包容性增长的研究表明，中国的数字金融发展促进了国内的包容性增长，有助于兼顾公平和效率。孙晋（2021）[6]认为由于数字经济所具有的生产要素集聚效应以及资源配置效应，数字平台（数字经济的构成要素）会成为社会财富的主要创造与分配场域。夏杰长和刘诚（2021）[7]认为数字经济与共同富裕发展目标具有很强的契合性，同时数字经济也会导致诸如结构性事业等不利因素的出现。Schor（2017）[8]则认为平台经济发展削弱了劳动者的议价能力，并且加剧了底层80%人群的收入差距。

实现共同富裕具有长期性、艰巨性、复杂性，数字经济发展的影响具有系统性、全面性，发展数字经济对促进共同富裕提供了新思路、新举措。以往的研究较少将数字经济与共同富裕结合起来分析，少数关于两者之间关系的研究又缺少理论与数据支持，且没有涉及数字经济时代的关键主体——平台企业。为弥补这一研究不足，本文首先将数字经济的经济增长效应与共享效应相统一，借鉴索罗增长模型探讨数字经济促进共同富裕的作用机制；其次，重点讨论以"新型平台企业"为代表的具有数字平台性质的企业在助力共同富裕过程中的实现路径；最后，基于研究结论提出政策建议。

二、高质量发展下的共同富裕内涵分析

随着"两个一百年"奋斗目标中第一个"全面小康社会"目标的顺利实现,党的十九大、十九届五中全会先后明确了推动实现共同富裕的总体目标和阶段性目标。2021年7月,习近平总书记在建党一百周年讲话中强调,要推动"全体人民共同富裕取得更为明显的实质性进展"。2021年8月17日,中央财经委员会第十次会议确定了中国从"全面小康"迈向"共同富裕"的基本方略,将促进"共同富裕"作为破解社会主要矛盾的着力点,成为经济金融工作的总遵循。结合当前的发展阶段和已有政策部署来看,高质量发展中共同富裕的内涵需要在四个方面加强理解。

1. 共同富裕是在做大"蛋糕"的基础上分好"蛋糕"。在新发展阶段,推进共同富裕的总要求是"在高质量发展中促进共同富裕",强调高质量发展是共同富裕的基石。其背后的逻辑是共同富裕首先要建立在经济平稳较快增长基础上,要"做大蛋糕";在"做大蛋糕"之后,通过收入分配制度来"分好蛋糕",共同富裕是效率与公平、发展与共享的辩证统一①。根据国家"十四五"规划提出的"到2035年人均国内生产总值达到中等发达国家水平"的目标,接下来的15年中国经济年均增速需要保持在4.7%以上。同时,根据黄群慧和刘学良(2021)[9]的测算,实现2035年阶段性共同富裕目标,中国的人均GDP相较于2020年需要扩大一倍,人均财产需要达到17万美元(2019年价格);实现2050年的共同富裕阶段性目标,需要人均GDP较于2020年扩大3.2倍,人均财产达到31万美元(2019年价格)。结合中国当前的经济、社会发展现状来看,目前中国还面临着人均富裕程度不高以及共享程度不足的挑战。2019年中国的人均GDP为10410美元,人均可支配收入为4520美元,这与阶段性的共同富裕目标还有较大差距,与发达国家的发展水平差距更大(见图1)。

2. 共同富裕不是"同等富裕、同步富裕、杀富济贫"。中央财经委员会第十次会议明确提出,"共同富裕是全体人民的富裕,是人民群众物质生活和精神生活都富裕,不是少数人的富裕,也不是整齐划一的平均主义,要分

---

① 详见浙江省委书记袁家军2021年6月在浙江省委十四届九次全体(扩大)会议上的解释。

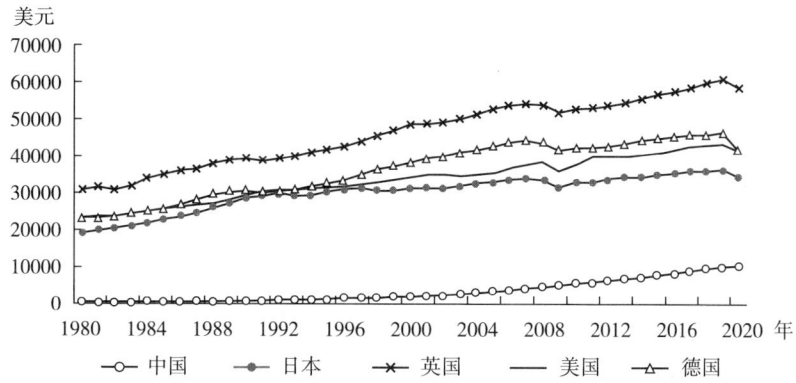

图1　1980—2020年中国与主要发达国家的人均GDP

（数据来源：世界银行）

阶段促进共同富裕"。这表明，共同富裕的本质是"普遍富裕基础上的差别富裕"①，也很好地回应了此前市场的争论和担忧，"共同富裕不是同等富裕、同步富裕、均等贫富、杀富济贫"。目前，中国居民的收入差距较大，即便在2019年中国人均居民收入突破1万美元大关，在过去40年人均收入大幅增长，但收入差距的扩大态势不容忽视，高收入人群的收入份额持续维持高位（见图2）。根据罗楚亮等（2021）[10]的测算，从1980年开始中国的基尼系数呈现不断上升状态，近年来有所下降，但仍处于高位（见图3）。除此之外，公共服务不均问题也是阻碍中国实现共同富裕阶段性目标的挑战之一。虽然近年来，中国的基本公共服务均等化有所改善，但城乡间以及城市内部不同就业身份人群的差异化制度制定，导致以养老金为代表的公共服务关键指标呈现较大差异（王亚柯等，2013[11]）。

3. 共同富裕需要解决地区、城乡、收入三大差距。中央财经委员会第十次会议强调"要提高发展的平衡性、协调性、包容性"，结合浙江的实施方案来看，核心是要解决三大差距问题：一是"增强区域发展的平衡性"，重在缩小"地区差距"；二是"促进农民农村共同富裕，巩固拓展脱贫攻坚成果，全面推进乡村振兴，加强农村基础设施和公共服务体系建设，改善农村人居环境"，重在缩小"城乡差距"；三是"着力扩大中等收入群体规模，

---

① 详见浙江省委书记袁家军2021年6月在浙江省委十四届九次全体（扩大）会议上的解释。

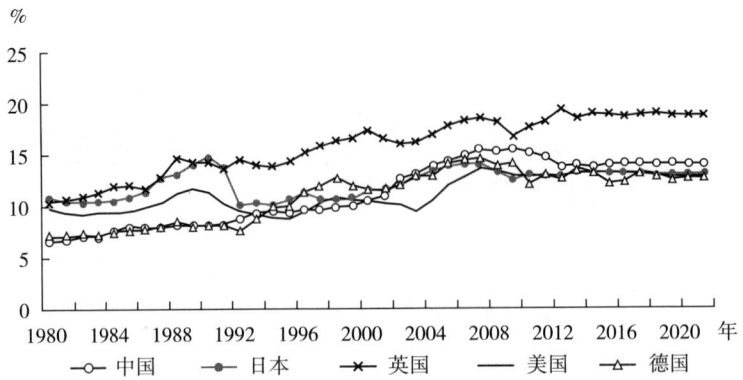

图 2　1980—2020 年中国与主要发达国家前 1% 人群的收入份额

[数据来源：世界不平等数据库（WID）]

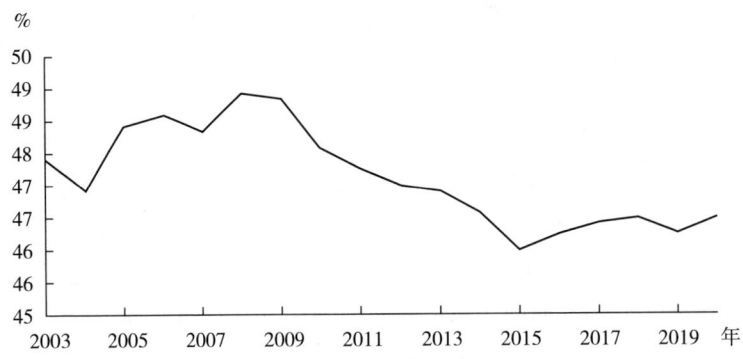

图 3　2003—2019 年中国居民收入基尼系数

（数据来源：国家统计局）

抓住重点、精准施策，推动更多低收入人群迈入中等收入行列"，重在缩小"收入差距"。《浙江高质量发展建设共同富裕示范区实施方案（2021—2025）》也明确提出，"探索完善快递小哥、网约车司机、网络主播等新业态从业人员劳动权益保障机制"。这表明，国家后续的政策发力重点是在落后地区、在农村、在低收入人群，会更加关注低收入人群的收入倍增和权益保障。

4. 共同富裕需要促进各类资本规范健康发展。此次会议强调，坚持"两个毫不动摇"，坚持公有制为主体、多种所有制经济共同发展，并提出

"促进各类资本规范健康发展"。中国近期在推进平台整治的同时，也提出中国还需要平台企业参与国际竞争、促进产业和金融的现代化发展。此外，《浙江高质量发展建设共同富裕示范区实施方案（2021—2025）》还明确提出，"以数字化改革撬动共同富裕体制机制创新取得重大突破性成果"。这与2021年12月中央经济工作会议提出的"要为资本设置'红绿灯'，依法加强对资本的有效监管，防止资本野蛮生长"的要求，在逻辑上是一致的，政策层面关注的重点不是资本扩张，而是资本扩张的价值取向，要治理通过金融扩张和垄断实现快速盈利的资本扩张，大力支持科技创新和制造业发展的资本发展。

在高质量发展阶段，共同富裕被赋予了更深层次的内涵，对其实现目标也有了更高的要求。实现共同富裕需要生产力的进一步提升，也需要依靠构建初次分配、再分配、三次分配协调配套的基础性制度安排，构造"中间大、两头小的橄榄形分配结构"，核心是让经济发展的溢出效应更多更好地惠及个人和家庭，为其提供更优质的公共服务和财产收入。

三、数字经济促进共同富裕的机制分析

数字经济是继农业经济、工业经济之后的主要经济形态，是以数据资源为关键要素，以现代信息网络为主要载体，以信息通信技术融合应用、全要素数字化转型为重要推动力，促进公平与效率更加统一的新经济形态[①]。从实践发展来看，数字经济发展是将数据作为核心生产要素，以数字基础设施为基石、数字政府治理为保障，创新运用数字技术，促进数据安全有序高效流转，推动数字产业化和产业数字化共同发展（沈建光等，2021[12]）。本文从数字经济的实质内涵和构成要素出发，结合索罗增长模型，阐释数字经济促进共同富裕的两个机制：增长效应和共享效应。

（一）数字经济发展促进共同富裕的机制：增长效应

促进共同富裕需要高质量发展机制与共享机制相结合，因此促进共同富裕的本质为在多重约束下改变现有的生产函数。数字经济需要数字技术、数据要素和平台企业协同发力，分别打造数字经济的技术基础、生产要素和组

---

① 2021年12月国务院发布的《"十四五"数字经济发展规划》对数字经济的解释。

织形式（陈永伟，2020[13]）。2020 年，中国数字经济中核心产业的增加值占 GDP 的比重就达到了 7.8%，为经济发展提供了强大动力。本文借鉴经济学中经典的索罗增长模型，具体分析数字经济促进共同富裕的增长效应。在索罗模型中，生产函数的一般形式为：

$$Y = A(t)f(L,K,E,\cdots)$$

其中，Y 为总产出；$A(t)$ 为全要素增长率一般用于度量科技贡献；$f(\cdot)$ 为各要素在生产过程中的配比关系即生产函数形式，通常采用柯布—道格拉斯生产函数形式或者 CES 生产函数形式；劳动（L）、资本（K）、土地（E）为常见的投入要素。从生产函数的一般形式看，数据、数字技术和数字平台促进经济增长的核心机制体现在三个方面。

1. 数据要素推动生产函数中的 $f(L,K,E)$ 转为 $f(L,K,E,D)$。数据是以电子化形式存在、附带一定信息、可供数字技术处理并释放价值的符号素材。在数字经济发展过程中，数据作为新的关键性生产要素，广泛应用于生产、分配、交换和消费的各个环节。数据的应用、交易、流转，解决了数字经济发展的资源输入问题，扩展了生产函数的要素投入，同时也强化了资本、劳动等要素的产出效力。从行业发展实践来看，数据要素在宏观上正在成为推动市场供需适配、畅通产业链循环的关键因素，在微观上正在成为企业优化生产工艺、提高管理精细化程度和改善企业经营绩效的重要抓手（刘淑春等，2021[14]）。

2. 数字技术提升生产函数中 $A(t)$ 的产出贡献。数据解决了数字经济发展的"原材料"问题，数字科技是在信息技术革命基础上形成的新兴技术，解决的是数字经济发展的数据利用问题。从生产函数来看，数字科技的创新应用，改变了经济发展的技术前沿，提升了生产函数的综合技术水平 $A(t)$，改进了数据以及其他生产要素的配置效率，对全要素生产率提升形成了持续广泛的促进影响（Pan 等，2021[15]；邱子迅和周亚虹，2021[16]）。从发展实践来看，新兴数字科技的研发应用，一方面改造传统的生产模式，提高投入产出效率，另一方面推出新产品、新模式，甚至新产业。

3. 数字平台重塑生产函数中要素的配比关系 $f(g)$。平台企业作为企业主体，同时作为中介具有连接双（多）边交易者、促进供需双方互动的市场属性，这种"二重性"让平台企业具有强大的资源配置能力，也改变了生产函数中劳动、资本、数据等要素的配比关系，即改变生产函数 $f(L,K,E,D)$

的具体形式。一方面,互联网平台具有网络效应,符合连接用户越多、商品越多、交易就越多的"梅特卡夫定律"(Metcalfe's law);另一方面,平台的网络效应呈现多边属性,服务供需方用户(双边或多边)相互依赖、从彼此获得价值或收入,创造了"供给创造需求、需求创造供给"的正向反馈和精准对接。

数字经济对生产函数的上述作用机制,在实践发展中主要体现在三个方面:一是"从无到有",即要素投入以及要素配比关系变化创造了新的商业模式,让更多商业场景成为可能;二是"从有到优",数据要素和数字技术的投入在细化、促进供需匹配的同时促进了已有行业的精细化发展;三是"从1到N",强化行业协同发展,通过有效整合各数字终端的供需数据,将打破各行业传统知识壁垒和经验壁垒,更好地发挥不同地区的比较优势,促进不同行业、不同区域之间生产的高效协同,更好地服务于共同富裕发展战略(沈建光等,2020[17])。

(二)数字经济发展推进共同富裕的机制:共享效应

促进共同富裕需要解决经济发展中的不平衡、不充分现象,数字经济在促进经济增长过程中还有助于改善增长的均衡性和包容性,提升经济发展的共享效应。具体而言,这一影响主要体现在三个方面。

1. **数字经济的普惠效应。**数字产业化与产业数字化是数字经济两大核心内容,两者在扩大市场边界、降低交易成本、提高生产效率吸纳劳动生产力的过程中,提升了技术和要素的通用性,由此对全体经济参与者产生了普惠效应。作为数据交易流转和数字技术创新交互作用的结果,数字产业化是增量改革,是围绕数据应用的数字技术创新活动实现产业化的过程。"十三五"时期,中国大数据产业年均复合增长率超过30%,经济增长贡献突出(见图4)。产业数字化则是存量改造,是传统的第一、第二、第三产业利用数据要素、数字技术赋能升级的过程。2020年中国服务业、工业、农业数字经济占行业增加值比重分别为40.7%、21.0%和8.9%,其中第三产业增速尤为明显(见图5)。作为吸纳就业的主要产业类型,第三产业的产业数字化转型的加速也在一定程度上表明了数字经济具有经济普惠效应的特点。

2. **数字经济的平衡发展作用。**数字化的经济运作方式有效打破了时空阻隔,具有的协同发展作用,对产业集聚程度的要求大幅度下降。数据要素的跨区域、跨行业流动,促进了不同区域产业间的交易互动。物联网、分布式

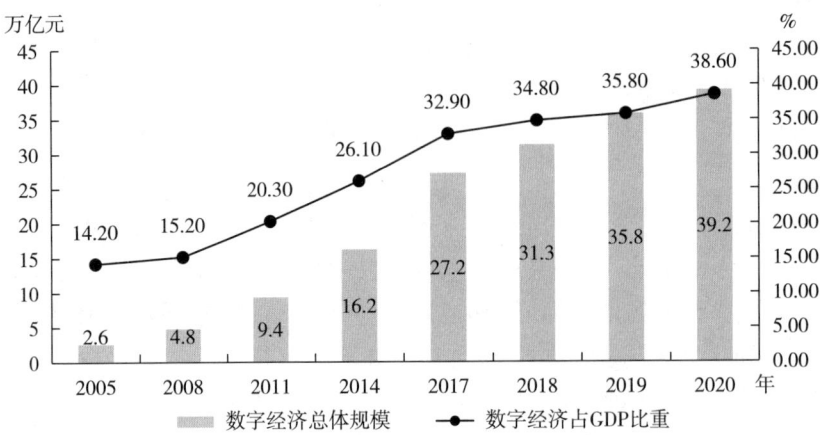

图4　2005—2020年中国数字经济总体规模与GDP占比

（数据来源：中国信息通信研究院）

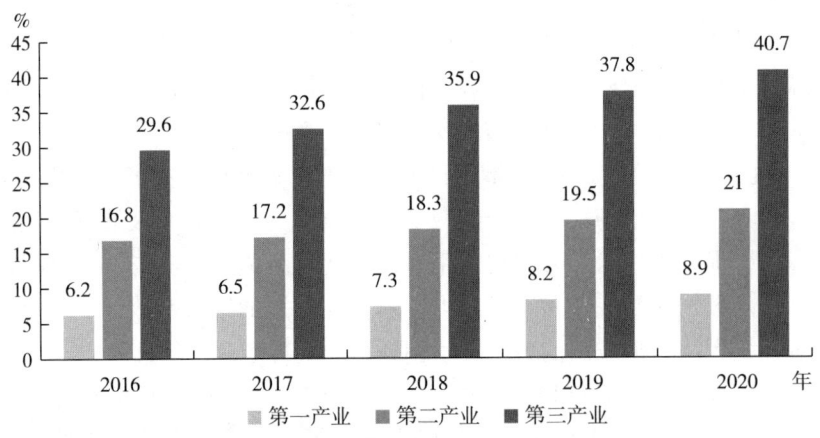

图5　2016—2020年中国数字经济占产业增加值比重

（数据来源：中国信息通信研究院）

生产等核心数字技术打破了地区分割、地方保护所产生的经济发展障碍，实现了生产端、消费端（实物、服务）贸易的广泛、高效匹配。数字经济在实现乡村振兴、平衡区域发展差异方面具有先天的优势，对于促进均衡发展具有积极的正面影响。正因为如此，数字化转型是"统一开放，竞争有序"市场体系建设的强大驱动力。

3. 数字经济推动公共服务均等化。"十四五"时期，中国将从数字经济、数字社会、数字政府三个方面全面推进数字中国建设（见图6）。其中，数字基础设施是数字经济发展的底层支撑，既包括传统基础设施的数字化，也包括新型网络、数据、安全等新型基础设施，是数字经济发展的基石，决定了中国数字经济发展的步伐实不实。近年来，中国数字基础设施广泛融入生产生活，对政务服务、公共服务、民生保障、社会治理的支撑作用进一步凸显。数字政府治理是数字经济发展的空间保障，有助于打通不同部门、不同区域、上下之间的数据壁垒，运用互联网、大数据、人工智能等技术改进行政管理和公共服务，决定了数字经济发展的空间大不大。数字经济发展所带来的数字基础设施的提升以及数字赋能政府所带来的政府治理效应的提升，将在很大程度上弥补中国公共服务均等化不足的现状，并且在提升公共服务均等化过程的同时提升了人民在社会生活中的"幸福感"和"收获感"。

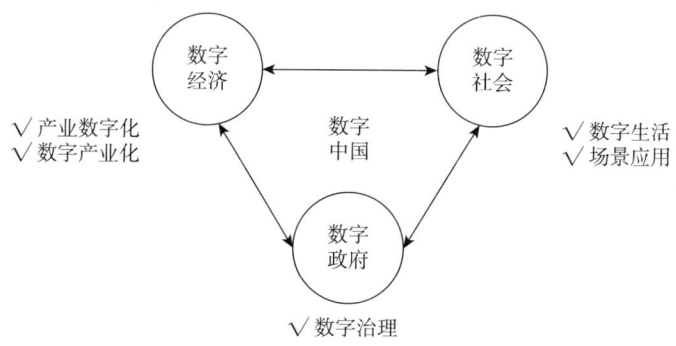

图6　数字化全面赋能经济发展、政府治理、社会生活

从实践发展来看，数字经济发展是数据要素与数字技术协同推动数据价值化的过程。具体而言，数字经济发展是将数据作为核心生产要素，以数字基础设施为基石、数字政府治理为保障，创新运用数字技术，促进数据安全有序高效流转，推动数字产业化和产业数字化共同发展，最终实现全要素生产率提升和经济高质量发展（沈建光等，2020）。在此基础上，以数字经济发展作为经济社会全面发展的强大牵引力，打造智慧城市、提升区域协同、深化对外开放，将更好地服务于"双循环"新发展格局，助力经济高质量发展，更好地满足人民日益增长的美好生活需要，助力实现共同富裕。

四、新型平台企业助推共同富裕的路径分析

平台企业是数字经济发展的关键主体,在促进共同富裕的过程中发挥着优化资源配置、促进供需对接的积极作用。但平台企业也存在多个不同的类型,不同类型的平台企业在资源配置、供需对接等方面的有效性存在较大差异。相对于一般的"互联网平台企业",具有"实体性""科技性""生态普惠性"和"网络外部性"的"新型平台企业",在推动共同富裕中的作用更加值得重视。

(一)"新型平台企业"的内涵本质

"新型平台企业"是数字化运营实体业务和技术性赋能产业链、供应链的结晶,集四重属性于一身。一个"新型平台企业"首先应符合国家统计局《新产业新业态新商业模式统计分类(2018)》《数字经济及其核心产业统计分类(2021)》等评价体系的统计标准;在此基础上进一步总结,"实体性""科技性""生态普惠性""网络外部性"共同构成了"新型平台企业"的内涵本质(见图7)。

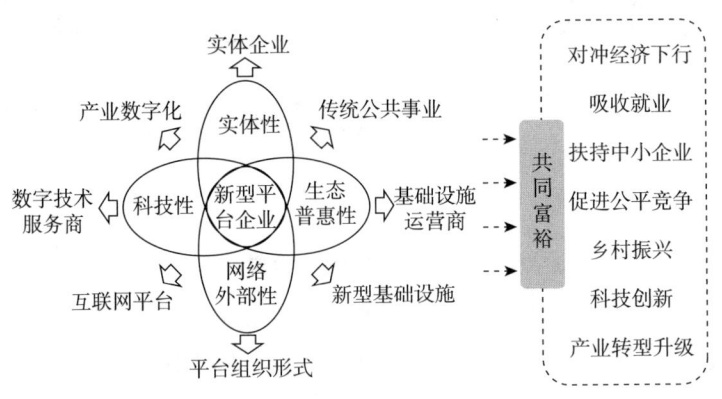

图7 "新型平台企业"助推共同富裕的实现路径

"实体性"。新型平台企业首先是"实体企业",以更好地满足人民日益增长的美好生活需要为根本目的,直接承担商品和服务的生产、流通任务,构成国民经济的主力军;通常营业收入较高但利润率不高,且直接雇用大量劳动力。

"科技性"。新型平台企业依托数据和技术禀赋优势,在创新自身业务模式、改善自身经营效率的同时,担当"数字科技服务商"角色,积极对外输出数字科技能力;通常研发投入强度较高,研发人员、发明专利数量较多,并以推动全产业链、供应链数智化转型升级、降本增效为使命。

"生态普惠性"。在工业生产、商品流通、信息通信、民生保障等领域,新型平台企业作为"基础设施运营商",建设、运营相关基础设施,建立技术赋能、普惠共享的生态底座;通常是实业资本运营,固定资产占比较高。

"网络外部性"。一些新型平台企业开展业务会采用或部分采用平台经营组织形式,重在充分发挥平台的正向网络外部性优势,助力实体经济发展和科技创新,并非平台条件下的资本无序扩张、过度金融化;通常是在强调数据收集合理性、保障用户隐私和数据安全的前提下,高效连接双边或多边市场,促进供需匹配,打通上下游,形成规模经济和范围经济。

与"新型平台企业"往往兼具四重属性相比,产业数字化领域的转型升级企业主要体现"实体性"和"科技性";单纯的互联网平台经济仅部分体现了"科技性"和"网络外部性";传统公共事业如水、电、煤、通信等传统基础设施领域的企业主要体现"实体性"和"生态普惠性";新型基础设施如IDC、大数据交易所等则主要体现"网络外部性"和"生态普惠性"。

(二)"新型平台企业"和"互联网平台"的差异

近年来,以数字、智能、信息科技为支撑,一批拥有传统实体基因、同时具备强大科技能力的"新型平台企业"应运而生,为加速"数字经济"与实体经济深度融合,实现降本增效和推陈出新,促进新产业、新业态、新商业模式发展作出了重要贡献。这些"新型平台企业"在经营组织形式上带有平台属性,但与单纯的"互联网平台"[①] 存在本质差异。

1. "是否实体定位"的结论不同。客观上,中国平台经济在优化资源配置、拓展消费市场等方面长期发挥着积极作用,但近年来一些互联网平台企业开始化身"金融资本",经济活动更多带有"金融""虚拟"属性,呈现出"脱实向虚"特征。实际上,这些充当第三方中介、以轻资产模式运营的

---

① 国家市场监督管理总局 2021 年 10 月 29 日发布《互联网平台分类分级指南(征求意见稿)》,将互联网平台分为网络销售类平台、生活服务类平台、社交娱乐类平台、信息通信类平台和金融服务类平台以及计算应用类平台。

"互联网平台",几乎不直接参与实业生产,较少沉淀物理基础设施和提供劳动工具,对就业也多为间接贡献,在基因特征上并不"实"。而新型平台企业具有传统实体企业的主要特征,高资本投入、高技术研发、高就业吸纳、高税收贡献。

2. 商业模式和价值取向不同。互联网平台的商业模式以供需交易撮合为核心,而新型平台企业则直接参与生产和流通,本身是产业链、供应链的重要一环。在盈利模式上,一些平台企业是低投入、追求快速收益和高利润("自己好才是真的好"),主要依靠赚取巨额佣金,数据显示部分平台企业的净利润率水平已接近30%,而中小商家生存压力却持续较大。新型平台企业则是重投入,利润来自整条供应链的降本增效和长远价值("大家好才是真的好")。

3. 市场竞争策略不同。在竞争策略上,一些头部互联网平台企业长期滥用"市场支配地位",通过"二选一"、高额补贴等非市场竞争手段建立自身行业垄断地位,扰乱了市场秩序,破坏了公平竞争,损害了消费者权益,已经引起了监管部门的强烈反应和社会各界的高度关注。"新型平台企业"则通过开放赋能,建立行业利益共同体,其发展理念追求的是共同富裕。

4. 社会和经济功能不同。单纯的"互联网平台"企业,即便持续加大研发投入、提升"技术"属性,也难以如"新型平台企业"一样,兼具"实体企业""基础设施运营商""数字科技服务商"三重角色,往往仅具备后两者的功能,难以承担更多社会和经济责任。

(三)"新型平台企业"推进共同富裕的路径

"新型平台企业"不同于一般平台企业的内涵本质,决定了其将承担更多经济功能和社会责任,在推进共同富裕上形成了特有的路径。

1. "新型平台企业"更大释放数据生产力,对冲经济下行压力。"新型平台企业"前身多为传统零售流通、工业制造等领域的实体企业,其后依托强大的供应链网络、技术和数据赋能,经历了数字化智能化转型、线下线上融合等过程发展至今,已成为中国实体经济先进生产力的代表。在商业模式上,"新型平台企业"普遍坚守"兴办实业"初心,延续了传统实体企业重实业资本、重固定资产、重人力资源的经营发展模式,大量沉淀了社会化的基础设施和固定资产投资,雇用了大量劳动力,为新冠肺炎疫情冲击之下中国经济稳定增长和防范风险提供了坚实的实体产业支撑。

2. "新型平台企业"强调技术赋能,加快科技创新和产业转型升级。"新型平台企业"将科技创新应用视为企业长久发展的基石,积极响应科技创新、产业转型升级等国家重大战略,持续加大投入。在工业制造领域,基于数字科技、关键设备、基础材料创新,精准捕捉痛点、推进工业"强链补链",精准数据诊断、推进节能降耗,推动生产方式和经营模式升级,使传统制造业从资源消耗型、环境污染型、单一产品型向质量效益型、绿色集约型、综合服务型转变。在零售流通领域,依托大数据、人工智能等技术创新供求响应方式,赋能全产业链、供应链资源配置、助力现代流通体系,打造数字科技与实体经济深度融合的新产业、新业态、新模式,如精准匹配供需的反向定制(C2M)模式。

3. "新型平台企业"遵循社会福利最大化,积极扶持中小企业和落后地区。"新型平台企业"信守正道商业价值观,将规模扩张、收入增长、利润目标与更高格局的"社会福利最大化"目标相结合,坚持对社会、对环境、对用户、对伙伴、对员工肩负责任和创造价值,积极响应扶持中小企业和促进乡村振兴等战略,助力实现共同富裕。一是坚持"以实促实",立足实体定位,以技术能力带动全产业链降本增效、供需精准适配;二是坚持"开放生态",积极开放自身基础设施、技术优势、服务能力,链接、赋能、优化上下游合作伙伴,全面激活中小企业,拒绝暴利、共享经营成果,打开产业链增长新空间;三是坚持"公平竞争",拒绝高额补贴、价格歧视、"二选一"等以垄断为目的的不正当竞争行为,强化"技术中性"导向、保护消费者权益,维护公平竞争、阳光透明的良性市场环境;四是坚持"依法经营",拒绝一切假冒伪劣、偷税漏税等违法犯罪行为,做好"数据保护""数据跨境"工作,维护国家安全;五是坚持"普惠共享"。搭建精准连通城乡的流通基础设施,助力"农产品进城";坚持直接创造和吸纳就业,保障员工生存环境和劳动权益。

当前,全球新冠肺炎疫情持续演变,外部环境越发复杂严峻,"新型平台企业"兼顾"兴办实业"与"科技创新",在对冲经济下行压力、促进产业转型升级等方面逐步显示出中流砥柱作用,中长期将为促进实现共同富裕提供重要助力。

五、结论与政策启示

在当前日益复杂的国内外环境下，促进共同富裕的关键在于高效发挥数字经济和"新型平台企业"的经济增长效应（促进"富裕"）以及共享效应（实现"共同"）。本文以共同富裕的新内涵和新挑战为出发点，将数字经济的三大核心支柱数据要素、数字技术、数字平台统一到经典的索罗增长模型中，较为系统地论述了数字经济、"新型平台企业"发挥经济增长效应以及共享效应的作用机制和实现路径。首先，数字经济从投入要素、促进科技创新和促进要素配比三个作用机制，对经济增长起到促进作用，强化了共同富裕的增长基础。其次，数字产业化以及产业数字化的协调发展对全体经济参与者产生普惠效应，数字赋能基础设施、政府、社会极大程度地促进了中国公共服务的均等化和人民生活的"收获感"以及"幸福感"，提升了共同富裕的共享效应。最后，集"实体性""科技性""生态普惠性""网络外部性"于一身的"新型平台企业"，在优化资源配置、改善供需对接、实现协同发展上具有突出优势，是推进共同富裕的重要主体。

本文的研究结论对于推进共同富裕和数字经济高质量发展具有三点政策启示。第一，在安全合规前提下，全面释放数据的生产力。数据要素是数字经济发展的关键要素，应根据最新发布实施的《数据安全法》《个人信息保护法》等，建立涵盖数据形成、采集、传输、存储、处理、流通、应用全生命周期的数据管理体系，构建数据流转使用的负面清单和安全底线，让数据利用"放得开、管得住、用得好"，更好地发挥数字化的作用。第二，要探索分类监管，全面释放"新型平台企业"效能。在相关政策基础上，科学区分不同类型平台企业，健全支持"新型平台企业"发展的政策框架，加大支持"新型平台企业"发展的政策力度，树立一批"新型平台企业"的良好典型，发挥好"新型平台企业"的联动辐射作用，带动全链条、全产业更好更快发展，发挥好"新型平台企业"及其数字技术对经济发展的放大、叠加、倍增作用。第三，要以共同富裕大方向为指引，促进数字经济中各类资本规范健康发展。积极引导和支持各类资本加强数字技术研发和科技创新，积极发展数字经济的新产业、新业态、新商业模式，助力拓展高质量发展空间；在注重发展公平、改进经营者集中监管的前提下，保障发展效率，避免抑制创新活力，不断调整和完善平台反垄断监管的范围、力度和框架。

参考文献

[1] 李海舰，杜爽.推进共同富裕若干问题探析 [J].改革，2021 (12).

[2] 李实.共同富裕的目标和实现路径选择 [J].经济研究，2021 (11).

[3] 李毅.理解共同富裕的丰富内涵和目标任务 [N].人民日报，2021-11-11 (012).

[4] 许宪春，张美慧.中国数字经济规模测算研究——基于国际比较的视角 [J].中国工业经济，2020 (5).

[5] 张勋，万广华，张佳佳，等.数字经济、普惠金融与包容性增长 [J].经济研究，2019 (8).

[6] 孙晋.数字平台的反垄断监管 [J].中国社会科学，2021 (5).

[7] 夏杰长，刘诚.数字经济赋能共同富裕：作用路径与政策设计 [J].经济与管理研究，2021 (9).

[8] Schor J. B. Does the Sharing Economy Increase Inequality Within the Eighty Percent? Findings from a Qualitative Study of Platform Providers [J]. Cambridge Journal of Regions, Economy and Society, 2017, Vol. 10, No. 2: 263-279.

[9] 黄群慧，刘学良.新发展阶段中国经济发展关键节点的判断和认识 [J].经济学动态，2021 (2).

[10] 罗楚亮，李实，岳希明.中国居民收入差距变动分析 (2013—2018) [J].中国社会科学，2021 (1).

[11] 王亚柯，王宾，韩冰洁，等.我国养老保障水平差异研究——基于替代率与相对水平的比较分析 [J].管理世界，2013 (8).

[12] 沈建光，朱太辉，张晓晨.全面释放数字经济动力 [J].清华金融评论，2021 (5).

[13] 陈永伟.如何发展数字经济？[J].中国改革，2020 (1).

[14] 刘淑春，闫津臣，张思雪，等.企业管理数字化变革能提升投入产出效率吗 [J].管理世界，2021 (5).

[15] Pan W., Tao X., Zhuwang W., and Lisha M. Digital Economy: An Innovation

Driver for Total Factor Productivity [J]. Journal of Business Research, 2021, Vol. 139, No. 2: 303-311.

[16] 邱子迅,周亚虹. 数字经济发展与地区全要素生产率——基于国家级大数据综合试验区的分析 [J]. 财经研究, 2021 (7).

[17] 沈建光,朱太辉,张彧通. 释放数据生产力 [A]. 杨涛. 数据要素:领导干部公开课 [C]. 北京: 人民日报出版社, 2020.

数字普惠金融与绿色技术创新：
红利还是鸿沟

钟廷勇　黄亦博　孙芳城[①]

摘要：基于2011—2019年中国A股上市公司数据，研究数字普惠金融对绿色技术创新的影响及其作用机制，研究发现，数字普惠金融能够显著促进企业绿色技术创新。细分绿色创新类别后，数字普惠金融仅能显著促进实质性绿色技术创新，而对策略性绿色技术创新无显著作用。机制检验表明，数字普惠金融能够通过缓解融资约束和提升城市财富，促进企业绿色技术创新。异质性分析表明，在高环境规制强度地区、内陆地区以及CEO无银行金融背景的企业，数字普惠金融对绿色技术创新的促进效应更显著。进一步分析表明，当前金融监管与数字普惠金融发展存在一定程度的不匹配，但随着时间推移开始逐渐释放政策监管红利。

一、引言

随着现代金融体系不断健全，如何在国际金融体系中实现弯道超车成为当前中国金融发展的重大课题。以中国金融发展中最关切问题为研究导向、以现代金融体系下的国家金融行为属性为研究对象的国家金融学，着重探讨如何在国内建立并完善现代金融体系，准确定位中国金融的国际作用，以及国家金融科技战略部署、国家与地方金融的层级发展、国家金融监管架构作用等，能够有效助力中国金融发展实现弯道超车（陈云贤，2021）[1]。数字普惠金融作为国家金融学中涉及金融科技战略部署的重点发展任务，既是数

[①] 作者简介：钟廷勇（1984— ），男，重庆工商大学会计学院教授，经济学博士，研究方向为数字金融、绿色会计与产业政策；黄亦博（1998— ），男，重庆工商大学会计学院硕士研究生，研究方向为数字金融与绿色会计；孙芳城（1963— ），男，重庆工商大学教授，会计学博士，研究方向为公司治理。

字化时代下的新兴产物，也是金融科技化的重要应用。近年来随着人工智能、云计算和大数据的不断发展，数字普惠金融的地位与重要性也不断增强（黄益平和黄卓，2018[2]），并且2016年中共中央、国务院印发的《推进普惠金融发展规划（2016—2020年）》明确提出，要提升金融机构科技运用水平，利用大数据、云计算等新兴信息技术大力发展普惠金融，其已成为国家金融学研究的重要课题。

伴随着金融体系的持续发展，中国经济实现了持续高速增长的"中国奇迹"。中国已成为世界第二大经济体，然而经济高速增长的背后，却付出了沉重的环境代价。《2020中国生态环境状况公报》显示，全国37个城市中，环境空气质量达标城市占比为59.9%，尚有三分之一的城市$PM_{2.5}$浓度高于国家二级标准，区域性重污染天气时有发生，重点流域水生态状况和典型海洋生态系统的健康状态总体上不太乐观。如何在经济发展的同时保护环境，成为中国现阶段转变经济发展方式、实现高质量发展所亟须解决的难题。党的十九大明确指出要"不断推进市场导向的绿色技术创新"，并在全国政协十三届二次会议上再次强调"要依靠技术创新破解绿色发展难题"，为实现绿色发展指明了道路。因此，绿色技术创新成为实现经济发展与环境保护"双赢"的关键手段（Daron等，2012[3]；李子豪和白婷婷，2021[4]）。

回顾前期研究，针对如何驱动绿色技术创新已取得丰富研究成果，主要可以归纳为政府、社会与市场以及企业内部三大角度。其一，绿色信贷政策能够加剧高污染企业的退出风险，产生波特效应，从而促进绿色技术创新，但主要针对创新数量而非质量（陆菁等，2021[5]；王馨和王营，2021[6]），而低碳城市试点政策、环保目标责任制等同样促进了企业的绿色技术创新活动；其二，媒体关注作为重要的外部监督力量，能够促使重污染企业"知弱图强"而非"捉襟见肘"，企业所处城市的财富则对其社会责任偏好产生影响，进而产生绿色技术自选择效应并呈现自我强化特性（张玉明等，2021[7]；董直庆和王辉，2021[8]）；其三，企业自身的董事会治理能够影响绿色技术创新的积极性，并提升环境规制效果，而高管薪酬激励的创新补偿效应则能够提升财税补贴政策对企业绿色创新的平滑效果，从而提升企业绿色创新能力，由此证明了公司治理在绿色创新激励中的重要影响（王锋正和陈方圆，2018[9]；王旭和王非，2019[10]）。

虽然现有研究已从多个角度对绿色技术创新进行了深入探讨，但不难发现，有关数字普惠金融对企业绿色技术创新的影响效果及其作用机制目前还较少有系统性研究。事实上，金融作为微观主体绿色技术创新中的核心要素，将直接影响企业绿色技术创新的成效（Po – Hsuan 等，2014[11]；Ramana 和 Tom，2014[12]）。金融发展是全要素生产率的重要影响因素（陈志刚和郭帅，2012[13]），不仅对实现中国经济的绿色低碳发展具有重要意义（严成樑等，2016[14]），而且能够显著降低二氧化碳的排放（邵汉华和刘耀彬，2017[15]；Muhammad 等，2013[16]），对环境治理具有重要影响。因此，数字普惠金融必然会对企业绿色技术创新产生重要影响。上述研究内容不足构成了本研究的逻辑起点和探讨重点，本文将基于此探讨数字普惠金融对企业绿色技术创新的影响效果及作用机制，对国家金融科技战略部署与绿色发展等方面做出理论解读和经验补充。

本文的边际贡献主要在于：首先，考察了数字普惠金融对企业绿色技术创新的影响，建立了科技金融与绿色技术创新的链接，扩展了数字普惠金融对绿色发展功效的文献，有助于推动数字科技与绿色发展齐头并进；其次，细分了绿色技术创新的类别，验证了数字普惠金融的差异化作用效果，同时验证了"数字普惠金融—缓解融资约束与提升城市财富—绿色技术创新"的作用路径，厘清了数字普惠金融对绿色技术创新的作用机制，丰富了绿色技术创新影响因素的文献。最后，本文研究结论为加快数字普惠金融在中国的战略布局与全面发展，健全普惠性现代金融体系，平衡风险创新，推进完善区域金融监管，提升绿色技术创新质量审核水平，构建良好生态提出了针对性的政策建议。

二、理论分析与研究假说

（一）*数字普惠金融与企业绿色技术创新*

数字普惠金融作为国家金融科技战略部署中的重点发展任务，实质是通过其在数据分析、信息处理方面的优势促使金融服务范围和效果有效提升，提升金融服务可得性，促进经济增长红利的释放，提高居民收入水平。因此，本文认为数字普惠金融能够通过对企业内部、外部的综合影响，促进企业绿色技术创新。

一方面，从企业内部和绿色技术创新能力出发，数字普惠金融能够降低企业融资约束程度，从而促进绿色技术创新。企业的生产经营存在逐利特点，在面对是否进行绿色技术创新的决策时，企业往往首先考虑该项活动能否为其带来经济利益。数字普惠金融作为普惠金融体系下的重要一环，不仅能够降低金融服务门槛（谢绚丽等，2018[17]），提高企业融资效率（唐松等，2020[18]），而且能够降低企业融资成本（聂秀华等，2021[19]），有效缓解企业的融资约束问题。进一步地，从成本收益角度出发，数字普惠金融发展既显著降低了企业绿色技术创新的成本，也提升了企业绿色技术创新的能力，促使企业绿色技术创新的成本收益平衡点发生移动。企业进行绿色技术创新后，能够有效规避环保处罚（李青原和肖泽华，2020[20]），向利益相关者传递其可持续经营与绿色发展的信号。基于信号传递理论与利益相关者理论，企业进行绿色技术创新促使其获得更多的资金投入与媒体关注，有利于推动企业股价上涨与扩大生产经营，为企业带来可观的经济利益。此外，从分散风险角度出发，基于资源基础理论，企业获取资源的能力决定了其对组织内外环境的响应程度。数字普惠金融有效提升了融资效率与融资可得性，缓解了金融错配问题，促使企业创新风险显著降低，使管理层更愿意以长远的目光进行绿色技术创新决策。因此，在数字普惠金融对企业内部和绿色技术创新能力的影响下，会显著促进企业绿色技术创新。

另一方面，从企业外部角度和绿色技术创新意愿出发，数字普惠金融能够提高城市财富水平从而促进绿色技术创新。企业生产经营活动往往会受到行业整体的影响，当企业所处行业整体存在绿色技术创新偏好，或是行业中存在绿色产品需求时，由于同群效应，企业更愿意进行绿色技术创新。数字普惠金融的出现与发展，不但对企业内部产生了重要影响，对企业外部发展也具有深远意义。首先，数字普惠金融依靠其覆盖广度、使用深度与数字化程度，能够直接影响居民收入水平，提升城市财富水平（张勋等，2021[21]）；其次，通过对经济增长和创业行为的影响，数字普惠金融能够间接影响居民收入水平，提升城市财富。进一步地，从居民个体角度出发，财富积累会加强个体对美好生活的向往与追求（董直庆和王辉，2021）。具体而言，消费者收入越高，对环境的需求越强，更愿意以高价购买绿色产品，而绿色产品需求增加则会激励企业进行绿色技术创新，生产符合消费者需求的绿色产品（王敏和黄滢，2015[22]）。此外，从城市整体角度出发，当居民收入普遍增长时，城市整体的财富积累随之增加，此时居民个体的相似诉求将会形成群体现象，被企业和政府所重视。正如董直庆和王辉（2021）、程名望等（2019）[23]、Nguyen等（2020）[24]研究所示，居民收入增长会增强其对环境的需求，从而增加绿色产品需求。数字普惠金融发展通过促进居民收入增长，将个体需求逐渐转化为群体行为。在绿色产品需求的利益驱动下，企业绿色技术创新的意愿随之提升。因此，在数字普惠金融对企业外部和绿色技术创新意愿的影响下，将会显著推动企业绿色技术创新。综上所述，本文认为数字普惠金融可以通过缓解企业融资约束和提升城市财富水平，促进企业绿色技术创新。因此本文提出假说1。

假说1：数字普惠金融能够促进企业绿色技术创新。

（二）数字普惠金融对企业绿色技术创新的作用差异分析

企业绿色技术创新可以分为实质性创新和策略性创新（徐佳和崔静波，2020[25]；黎文靖和郑曼妮，2016[26]），前者能够有效推动企业的绿色技术进步，真正实现绿色发展，而后者更多是以谋取利益为目的，通过追求创新的"速度"和"数量"，迎合政府的相关创新策略以及绿色发展趋势，是一种应规性行为。因此数字普惠金融对不同类型的绿色技术创新是否具有差异化效果，能否有助于真正实现绿色发展的目标，是本文关注的另一个焦点。

一方面，数字普惠金融发展能够提升居民个人收入，促进城市财富积累，增加绿色产品需求，迫使企业进行实质性绿色技术创新，实质性地响应社会责任和绿色发展趋势，以获取更多收益。同时，数字普惠金融通过对企业融资渠道、融资效率和融资成本等产生影响，为企业实质性绿色技术创新提供必要的基础条件，降低创新成本与风险，推动绿色创新的成本收益平衡点发生偏移。企业通过实质性绿色技术创新，为产品附加绿色属性，可以满足更多消费者需求，获取更多收益。综上所述，数字普惠金融可能会促进企业的实质性绿色技术创新。

另一方面，随着数字普惠金融发展，数字科技、智能应用和绿色发展等逐渐成为企业发展趋势。对大部分企业而言，由传统发展方式转为绿色发展需要一定成本与时间，且存在一定风险。因此，并非所有企业都会选择通过绿色技术创新提升自身绿色技术水平，实现真正的绿色发展。部分企业可能通过策略性绿色技术创新，从表层上迅速提高绿色创新数量，粉饰企业绿色创新能力，象征性地响应社会责任和绿色发展趋势，实现"漂绿"的目的。由此可见，由于绿色创新活动及其发展转型存在风险与成本，企业可能仅通过策略性绿色技术创新"漂绿"自身，开展相应的绿色营销行为，树立合法合规、积极承担社会责任的形象，并满足绿色产品需求，从而以更低成本与风险获取更多收益。综上所述，数字普惠金融可能会促进企业的策略性绿色技术创新，因此本文提出假说2a和2b。

假说2a：数字普惠金融能够促进企业的实质性绿色技术创新。

假说2b：数字普惠金融能够促进企业的策略性绿色技术创新。

三、研究设计

（一）样本选择与数据来源

本文主要使用了以下数据：一是北京大学数字普惠金融指数，该数据由北京大学数字金融研究中心发布，是目前有关数字普惠金融研究的通用数据。该数据包括了省级、市级和县级三个研究层面和数字普惠金融指数、数字金融覆盖广度、数字金融使用深度以及普惠金融数字化程度四个研究角度。二是2011—2019年中国A股上市企业有关绿色技术创新、融资约束以及其他企业层面控制变量的相关信息，来自国泰安数据库（CSMAR）。此外，为了保证样本代表性与可靠性，本文对样本进行了以下处理：剔除ST、*ST的企业；剔除样本中的金融类、房地产类企业；剔除主要变量存在数据缺失的企业；对主要连续型变量进行了双侧1%的缩尾处理，以消除极端值对研究结论的影响。经过上述处理，本文最终得到2011—2019年9196个"公司—年度"观测样本。

（二）变量定义

1. 被解释变量：企业绿色技术创新（*Grein*）。目前常见的衡量方法包括企业绿色专利的授权量与申请量。由于专利的申请到获批具有时滞性，因此本文采用绿色专利的申请量衡量企业绿色技术创新水平。为了更好地区分数字普惠金融促进了企业的何种绿色技术创新，本文将企业绿色发明申请数量定义为实质性绿色技术创新（*Greinvja*），将企业绿色实用新型申请数量定义为策略性绿色技术创新（*Greumja*）。

2. 核心解释变量：数字普惠金融指数（*Aggregate*）。本文采用北京大学数字普惠金融指数进行测度，同时还使用数字普惠金融覆盖广度（*Breadth*）

与使用深度（Depth）这一对称的具体细分指标进行分析，以确保研究结论的可靠性。

3. 控制变量。参考已有文献对绿色技术创新的研究以及数据可得性，本文主要选取了以下控制变量：企业规模（Size），以企业总资产的自然对数衡量；资产收益率（ROA），以企业净利润与平均资产总额的比值衡量；资产负债率（Lev），以企业负债总额与资产总额的比值衡量；产权性质（SOE），若企业登记注册类型为国有企业取值为1，非国有企业为0；独立董事比例（Indper），以企业独立董事数量占比衡量；两职合一情况（Power），若企业董事长兼任CEO则取值为1，否则取值为0；营业收入增长率（Growth），以企业营业收入增长率衡量。具体变量定义及赋值见表1。

表1　　　　　　　　　研究变量定义

变量名称	符号	变量定义
绿色技术创新	Grein	企业的绿色专利总申请数量取对数处理
实质性绿色技术创新	Greinvja	企业的绿色发明专利申请数量取对数处理
策略性绿色技术创新	Greumja	企业的绿色实用新型专利申请数量取对数处理
数字普惠金融指数	Aggregate	通过北京大学数字普惠金融指数数据获得，反映数字普惠金融的整体水平，并进行对数化处理
数字金融覆盖广度	Breadth	通过北京大学数字普惠金融指数数据获得，反映数字普惠金融的覆盖广度水平，并进行对数化处理
数字金融使用深度	Depth	通过北京大学数字普惠金融指数数据获得，反映数字普惠金融的使用深度水平，并进行对数化处理
企业规模	Size	企业总资产的自然对数
资产收益率	ROA	企业净利润与平均资产总额的比值
资产负债率	Lev	企业负债总额与资产总额的比值
产权性质	SOE	企业登记注册类型是否为国有企业，若是取值为1，否则为0
独立董事比例	Indper	企业独立董事数量占比
两职合一情况	Power	企业董事长是否兼任CEO，若兼任则取值为1，否则为0
营业收入增长率	Growth	企业营业收入的增长率

（三）模型设定

为了验证假说1，本文采用双向固定效应模型估计数字普惠金融对企业绿色技术创新的影响效果，具体模型设置如式（1）所示。

$$Grein_{i,t} = \alpha_0 + \alpha_1 DIF_{i,t-1} + \alpha_2 Control_{i,t} + \mu_i + \psi_t + \varepsilon_{i,t} \tag{1}$$

其中，i 和 t 分别代表企业和年份；$Grein_{i,t}$ 为被解释变量，代表企业绿色技术创新总体水平；$DIF_{i,t-1}$ 代表数字普惠金融水平，为了探究数字普惠金融的多维度影响并确保结论可靠性，将其细分为三个不同指标，包括数字普惠金融总指数 $Aggregate_{i,t-1}$，数字金融覆盖广度 $Breadth_{i,t-1}$ 以及数字金融使用深度 $Depth_{i,t-1}$。由于数字普惠金融对企业绿色技术创新活动的影响需要一定时间，因此本文对数字普惠金融水平进行滞后一期处理；$Control_{i,t}$ 为一系列控制变量；μ_i 为行业固定效应；ψ_t 为时间固定效应；$\varepsilon_{i,t}$ 表示随机误差项。此外，为了检验假说2a和2b，本文将企业绿色技术创新细分为实质性绿色技术创新和策略性绿色技术创新，并构建式（2）和式（3）进行检验。

$$Greinvja_{i,t} = \beta_0 + \beta_1 DIF_{i,t-1} + \beta_2 Control_{i,t} + \mu_i + \psi_t + \varepsilon_{i,t} \tag{2}$$

$$Greumja_{i,t} = \delta_0 + \delta_1 DIF_{i,t-1} + \delta_2 Control_{i,t} + \mu_i + \psi_t + \varepsilon_{i,t} \tag{3}$$

其中，$Greinvja_{i,t}$ 和 $Greumja_{i,t}$ 为被解释变量，代表企业的实质性绿色技术创新和策略性绿色技术创新水平；$DIF_{i,t-1}$ 为核心解释变量，代表反映数字普惠金融的三个维度指标，并采取滞后一期处理。本文主要通过观察其系数来检验数字普惠金融对何种类型的企业绿色技术创新发挥了显著作用，从而检验假说2a和2b。

四、实证结果及分析

（一）描述性统计

表2为本文主要变量的描述性统计。结果显示，企业绿色技术创新（$Grein$）的均值为1.555，标准差为1.298，反映出中国不同企业间的绿色技术创新水平存在异质性，为本文后续研究提供了基础保证与切入点。而且，不同类别的绿色技术创新同样存在较大差异，与王馨和王营（2021）的研究结果基本一致。此外，数字普惠金融（$Aggregate$）的均值为5.310，最大值为5.732，表明目前中国数字普惠金融整体发展水平较高，与唐松等（2020）的研究结果保持一致。其余控制变量与现有研究也基本一致。

表 2　　主要变量的描述性统计

变量	样本量	均值	中位数	标准差	最小值	最大值
Grein	9196	1.555	1.386	1.298	0	5.342
Greinvja	9196	1.306	1.099	1.096	0	4.934
Greumja	9196	1.181	1.099	1.046	0	4.394
Aggregate	9196	5.310	5.423	0.382	4.044	5.732
Breadth	9196	5.306	5.414	0.358	4.056	5.740
Depth	9196	5.293	5.413	0.402	4.056	5.786
Size	9196	22.58	22.35	1.389	20.19	26.80
ROA	9196	0.040	0.037	0.052	−0.187	0.186
Growth	9196	0.353	0.160	0.729	−0.596	4.643
Lev	9196	0.448	0.447	0.195	0.069	0.875
Power	9196	0.253	0	0.435	0	1
Indper	9196	0.375	0.357	0.055	0.333	0.571
SOE	9196	0.387	0	0.487	0	1

（二）数字普惠金融对企业绿色技术创新的促进效应

数字普惠金融对企业绿色技术创新影响的回归结果如表 3 所示。结果显示，无论是第（1）~（3）列未添加控制变量的结果，还是第（4）~（6）列添加控制变量后的结果，数字普惠金融三个维度均对企业绿色技术创新产生了显著正向影响，验证了假说 1。

数字普惠金融作为数字化时代下的新兴产物，依靠信息技术克服了传统金融服务体系下地理环境和基础设施限制，缓解了企业与金融机构间的信息不对称问题，避免了以往烦琐的审核流程中产生的人力、物力损耗成本转嫁，降低了企业融资约束。同时，数字普惠金融依靠其广度、深度和数字化程度促进了居民收入增长，可以充分释放经济增长红利，提高城市财富水平，增加绿色产品需求，最终促使企业绿色技术创新水平提升。

表 3 的第（7）列、第（8）列分别为数字普惠金融对实质性和策略性绿色技术创新的回归结果。不难发现数字普惠金融仅能显著促进企业实质性绿色技术创新，表明假说 2a 成立，假说 2b 不成立。原因在于，数字普惠金融通过提高居民收入、城市财富水平，促使绿色产品的需求上升，推动企业通过实质性绿色技术创新，以满足绿色产品需求，提高客户认可度，获取更

多收益。同时，虽然数字普惠金融通过缓解融资约束程度为企业"漂绿"行为提供了一定条件，但由于数字科技、绿色发展等已逐渐成为企业成长发展的趋势，企业"漂绿"行为仅能为其缓解一时之困。而且，随着数字科技、数字金融等不断发展，企业与利益相关者之间的信息不对称也随之降低，企业"漂绿"行为曝光风险逐渐上升，因此更多企业选择通过实质性绿色技术创新，真正地迎合绿色发展的趋势。

表3　　　　　数字普惠金融对企业绿色技术的创新促进效应

变量	绿色技术创新						实质性创新	策略性创新
	(1)	(2)	(3)	(4)	(5)	(6)	(7)	(8)
L.Aggregate	0.985***			1.112***			1.041***	0.159
	(6.33)			(7.93)			(8.45)	(1.18)
L.Breadth		0.764***			0.819***			
		(6.81)			(8.10)			
L.Depth			0.543***			0.770***		
			(4.02)			(6.31)		
Size				0.467***	0.467***	0.469***	0.438***	0.288***
				(31.51)	(31.53)	(31.60)	(33.73)	(22.61)
ROA				0.180	0.186	0.153	0.133	0.188
				(0.57)	(0.59)	(0.48)	(0.48)	(0.70)
Growth				0.152***	0.150***	0.157***	0.148***	0.065***
				(6.41)	(6.34)	(6.63)	(7.11)	(3.17)
Lev				0.058	0.049	0.057	-0.324***	0.516***
				(0.53)	(0.45)	(0.53)	(-3.40)	(5.47)
Power				0.003	0.001	0.010	0.054*	-0.072**
				(0.07)	(0.04)	(0.26)	(1.65)	(-2.25)
Indper				0.524*	0.515*	0.553**	0.659***	0.306
				(1.94)	(1.91)	(2.04)	(2.78)	(1.31)
SOE				-0.068*	-0.070*	-0.073**	0.033	-0.166***
				(-1.89)	(-1.94)	(-2.02)	(1.02)	(-5.25)
_cons	-2.672***	-1.822***	-0.785	-13.890***	-12.730***	-12.481***	-13.085***	-5.610***
	(-3.88)	(-3.46)	(-1.30)	(-20.41)	(-23.00)	(-20.16)	(-21.91)	(-8.67)
Control	Yes	Yes	Yes	Yes	Yes	Yes	Yes	Yes
N	5871	5871	5871	5871	5871	5871	5871	5871
R^2	0.068	0.069	0.064	0.266	0.267	0.263	0.253	0.340

注：***、**和*分别表示系数在1%、5%和10%水平上显著；括号内为t值。表4~表8同。

(三) 稳健性检验

1. 更换变量。本文被解释变量为上市公司的绿色专利申请量，除此之外常见的绿色技术创新衡量指标还包括企业的绿色专利授权量，因此将被解释变量更换为企业绿色专利授权量，并同样对数字普惠金融水平进行滞后一期处理，重新进行回归。此外，本文核心解释变量为地级市层面的数字普惠金融指数，通过更换计算口径，采用省级层面的数字普惠金融指数重新进行回归①。

2. 更换回归模型。本文采用了时间与行业双向固定效应模型，然而该方法对内生性的控制可能不够严格，因此参考 Petra 和 Alessandra（2012）[27] 有关控制"时间×行业"的高阶联合固定效应研究，重新采用联合固定效应控制进行回归检验。此外，由于企业绿色专利数据虽然在正值上大致满足连续分布，但存在明显的零值堆积特征，符合 Tobit 模型的适用条件，因此本文采用 Tobit 模型重新进行回归检验②。

3. 工具变量法。由于模型中可能存在遗漏变量和测量误差等问题，即使本文采用了更换变量、更换回归模型以及剔除相关影响因素等方法进行检验，结果仍可能受到内生性问题影响，因此本文参考谢绚丽等（2018）、邱晗等（2018）[28] 有关数字普惠金融的研究，采用互联网普及率（Internet）作为数字普惠金融的工具变量。该数据来源于《中国互联网络发展状况统计报告》，因为互联网普及率能够反映地区数字普惠金融基础设施建设程度，与数字普惠金融发展水平紧密相关，并且与企业的绿色技术创新活动之间不存在直接影响路径。本文进一步用两阶段最小二乘法重新进行回归检验，以更好地处理内生性问题③。

（四）机制检验

上述检验结果表明，数字普惠金融对企业绿色技术创新存在显著的正向促进作用。那么其作用机制究竟是什么？如前文所述，数字普惠金融能够通过缓解企业融资约束，提高城市财富水平，促进企业绿色技术创新水平。为验证该影响机制，参考 Baron 和 Kenny（1986）[29]、温忠麟和叶宝娟

---

① 限于篇幅，检验结果未列示，均与本文核心结论一致。
② 限于篇幅，检验结果未列示，均与本文核心结论一致。
③ 限于篇幅，检验结果未列示，均与本文核心结论一致。

(2014)[30]的研究,本文构建了以下模型进行中介效应检验。

$$Grein_{i,t} = \gamma_0 + \gamma_1 DIF_{i,t-1} + \gamma_2 Control_{i,t} + \mu_i + \psi_t + \varepsilon_{i,t} \tag{4}$$

$$Medium_{i,t} = \varphi_0 + \varphi_1 DIF_{i,t-1} + \varphi_2 Control_{i,t} + \mu_i + \psi_t + \varepsilon_{i,t} \tag{5}$$

$$Grein_{i,t} = \gamma'_0 + \gamma'_1 DIF_{i,t-1} + \gamma'_2 Medium_{i,t} + \gamma'_3 Control_{i,t} + \mu_i + \psi_t + \varepsilon_{i,t} \tag{6}$$

式(4)~(6)为递归方程,用于检验融资约束与城市财富在数字普惠金融对企业绿色技术创新影响中的中介效应,其中$Medium_{i,t}$为中介变量,依次使用融资约束与城市财富进行检验。对于融资约束(SA),采用企业SA指数衡量;对于城市财富($Treasure$),参考董直庆和王辉(2021)的研究,分别从经济、社会和生态等维度进行细化,并采用主成分分析法构建城市财富的衡量指标,具体包括三个方面。经济维度:地区生产总值(反映城市经济实力);财政收入(反映财政收入充裕程度);年末金融机构存款(反映金融活动规模);居民储蓄余额(反映居民潜在消费能力);房地产投资(反映城市不动产财富)。社会维度:每万人卫生机构床位数和每万人医生数(反映城市医疗卫生水平);每百人公共图书馆图书藏量(反映公共教育服务水平);高校在校学生数(反映城市高等教育水平);人均道路面积和人均公共交通工具保有量(反映基础服务能力)。生态维度:城市建成区的绿化覆盖率(反映城市环境绿化水平);工业固体废物综合利用率(反映城市循环发展能力);城市污水处理率和垃圾无害化处理率(反映城市环境治理水平);单位GDP二氧化硫排放和$PM_{2.5}$浓度(反映城市空气质量)。

机制检验回归结果见表4。结果显示,数字普惠金融对企业绿色技术创新($Grein$)的影响系数显著为正,对融资约束(SA)和城市财富($Treasure$)的影响系数也均显著为正;加入中介变量后,数字普惠金融($L.Aggregate$)的回归系数明显下降,且均通过了Sobel检验,表明融资约束与城市财富在数字普惠金融对企业绿色技术创新的影响中发挥了中介效应。数字普惠金融的发展,为企业营造了良好的金融环境,有效缓解了企业融资约束,释放了经济增长红利,提升了居民收入和城市财富水平,增加了绿色产品的需求,从而促使企业进行绿色技术创新。由此,本文认为"数字普惠金融—缓解融资约束与提升城市财富水平—促进企业绿色技术创新"的影响机制得以验证。

表4　　机制检验

变量	融资约束			城市财富		
	Grein	*SA*	*Grein*	*Grein*	*Treasure*	*Grein*
L.Aggrgate	1.273*** (9.06)	0.150*** (4.72)	1.152*** (8.32)	1.519*** (8.86)	3.894*** (40.77)	1.262*** (5.95)
SA			0.807*** (13.87)			
Treasure						0.066*** (2.67)
Control	Yes	Yes	Yes	Yes	Yes	Yes
N	5659	5659	5659	4969	4969	4969
R²	0.259	0.279	0.284	0.221	0.380	0.240
Sobel检验	Z值=4.471			Z值=2.729		

（五）异质性检验

1.CEO银行类金融机构（以下简称银行金融）背景异质性。为了进一步探讨数字普惠金融的异质性作用，本文首先从金融科技角度出发，从企业内部视角切入，不同企业的CEO银行金融背景不同，对企业融资约束产生不同影响。据此，参考杜勇等（2019）[31]的研究，本文将样本按照CEO有无银行类金融机构工作经历进行分组回归，验证数字普惠金融对不同CEO银行金融背景企业的异质性影响。

从表5可以看出，数字普惠金融对CEO具有银行金融背景企业的绿色技术创新无显著影响。而且，Chow检验结果显示，两组样本间存在着显著差异，说明异质性作用显著存在。这可能是因为CEO具有银行金融背景企业本身面临的融资约束问题较小，其CEO的银行金融工作经历，为企业获取资源提供了便利，并且他们更加了解银行等金融机构的信息需求，能够有效缓解信息不对称，从而有助于达成借贷契约（邓建平和曾勇，2011[32]）。因此，对于CEO具有银行金融背景的企业，数字普惠金融存在借贷能力边际递减效应，而对CEO无银行金融背景的企业，数字普惠金融能够充分发挥其融资约束缓解作用，进而促进企业绿色技术创新。

表 5　　　　　　　　　CEO 银行金融背景异质性检验

变量	CEO 具有银行金融背景组			CEO 无银行金融背景组		
	(1)	(2)	(3)	(4)	(5)	(6)
L. Aggregate	1.931 (0.69)			1.113*** (7.91)		
L. Breadth		2.228 (1.04)			0.820*** (8.08)	
L. Depth			0.767 (0.37)			0.769*** (6.27)
Control	Yes	Yes	Yes	Yes	Yes	Yes
N	57	57	57	5814	5814	5814
R^2	0.670	0.676	0.666	0.265	0.265	0.262
Chow 检验	(1) vs. (4) LRChi2=21.2048***		(2) vs. (5) LRChi2=21.5490***		(3) vs. (6) LRChi2=20.6365***	

2. 区域异质性。从企业外部视角切入，受中国历史、政策以及地理环境等因素影响，不同区域的经济发展和金融水平存在显著差异。尤为明显的是，沿海地区和内陆地区的发展差距，而经济发展和金融水平差异也会导致数字普惠金融所产生的效果出现差异。鉴于此，参考韦倩等（2014）[33]的研究和中国海洋统计年鉴划分标准，将样本按照所处沿海或内陆地区进行分组回归，以此验证数字普惠金融对沿海、内陆地区不同企业的异质性影响。

从表 6 可以看出，数字普惠金融对沿海地区企业的绿色技术创新无显著影响，且 Chow 检验结果显示，两组样本间存在着显著差异。原因在于，沿海地区的经济发展与金融水平较高，整体金融体系更完善，企业面临的融资约束程度较低，居民收入、城市财富水平较高。数字普惠金融主要通过缓解融资约束和提升城市财富水平，促进企业绿色技术创新。对沿海地区企业而言，数字普惠金融并无显著作用。对于内陆地区企业而言，由于内陆地区的整体金融体系与经济发展水平等较沿海地区存在一定差距，导致内陆地区企业本身面临更为严重的融资约束问题，且城市财富水平上升空间更大。因此，当数字普惠金融有效缓解融资约束与提升城市财富水平时，相较于沿海地区企业而言，内陆地区企业的绿色技术创新效应更显著。

表6　　区域异质性检验

变量	沿海地区组			内陆地区组		
	(1)	(2)	(3)	(4)	(5)	(6)
L.Aggregate	0.229 (1.06)			1.277*** (6.23)		
L.Breadth		0.175 (1.10)			0.751*** (5.27)	
L.Depth			0.195 (1.09)			1.579*** (8.24)
Control	Yes	Yes	Yes	Yes	Yes	Yes
N	3511	3511	3511	2360	2360	2360
R^2	0.181	0.204	0.212	0.356	0.353	0.364
Chow 检验	(1) vs. (4) LRChi2=25.3426***		(2) vs. (5) LRChi2=23.4938***		(3) vs. (6) LRChi2=27.7131***	

3. 环境规制强度异质性。上述两个异质性检验分别从企业内部与外部视角探讨了数字普惠金融对企业绿色创新的异质性作用，本文进一步从绿色发展的角度进行细分。由于环境规制能够对企业绿色技术创新起到一定程度的激励与倒逼。在不同环境规制强度下，企业进行绿色技术创新的意愿不同，导致不同环境规制强度下数字普惠金融对企业的绿色创新存在异质性影响。据此，本文参考郝寿义和张永恒（2016）[34]的研究，通过查阅相关统计年鉴获取各省工业废水、工业 SO_2 以及工业烟尘排放量数据，进行标准化处理，并计算其权重，然后相乘，计算出环境规制强度综合指数，以衡量各省环境规制强度。进一步以各年中位数为界限，本文将样本分为高环境规制强度组和低环境规制强度组，进行分组回归与检验。

由表7可以看出，数字普惠金融对高环境规制强度下企业具有显著的绿色技术创新促进效应，而对低环境规制强度下的企业无显著影响，两组估计系数通过了 Chow 检验。究其原因，本文认为高环境规制强度能够对企业产生"创新补偿"效应，促使企业为了获取市场地位与收益进行绿色技术创新，形成市场壁垒。而且，高环境规制强度能够通过信号传递反映政府相关的政策方向，向市场传递明确信号，促使利益相关者为了可持续发展而推动企业绿色技术创新。因此，在高环境规制强度下，数字普惠金融通过缓解融资约束等途径为企业创造了充分条件，能够显著促进企业绿色技术创新；而在低环境规制强度下，企业自身创新意愿不足，因此并无显著影响。

表7　环境规制强度异质性检验

变量	高环境规制强度组			低环境规制强度组		
	（1）	（2）	（3）	（4）	（5）	（6）
$L.Aggregate$	1.176 *** (6.34)			0.306 (1.32)		
$L.Breadth$		0.818 *** (6.19)			0.204 (1.20)	
$L.Depth$			0.909 *** (5.50)			0.215 (1.07)
$Control$	Yes	Yes	Yes	Yes	Yes	Yes
N	3163	3163	3163	2708	2708	2708
R^2	0.309	0.309	0.307	0.228	0.239	0.180
Chow 检验	（1）vs.（4） LRChi2 = 18.5237 **		（2）vs.（5） LRChi2 = 17.4233 **		（3）vs.（6） LRChi2 = 20.4545 ***	

（六）进一步分析

数字普惠金融促进了金融与科技的交互，但并未改变其金融的核心内涵。同时，数字普惠金融迅速发展对传统金融监管模式产生了巨大挑战，传统金融监管模式能否应对其所带来的风险以及能否确保其始终处于合理可控的发展速度，成为当前金融监管模式下需要应对的重要问题。那么，在金融监管逐渐加强，监管模式逐步变更的情况下，数字普惠金融对绿色技术创新的促进效应是否会受到冲击，抑或是得到强化，成为了本文关注的问题。

鉴于此，参考唐松等（2020）的研究，本文采用区域金融监管支出与金融业增加值的比值衡量金融监管强度，并构建其与数字普惠金融的交互项。此外，由于金融监管强度随着数字普惠金融发展逐渐增强，且监管模式转变存在时耗性、周期性等特点，参考聂秀华等（2021）的研究，本文进一步以2014年为分界，探讨不同阶段下金融监管对绿色技术创新的影响。2014年数字普惠金融首次出现在政府工作报告中，说明数字普惠金融已进入国家决策，在中国的布局与发展明显加速，相关的监管措施与配套政策也逐步出台,金融监管强度与模式也随之加速转变以应对数字金融风险。因此,以 2014 年为分界,可以有效考察不同阶段下金融监管对绿色技术创新的影响。

表 8 的第(1)列为加入交互项后的全样本回归结果,交互项显著为负,表明金融监管抑制了数字普惠金融对企业绿色技术创新的促进作用。原因在于,数字普惠金融作为信息化时代的新兴产物,传统金融监管模式与之可能不相匹配,难以应对新兴数字技术应用所附带的金融欺诈、数据流失问题。而且,金融监管模式变更需要一定周期,无法在短时间内适应数字技术应用的冲击,导致数字普惠金融对绿色技术创新的促进效应受到冲击。表 8 第(2)列和第(3)列分别为 2014 年前和 2014 年后的分组回归结果,从中不难发现,金融监管对数字普惠金融绿色技术创新促进效应的冲击仅在 2014 年前成立,在 2014 年后则产生了正向调节作用。Chow 检验结果显示,两组样本间存在显著差异。原因在于,2014 年数字普惠金融正式进入国家决策,相关的政策措施不断出台,金融监管的强度与模式开始加速转变以更好地适应数字普惠金融变革,二者间的匹配程度随之提升。因此,金融监管对绿色技术创新促进效应的冲击逐渐消失,并且随着金融监管逐渐适应信息化技术带来的冲击,逐渐释放政策监管红利,强化数字普惠金融的绿色技术创新促进效应,并有效抑制其带来的新兴金融风险。

表 8 金融监管的阶段性影响检验

变量	全样本	2014 年前	2014 年后
	(1)	(2)	(3)
L. Aggregate × L. SP	-0.183***	-0.640***	0.271**
	(-3.03)	(-4.56)	(1.98)
L. Aggregate	0.789***	1.510***	1.309***
	(4.74)	(6.52)	(5.53)
L. SP	0.498	2.081***	-1.087
	(1.58)	(3.25)	(-1.48)
Control	Yes	Yes	Yes
N	5871	1480	4391
R^2	0.254	0.374	0.252
Chow 检验	(2) vs. (3) LRChi2 = 50.4505***		

五、研究结论与政策启示

（一）研究结论

国家金融学作为当前中国实现国际金融体系弯道超车的重要抓手，其研究与公司金融学、国际金融学和金融科技发展等密切相关、相互渗透，对维护金融秩序，提升国家金融竞争力，具有重要推动作用。基于数字普惠金融这类国家金融科技战略部署的重点发展任务，本文实证研究了数字普惠金融、融资约束和城市财富与企业绿色技术创新之间的关系，并采取更换模型、更换核心变量以及工具变量回归等方法进行了稳健性检验。研究发现：第一，数字普惠金融能够显著促进企业绿色技术创新，且融资约束与城市财富在其中发挥了中介作用；第二，细分绿色技术创新类别后，数字普惠金融仅能显著促进实质性绿色技术创新，对策略性绿色技术创新无显著作用；第三，数字普惠金融对企业绿色技术创新的促进作用在高环境规制强度地区、内陆地区以及 CEO 无银行金融背景企业中更为显著；第四，金融监管与数字普惠金融发展存在一定程度的不匹配，对数字普惠金融的绿色技术创新促进效应产生了冲击，但随时间推移逐渐释放政策监管红利。

（二）政策启示

基于上述研究结论，本文有三点政策启示。

第一，深化国家金融体系，推进国家金融学研究，助力国家金融的理论与实践探索。大力推进国家金融学的相关研究，以中国现代金融体系下的国家金融行为属性为研究对象，以中国金融发展中最关切的问题为研究导向，助力国家金融体系不断完善。数字普惠金融作为国家金融学中涉及金融科技战略部署的重点发展任务，其快速发展有助于中国金融市场中的信息收集与高效分析，能够通过降低金融服务门槛、提高融资效率、降低融资成本等途径有效缓解企业融资约束。因此，加快推进数字普惠金融在中国的战略布局与全面发展，有助于推动中国金融业的科技革新，破除银行信贷资源配置中的规模歧视与所有制歧视，有效缓解中小企业融资难、融资慢等信贷资源获取障碍。同时，人工智能、大数据等数字科技应用将革新金融市场的价格发现机制，降低信息不对称程度，提高金融市场的流动性和稳定性，降低传统金融行业的人力成本，减少重复劳动，有助于实现中国金融业的弯道超车。

第二，充分利用数字普惠金融优势条件，促进环境绩效与经济绩效齐头并进。数字普惠金融在缓解企业融资约束的同时，也能够促进居民收入提升，释放经济增长红利，提升城市财富水平，有助于实现民生普惠，提高绿色产品需求，进而促进企业绿色技术创新。但不同企业的作用效果存在明显差异，因此相关政策制定应该充分考虑个体与区域特征，推动企业充分发挥数字普惠金融创造的优势条件，加快转变创新模式，释放创新活力。此外，随着金融科技广泛应用，在改善民生的同时促进了企业经济绩效快速增长，企业能够通过绿色创新活动带来"创新补偿"，提高市场竞争能力，向利益相关者传递可持续发展、绿色发展的信号，从而有助于提升企业价值，最终促进环境绩效与经济绩效齐头并进，以金融助力高质量、绿色发展。

第三，良好地应对数字金融冲击，提升国家金融监管体系有效性，强化绿色技术创新质量审核水平。在助力数字普惠金融进一步发展的同时，应该坚持法治化与市场化原则，确保数字普惠金融发展始终处于合理监管下，保证金融体系的稳定性与安全性。政府应该持续完善区域金融监管水平，确保金融监管水平与数字普惠金融发展速度同步推进，缓解数字金融对传统金融体系的冲击，确保国家金融监管有效性；此外，为了更大程度地发挥数字普惠金融的绿色技术创新促进作用，应该进一步提升区域绿色技术创新质量审核水平，完善绿色技术创新评价体系，鼓励企业进行实质性绿色技术创新，避免策略性绿色技术创新带来的"专利泡沫"、绿色营销等问题，有效强化数字普惠金融的绿色技术创新促进作用。

参考文献

[1] 陈云贤. 关于创设"国家金融学"的几点思考 [J]. 中山大学学报（社会科学版），2021（2）.

[2] 黄益平，黄卓. 中国的数字金融发展：现在与未来 [J]. 经济学（季刊），2018（4）.

[3] Daron A., Philippe A., Leonardo B., and David H. The Environment and Directed

Technical Change [J]. American Economic Review, 2012, Vol. 102, No. 1: 131 – 166.

[4] 李子豪, 白婷婷. 政府环保支出、绿色技术创新与雾霾污染 [J]. 科研管理, 2021 (2).

[5] 陆菁, 鄢云, 王韬璇. 绿色信贷政策的微观效应研究——基于技术创新与资源再配置的视角 [J]. 中国工业经济, 2021 (1).

[6] 王馨, 王营. 绿色信贷政策增进绿色创新研究 [J]. 管理世界, 2021 (6).

[7] 张玉明, 邢超, 张瑜. 媒体关注对重污染企业绿色技术创新的影响研究 [J]. 管理学报, 2021 (4).

[8] 董直庆, 王辉. 城市财富与绿色技术选择 [J]. 经济研究, 2021 (4).

[9] 王锋正, 陈方圆. 董事会治理、环境规制与绿色技术创新——基于我国重污染行业上市公司的实证检验 [J]. 科学学研究, 2018 (2).

[10] 王旭, 王非. 无米下锅抑或激励不足？政府补贴、企业绿色创新与高管激励策略选择 [J]. 科研管理, 2019 (7).

[11] Po – Hsuan H., Xuan T., and Yan X., Financial Development and Innovation: Cross – country Evidence [J]. Journal of Financial Economics, 2014, Vol. 112, No. 1: 116 – 135.

[12] Ramana N., and Tom N., Did Bank Distress Stifle Innovation During the Great Depression? [J]. Journal of Financial Economics, 2014, Vol. 114, No. 2: 273 – 292.

[13] 陈志刚, 郭帅. 金融发展影响全要素生产率增长研究述评 [J]. 经济学动态, 2012 (8).

[14] 严成樑, 李涛, 兰伟. 金融发展、创新与二氧化碳排放 [J]. 金融研究, 2016 (1).

[15] 邵汉华, 刘耀彬. 金融发展与碳排放的非线性关系研究——基于面板平滑转换模型的实证检验 [J]. 软科学, 2017 (5).

[16] Muhammad S., Aviral K. T., and Muhammad N., The Effects of Financial Development, Economic Growth, Coal Consumption and Trade Openness on CO_2 Emissions in South Africa [J]. Energy Policy, 2013, Vol. 61: 1452 – 1459.

[17] 谢绚丽, 沈艳, 张皓星, 等. 数字金融能促进创业吗？——来自中国的证据 [J]. 经济学（季刊）, 2018 (4).

[18] 唐松, 伍旭川, 祝佳. 数字金融与企业技术创新——结构特征、机制

识别与金融监管下的效应差异［J］．管理世界，2020（5）．

［19］聂秀华，江萍，郑晓佳，等．数字金融与区域技术创新水平研究［J］．金融研究，2021（3）．

［20］李青原，肖泽华．异质性环境规制工具与企业绿色创新激励——来自上市企业绿色专利的证据［J］．经济研究，2020（9）．

［21］张勋，万广华，吴海涛．缩小数字鸿沟：中国特色数字金融发展［J］．中国社会科学，2021（8）．

［22］王敏，黄滢．中国的环境污染与经济增长［J］．经济学（季刊），2015（2）．

［23］程名望，贾晓佳，仇焕广．中国经济增长（1978—2015）：灵感还是汗水？［J］．经济研究，2019（7）．

［24］Nguyen H. M., Onofrei G., Truong D., and Lockrey S., Customer Green Orientation and Process Innovation Alignment: A Configuration Approach in the Global Manufacturing Industry［J］．Business Strategy and the Environment, 2020, Vol. 29, No. 6: 2498 – 2513.

［25］徐佳，崔静波．低碳城市和企业绿色技术创新［J］．中国工业经济，2020（12）．

［26］黎文靖，郑曼妮．实质性创新还是策略性创新？——宏观产业政策对微观企业创新的影响［J］．经济研究，2016（4）．

［27］Petra M., and Alessandra V., Compulsory Licensing: Evidence from the Trading with the Enemy Act［J］．American Economic Review, 2012, Vol. 102, No. 1: 396 – 427.

［28］邱晗，黄益平，纪洋．金融科技对传统银行行为的影响——基于互联网理财的视角［J］．金融研究，2018（11）．

［29］Baron R. M., and Kenny D. A., The Moderator – Mediator Variable Distinction in Social Psychological Research: Conceptual, Strategic, and Statistical Considerations［J］．Journal of Personality and Social Psychology, 1986, Vol. 51, No. 6: 1173 – 1182.

［30］温忠麟，叶宝娟．中介效应分析：方法和模型发展［J］．心理科学进展，2014（5）．

［31］杜勇，谢瑾，陈建英．CEO金融背景与实体企业金融化［J］．中国工业经济，2019（5）．

［32］邓建平，曾勇．金融关联能否缓解民营企业的融资约束［J］．金融研

究,2011(8).

[33] 韦倩,王安,王杰.中国沿海地区的崛起:市场的力量[J].经济研究,2014(8).

[34] 郝寿义,张永恒.环境规制对经济集聚的影响研究——基于新经济地理学视角[J].软科学,2016(4).

数字化转型与企业费用黏性

——基于管理层自利视角的分析

徐子尧　张莉沙[①]

摘要：以2010—2020年中国沪深A股上市企业为样本，实证检验数字化转型对企业费用黏性的影响及作用机制，研究表明，数字化转型对企业费用黏性存在显著的抑制效应。基于管理层自利视角的分析发现，数字化转型通过降低企业信息不对称程度和缓解管理层代理冲突抑制了企业费用黏性。股权越分散、机构投资者持股比例越低，数字化转型对企业费用黏性的抑制作用越强。进一步分析表明，数字化转型对民营企业和市场化水平较低地区企业的费用黏性具有显著抑制效应。相关结论肯定了数字化转型抑制企业费用黏性的积极作用，为政府制定数字化发展政策、更好地实施企业数字化转型提供了重要启示。

一、引言

成本控制是企业日常运营管理的重要内容，与企业的经营效率和竞争能力密切相关。在新冠肺炎疫情的持续冲击下，一些企业因成本管理失效、资金链断裂而濒临破产倒闭，但也有部分企业将新一代信息技术引入企业管理架构，积极推进内部成本管理转型与升级，从而保持较强的生命力和发展韧性。随着新一轮科技革命和产业变革加速演进，数字化转型成为未来企业生存和发展的必由之路。2022年国务院发布《"十四五"数字经济发展规划》明确提出，"全面系统推动企业研发设计、生产加工、经营管

[①] 作者简介：徐子尧（1972— ），女，四川大学经济学院教授，金融学博士，美国南加州大学访问学者，研究方向为公司金融与数字经济；张莉沙（1988— ），女，四川大学经济学院博士研究生，研究方向为微观经济理论与应用。

理、销售服务等业务数字化转型"。为此,各地政府积极制定了地方数字经济发展规划,着力提升企业数字化水平。然而,中国民主建国会广东省委员会的两会提案指出,由于对数字化转型成功概率,尤其是对成本投入存在疑虑,不少企业数字化转型意愿低迷①。那么,数字化转型是否有助于企业降本增效?对这一问题的思考,有助于突破企业数字化转型的迷思,助推数字经济发展。

现实世界中,企业成本居高不下很大程度上与费用黏性现象有关。费用黏性是指企业费用随业务量升降呈现出不对称变化的现象,即业务量上升时费用的增加幅度,大于业务量下降时费用的减少幅度(Anderson 等,2003[1])。费用黏性的存在不仅表现为企业在业务量上升时的资源投入可能大于实际需求,导致资源供需失衡,也表现为企业在业务量下降时的资源投入没有相应减少,造成资源浪费。当前,在百年变局叠加新冠肺炎疫情冲击下,降低费用黏性成为企业"降成本"的关键手段。如何降低中国企业的费用黏性以达到控制成本的目的?数字经济与实体经济的融合发展或许能带来些许启发。鉴于此,本文聚焦于识别企业数字化转型对费用黏性的影响,以期从费用黏性这一突破口为数字化转型赋能企业成本管理提供经验解释。

与以往研究相比,本文的边际贡献在于:第一,通过考察数字化转型与企业费用黏性的关系,不仅丰富了数字化转型微观经济效应的研究成果,也拓展了费用黏性影响因素的相关内容;第二,基于管理层自利行为视角,从费用黏性的代理问题动因剖析了数字化转型影响企业费用黏性的路径,为数字技术应用对企业费用管理的积极作用提供了新的证据;第三,基于企业内外部治理机制的作用,探究了其对数字化转型与企业费用黏性关系的影响,并从企业性质、地区市场化水平出发验证了数字化转型对企业费用黏性影响的异质性,这对于在有针对性地推进企业数字化转型,充分激发其信息治理效应的同时,不断完善企业内外部治理机制建设,以期更好地监督管理层自利行为具有重要的现实意义。

---

① 王婧,王志敏. 广东累计 60 万家中小企业"上云"制造业数字化改造意愿仍然低迷 [EB/OL]. htps:/economy.caixin.com/2022-01-21/101833370.html,2022-01-21/2022-05-25.

二、理论分析与研究假说

费用黏性源自管理层在企业日常经营中有意识的成本决策行为，其成因大致可以归纳为调整成本、管理层乐观预期和代理问题三大方面（Banker 等，2011[2]）。调整成本观点认为，费用黏性是管理层在业务量发生变化时，权衡资源调整成本后深思熟虑的结果。管理层在业务量下降时削减资源的成本往往高于业务量回升时重新增加资源投入的成本，从而使得企业费用表现出黏性特征。Anderson 等（2003）、Banker 等（2013）[3]、刘媛媛等（2014）[4]以及江伟等（2016）[5]的研究均支持了调整成本动因。管理层乐观预期观点认为，管理层对企业未来发展形势的乐观预期会削弱其在业务量下降时的资源缩减意愿，增强其在业务量回升时的资源投入意愿，由此引起费用黏性。Banker 等（2010）[6]、梁上坤（2015）[7]和宋云玲等（2019）[8]的研究为管理层乐观预期动因提供了经验证据。代理问题观点认为，为了获得高额的薪酬回报、控制更多的资源和赢得良好声誉等，管理层往往会在营业收入上升时过多地增加资源投入，扩大企业规模（如进行并购重组、更换豪华办公设施、雇用较多的下属人员等），而在营业收入下降时却不太愿意削减这些支出，费用黏性现象随之产生。Chen 等（2012）[9]研究发现，管理层打造商业帝国的动机导致更高的企业费用黏性，印证了代理成本动因。

自 Jensen 和 Meckling（1976）首次提出代理成本概念以来，两权分离和信息不对称引发的股东与管理层之间的委托代理问题，成为企业治理研究中经久不衰的话题。在信息不对称条件下，管理层的经营决策目标不是股东利益最大化，而是实现自身利益最大化。如前所述，管理层自利行为是产生费用黏性的重要原因。那么，企业数字化转型是否会降低股东与管理层之间的信息不对称程度，减少管理层自利行为，进而抑制费用黏性？回答这个问题，可以从数字化对企业变革的影响切入。原因在于，数字技术赋能企业转型发展，会产生两大效应：信息效率效应和组织变革效应，这两大效应分别从企业信息流层面和组织权力配置层面抑制费用黏性。

一是信息效率效应。信息传递理论认为，完整的信息传递过程可以简单地描述为"信源（信息发布者）→信道（信息传递通道）→信宿（信息接收者）"（Shannon，1948[10]），任何有助于增益这三个环节的因素都将提升信息生成、处理和传递效率。数字化转型能够从信源、信道和信宿三个方面优化企业信息质量,减少因股东与管理层之间信息不对称引致的管理层自利行为,抑制费用黏性产生。

从信源方面来看,一方面,数字化转型加快了多维度数据信息向企业生产、管理等各环节渗透,促进了信源广泛性的延展和可靠性的提升。例如,基于大数据强大的数据挖掘、储存和分析功能,企业能够将海量的图像、视频、音频和文本文件等非结构化、非标准化的数据转化为可视化、结构化和标准化的信息,是传统财务会计信息披露的有益补充(Warren等,2015[11]);区块链技术在公开企业财务会计信息的同时,实现了财务报表中绝大部分数据的自动验证,避免数据被伪造和篡改,保障了信息的真实性、安全性和可靠性。另一方面,随着数字化转型的企业不断增加,企业之间形成了信息与数据资源的数字化共享生态,整体市场的信息壁垒被打破,竞争程度日趋激烈。为了获取竞争优势,企业管理层有更强的意愿和动机主动进行信息披露,积极提高信息披露质量,降低信息不对称程度。

从信道方面来看,互联网技术的发展带来企业信息流传播速度的指数级增长,极大提高了信息传递的及时性。以互联网平台为代表的新型信道出现,强化了信源与信宿间的关联互动,缩短了企业信息传递链条,减少了信息传递过程中的噪声和失真,信道传输效率得以提升。依托微博、"互动易"和"上证e互动"等多样化网络技术平台,投资者与管理层之间能够实时地进行信息沟通与反馈,投资者可以及时、准确地掌握企业经营情况,有效参与企业治理。

从信宿方面来看,数据湖、数据中台等新型数据管理方式有效缓解了接收者信息获取能力的局限性,而人工智能和日趋成熟的机器识别技术则为提高信宿分析鉴别能力提供了强有力的技术支撑。借助企业数字化运营构建的数据中台,股东和利益相关者能够更方便快捷、以更低成本获取企业财务、经营等多维度海量信息,并通过机器学习等人工智能算法和识别技术,对这些海量信息进行实时、自动化分析和快速甄别。

数字化转型信息效率效应的释放,一方面打破了企业内部管理层的信息优势地位,降低了股东的监督成本,也为消费者、市场中介、社交媒体和市场监管者等外部治理主体积极参与企业治理和监督充分增权赋能(陈德球和胡晴,2022[12]),在一定程度上遏制了管理层的奢侈享乐、帝国构建等自利行为，并抑制了企业费用黏性的产生。另一方面，基于数智化实时采集各环节的大数据信息，管理层能够更科学精准地进行投资决策，企业生产效率和经营业绩得以提升，增加了管理层从业绩改善中获取高额薪酬回报的机会，有利于削弱其暗中谋求私利的动机，减少资源浪费、盲目扩张等行为，抑制费用黏性产生。

二是组织变革效应。权变理论认为，企业组织结构应契合其所处的环境，并随环境变化而变化（Lawrence 和 Lorsch，1967[13]）。动态能力理论也指出，企业需要在复杂、快速变化的市场环境中动态地整合、构建和重构内外部资源，改进组织结构，维持竞争优势（Teece，2007[14]）。技术变革是企业组织形态演变的根本动力，大数据应用和平台数据共享导致企业内外部环境发生巨大改变。随着企业数字化转型的不断推进，数据资源成为生产经营的关键要素。为了减少数据信息传递的阻碍，实现企业间信息流通顺畅和协同共享，传统的金字塔、层级式组织形态逐渐失效，取而代之的将是能够促进信息流动、满足协调性需求的扁平化和网络式的组织架构。简而言之，企业实施数字化转型，促使组织进行适应性变革（刘政等，2020[15]），推动组织结构的扁平化和网络化发展，以即时响应快速变化的市场环境。

网络化的组织架构具有去中心化、去中介化等特点，在网络化组织结构中，企业内部各职能部门之间互相配合、协作（戚聿东和肖旭，2020[16]）。这不仅削弱了管理层对企业日常经营活动的自由裁量权，也将管理层损害股东利益的行为置于各协作部门实时监督之下，有利于缓解股东与管理层之间的代理冲突，降低管理层的自利行为动机和能力，抑制费用黏性现象。鉴于此，本文提出假说1、假说2a和假说2b。

假说1：数字化转型抑制了企业费用黏性。

假说2a：数字化转型通过降低企业信息不对称程度抑制了企业费用黏性。

假说2b：数字化转型通过缓解股东与管理层之间的代理冲突抑制了企业费用黏性。

已有研究发现，良好的企业内外部治理机制，如股权激励（梁上坤，2016[17]）、机构投资者持股（梁上坤，2018[18]）等能够有效约束管理层的自利行为，降低企业费用黏性。在此背景下，数字化转型约束管理层自利行为的增量作用有限，对企业费用黏性的抑制效应可能并不明显。反之，当企业内外部治理机制较弱时,数字化转型抑制管理层自利行为的增量作用凸显,可以显著抑制费用黏性。

股权集中度是企业内部治理的重要手段。大股东有更强的动机和能力监督管理层的自利行为,减少股东与管理层之间的代理问题(Shleifer 和 Vishny,1986[19])。第一大股东持股比例越高,控股股东利益与企业长期利益越一致,控股股东对管理层的监督力度越大,从而可以强有力地约束管理层的自利行为。此时,数字化转型抑制管理层自利行为的增量作用可能并不明显,对费用黏性的抑制效应较小。相反,股权越分散,股东对管理层的监督能力越弱,管理层越容易利用自身权力谋取私利。在此情形下,数字化转型抑制管理层自利行为的作用得以充分体现,对企业费用黏性的抑制作用较强。

机构投资者是企业外部治理的重要主体。有效监督假说认为,作为独立于管理层和大股东的第三方力量,机构投资者是企业治理中的积极监督者,能够凭借自身的专业、信息和资金优势,约束和监督管理层行为,有效缓解股东与管理层之间的代理问题(Hartzell 和 Starks,2003[20])。机构投资者持股比例越高,对管理层的监督越严格,管理层的自利行为能够得到较好的抑制。此时,数字化转型抑制管理层自利行为的增量作用效果不明显,对企业费用黏性的抑制效应可能不显著。相反,当机构投资者持股比例较低时,其对管理层自利行为的监督不足。在此情形下,数字化转型的信息治理效应和管理层代理问题缓解效应将得以有效发挥,可以有效抑制费用黏性。根据上述分析,本文提出假说3a和假说3b。

假说3a:数字化转型对企业费用黏性的抑制作用在股权集中度较低时更显著。

假说3b:数字化转型对企业费用黏性的抑制作用在机构投资者持股比例较低时更显著。

三、研究设计

(一)样本选择与数据来源

本文选取2010—2020年中国沪深A股上市企业作为初始研究样本,并剔除金融类、资不抵债、主要变量数据缺失和明显异常、ST和*ST、暂停上市和退市、上市不满两年、创业板和科创板企业等样本,最终得到15322

个样本。为削弱极端值的影响,本文对所有连续型变量进行1%和99%分位的缩尾处理。其中,企业数字化转型数据通过阅读、分析上市企业年报,基于文本分析法手工整理得到;城市GDP增长率数据来自《中国城市统计年鉴》以及各省、市统计年鉴和统计公报,其余变量数据来自CSMAR数据库、RESSET金融研究数据库和中国研究数据服务平台(CNRDS)。

(二)变量定义

1. 被解释变量。费用变动(lnFee),采用企业当年与上一年管理费用比值的自然对数测度。

2. 核心解释变量。收入变动(lnRev),采用企业当年与上一年营业收入比值的自然对数进行测度;收入下降(Dum)为虚拟变量,若企业当年营业收入相比上一年营业收入下降取1,否则为0;企业数字化转型程度(Dig),采用文本分析法从企业年报挖掘数字化转型信息构建。具体步骤是:首先基于数字化转型的定义、内涵以及国家相关政策文件对数字化内容的阐述,在赵宸宇等(2021)[21]和吴非等(2021)[22]的基础上,从底层技术架构和技术实践应用两个维度扩充"数字化转型"关键词词谱;其次,将这些关键词词汇扩充到Python软件包的"jieba"分词库,基于机器学习方法提取企业年报"管理层讨论与分析"部分的文本内容,统计每个关键词出现的频次;最后,加总当年所有关键词的词频数后取自然对数,构建企业数字化转型程度的度量指标。

3. 控制变量。依据既有研究,本文选择连续两年收入下降(D_Twoyear)、经济增长(Gdpgrowth)、员工密集度(Einten)和资产密集度(Ainten)及其与费用黏性的交互项、企业规模(Size)、上市年限(lnAge)、资产负债率(Lev)、盈利能力(Roa)、管理层持股比例(Manshare)、股权集中度(Top1)、独立董事比例(Indep)、董事长与总经理两职合一(Dual)等作为控制变量。此外,为了尽可能减少遗漏变量的影响,本文控制了年份(Year)和企业(Firm)固定效应。变量定义及描述性统计结果见表1。

由表1可知,费用变动(lnFee)均值为0.085,营业收入变动(lnRev)均值为0.110。收入下降虚拟变量(Dum)均值为0.272,连续两年收入下降虚拟变量(D_Twoyear)均值为0.098,即样本中大约有27.2%的上市企业营业收入在当期出现了下降,大约有9.8%的上市企业营业收入连续两年下降。企业数字化转型程度(Dig)均值为1.882,标准差为1.315,表明中国上市企业数字化转型发展程度存在较大差异。

表 1　变量定义与描述性统计

变量名称	变量符号	变量定义	均值	标准差	最小值	最大值
费用变动	lnFee	企业当年与上一年管理费用比值的自然对数	0.085	0.293	-2.033	5.429
收入变动	lnRev	企业当年与上一年营业收入比值的自然对数	0.110	0.260	-0.688	1.162
收入下降	Dum	若企业当年营业收入相比上一年营业收入下降赋值为1，否则为0	0.272	0.445	0.000	1.000
企业数字化转型程度	Dig	企业年报中"管理层讨论与分析"部分披露的"数字化转型关键词"总次数加1后的自然对数	1.882	1.315	0.000	4.804
连续两年收入下降	D_Twoyear	若企业营业收入连续两年下降赋值为1，否则为0	0.098	0.298	0.000	1.000
经济增长	Gdpgrowth	企业注册地所在城市的GDP增长率	0.080	0.032	0.006	0.165
员工密集度	Einten	企业年末员工人数/当年营业收入（百万元）	1.267	0.991	0.067	5.264
资产密集度	Ainten	企业年末资产总额/当年营业收入	2.314	1.833	0.369	11.230
企业规模	Size	企业年末总资产的自然对数值	22.492	1.251	20.258	26.326
资产负债率	Lev	企业年末负债总额/年末总资产	0.450	0.193	0.072	0.855
盈利能力	Roa	企业净利润/年末总资产	0.042	0.048	-0.138	0.195
上市年限	lnAge	考察年度减去企业上市年度加1后取自然对数	2.357	0.637	1.099	3.434
股权集中度	Top1	企业第一大股东持股比例	0.356	0.150	0.088	0.748
管理层持股比例	Manshare	管理层持股数/企业总股数	0.082	0.160	0.000	0.656
独立董事比例	Indep	独立董事人数/董事会总人数	0.374	0.054	0.333	0.571
两职合一	Dual	若企业董事长与总经理兼任赋值1，否则为0	0.224	0.417	0.000	1.000

（三）模型设计

参考 Anderson 等（2003）和梁上坤（2018）的研究，本文构建基准模型如式（1）检验数字化转型与企业费用黏性的关系。

$$\ln Fee_{it} = \beta_0 + \beta_1 \ln Rev_{it} + \beta_2 \ln Rev_{it} \times Dum_{it} + \beta_3 \ln Rev_{it} \times Dum_{it} \times Dig_{it}$$
$$+ \beta_4 Dig_{it} + \sum Control\_Var + \sum Firm + \sum Year + \varepsilon_{it} \quad (1)$$

其中，$\ln Fee_{it}$ 表示企业 i 在 t 时期的费用变动；$\ln Rev_{it}$ 表示企业 i 在 t 时期的收入变动；Dig_{it} 表示企业 i 在 t 时期的数字化转型程度；$Control\_Var$ 代表一系列控制变量；ε_{it} 为随机扰动项。$\ln Rev_{it} \times Dum_{it}$ 表示费用黏性，若系数 β_2 显著为负，则表明企业费用在营业收入增加时的增量大于其在营业收入下降时的减少量，即存在费用黏性。此时，若假说1成立，则企业数字化转型与费用黏性的交互项（$\ln Rev_{it} \times Dum_{it} \times Dig_{it}$）系数应该显著为正。

四、实证检验与分析

（一）基准回归结果分析

本文采用面板双向固定效应模型对式（1）进行估计（见表2）。其中第（1）列只包含营业收入变动（$\ln Rev$）和费用黏性（$\ln Rev \times Dum$）。结果显示，$\ln Rev$ 系数为 0.645，交互项 $\ln Rev \times Dum$ 系数为 −0.581，均在1%水平下显著，表明中国上市企业普遍存在费用黏性现象。第（2）列加入了企业数字化转型程度（Dig）及其与费用黏性的交互项（$\ln Rev \times Dum \times Dig$）。结果显示，$\ln Rev \times Dum$ 系数在1%水平下显著为负，$\ln Rev \times Dum \times Dig$ 系数在1%水平下显著为正，表明随着数字化转型程度提高，企业费用黏性程度趋于下降。第（3）列加入了所有控制变量进行估计，结果表明数字化转型显著抑制了企业费用黏性，验证了假说1。

表2 数字化转型影响企业费用黏性的基准回归结果

	(1)	(2)	(3)
	lnFee	lnFee	lnFee
lnRev	0.645***	0.646***	0.649***
	(22.23)	(22.32)	(22.78)

续表

	(1)	(2)	(3)
	lnFee	lnFee	lnFee
lnRev×Dum	-0.581***	-0.701***	-0.615***
	(-12.50)	(-12.07)	(-7.03)
lnRev×Dum×Dig		0.067***	0.050***
		(3.71)	(2.78)
Dig		0.010***	0.007**
		(3.06)	(2.38)
控制变量	未控制	未控制	已控制
常数项	0.041***	0.033***	-1.573***
	(3.58)	(2.80)	(-7.63)
年份固定效应	控制	控制	控制
企业固定效应	控制	控制	控制
样本量	15322	15322	15322
R^2	0.335	0.336	0.354

注：***、**、*分别表示在1%、5%和10%的水平下显著；据号内为企业层面聚类标准误的T统计量；限于篇幅，只报告主要变量回归结果，其他结果留存备索。表3～表9同。

表3　数字化转型影响企业费用黏性的路径检验结果

	(1)	(2)
	$Trans$	$Agenc$
Dig	0.008***	-0.037*
	(4.72)	(-1.67)
常数项	-0.881***	7.240***
	(-8.20)	(5.79)
控制变量	控制	控制
年份固定效应	控制	控制
企业固定效应	控制	控制
N	15322	14067
R^2	0.193	0.056

(二) 路径机制检验

前文理论分析指出,数字化转型可能通过降低企业信息不对称程度和缓解管理层与股东代理冲突抑制企业费用黏性。本文在式(1)的基础上,借鉴江艇(2022)[23]关于中介效应分析的建议,采用企业信息透明度($Trans$)和管理层代理成本($Agenc$)分别与企业数字化转型程度(Dig)进行回归检验上述作用路径。

1. 降低信息不对称程度的路径。参考 Lang 等(2012)[24]和辛清泉等(2014)[25]的研究,本文以深交所上市企业信息披露考评结果、盈余质量(采用 Dechow 和 Dichev(2002)[26]模型计算)和分析师跟踪人数三个变量的样本百分等级平均值构建信息透明度综合指标(若三个变量中有一个或多个变量缺失,则用剩余变量百分等级平均值衡量信息透明度),反向反映企业信息不对称程度,记为 $Trans$。该指标数值越大,表示企业信息不对称程度越低。表 3 第(1)列报告了企业信息透明度与数字化转型程度的回归结果,从中可以看到,Dig 系数在 1% 水平下显著为正,表明数字化转型具有显著的信息治理效应,有助于优化企业信息质量,降低信息不对称,从而有效约束管理层自利行为,抑制企业费用黏性,验证了假说 2a。

2. 缓解管理层代理冲突的路径。本文采用在职消费水平衡量管理层与股东之间的代理成本,记为 $Agenc$。该指标数值越大,管理层代理成本越高。具体来说,即本文参考陈冬华等(2005)[27]研究,以企业年报财务报表附注销管费用明细项目下的差旅费、办公费、通信费、业务招待费、交际应酬费、通讯费、出国培训费、董事会会费、小车费以及会议费的总额除以企业总资产衡量在职消费水平。表 3 第(2)列报告了管理层代理成本与企业数字化转型程度的回归结果,从中可以看到,Dig 系数在 10% 水平下显著为负,表明数字化转型能够显著缓解管理层代理冲突,有效降低了管理层自利行为,从而抑制企业费用黏性,验证了假说 2b。

3. 企业内外部治理机制的作用效应。本文使用分组回归检验企业内部治理(股权集中度)和外部监督(机构投资者持股)对数字化转型与企业费用黏性关系的影响(见表 4)。具体而言,本文将全样本按照第一大股东持股比例的三分位数分为高、中、低三组,比较股权集中度高和股权集中度低的回归结果(表 4 第(1)列和第(2)列)。在股权集中度高的组中,交互项($lnRev \times Dum \times Dig$)系数为正,但不显著;在股权集中度低的组中,交互项（lnRev×Dum×Dig）系数在5%水平下显著为正。由此说明，数字化转型对企业费用黏性的抑制效应在股权集中度较低时更显著，验证了假说3a。

进一步地，本文将全样本按照机构投资者持股比例的三分位数分为高、中、低三组，比较机构投资者持股比例高和机构投资者持股比例低的回归结果（见表4第（3）列和第（4）列）。在机构投资者持股比例高的组中，交互项（lnRev×Dum×Dig）系数为负，且不显著；在机构投资者持股比例低的组中，交互项（lnRev×Dum×Dig）系数在5%水平下显著为正，表明数字化转型对企业费用黏性的抑制效应在机构投资者持股比例较低时更显著，验证了假说3b。

表4 数字化转型、企业内外部治理机制与企业费用黏性

	（1）	（2）	（3）	（4）
	股权集中度高	股权集中度低	机构持股比例高	机构持股比例低
	lnFee	lnFee	lnFee	lnFee
lnRev	0.744***	0.558***	0.837***	0.509***
	(13.60)	(13.15)	(15.85)	(11.05)
lnRev×Dum	-0.708***	-0.492***	-0.524***	-0.500***
	(-3.90)	(-3.74)	(-2.91)	(-3.76)
lnRev×Dum×Dig	0.014	0.058**	-0.025	0.062**
	(0.39)	(2.17)	(-0.63)	(2.42)
Dig	0.001	0.003	0.007	0.009*
	(0.14)	(0.53)	(1.07)	(1.74)
常数项	-1.955***	-0.982***	-0.935*	-1.966*
	(-3.38)	(-2.75)	(-1.90)	(-1.92)
控制变量	控制	控制	控制	控制
年份固定效应	控制	控制	控制	控制
企业固定效应	控制	控制	控制	控制
组间差异检验 p 值	0.060		0.025	
样本量	5119	5102	5117	5102
R^2	0.355	0.364	0.385	0.360

（三）进一步讨论

1. 产权性质的异质性。本文按照上市企业实际控制人的所有制属性将全样本划分为国有企业和民营企业两组进行回归，以考察不同产权性质下数字化转型对企业费用黏性影响的差异性。表5第（1）列和第（2）列结果显示，国有企业组中交互项（lnRev × Dum × Dig）系数为正，但不显著；而民营企业组中交互项（lnRev × Dum × Dig）系数在1%水平下显著为正。由此表明，数字化转型显著降低了民营企业的费用黏性，但对国有企业费用黏性的抑制作用不显著。原因可能在于，国有企业在信息披露和管理层代理问题治理方面的表现优于民营企业，以致数字化转型抑制企业费用黏性的增量作用可能无法充分体现。此外，通过对两组企业数字化转型程度、信息透明度和高管在职消费水平进行均值和中值差异性检验发现，国有企业整体数字化转型程度和高管在职消费水平比民营企业低，而信息透明度比民营企业高[①]，进一步佐证了以上论述的正确性。

2. 地区市场化水平的异质性。中国各地区市场化进程存在显著差异，因而不同地区企业面临的外部市场环境和法制环境也明显不同。与市场化进程慢的地区相比，市场化进程快的地区政府干预程度较低，产品和要素市场发育更成熟，法律体系和监管机制也更加健全合理。在此情境下，企业管理层自利行为会受到多方面外部力量的监督和约束，数字化转型抑制管理层自利行为的作用发挥不明显。因此，数字化转型对企业费用黏性的抑制作用主要体现在市场化水平较低的地区。本文利用上市企业所在省份的市场化指数表征地区市场化水平[②]，并按照上市企业所在省份市场化指数的中位数将全样本划分为市场化水平高、低两组进行回归（见表5）。表5的第（3）列和第（4）列结果显示，在地区市场化水平高的组中，交互项（lnRev × Dum × Dig）系数为负，且不显著；在地区市场化水平低的组中，交互项（lnRev × Dum × Dig）系数在5%水平下显著为正，表明数字化转型对企业费用黏性的抑制效应在地区市场化水平低的情况下更显著。

[①] 限于篇幅，未汇报单变量的均值和中值差异性检验结果，留存备索。

[②] 上市公司所在省份的市场化指数来自王小鲁等（2019）编制的《中国分省份市场化指数报告（2018）》，由于2018年之后的数据与之前的计算基期不同，数据间不存在可比性，因此本文市场化指数截至2016年，分组回归时对样本进行相应调整。

表5　异质性检验结果

	(1)	(2)	(3)	(4)
	国有企业	民营企业	市场化水平高	市场化水平低
	ln*Fee*	ln*Fee*	ln*Fee*	ln*Fee*
ln*Rev*	0.686***	0.614***	0.564***	0.688**
	(16.57)	(15.70)	(14.45)	(12.14)
ln*Rev* × *Dum*	−0.581***	−0.665***	−0.104	−0.838***
	(−4.32)	(−5.87)	(−0.30)	(−4.55)
ln*Rev* × *Dum* × *Dig*	0.014	0.086***	−0.002	0.100**
	(0.53)	(3.66)	(−0.04)	(2.13)
Dig	0.002	0.013***	0.001	0.017**
	(0.53)	(2.78)	(0.27)	(2.44)
常数项	−1.599***	−1.685***	−2.686***	−3.909***
	(−5.74)	(−5.48)	(−4.45)	(−3.66)
控制变量	控制	控制	控制	控制
年份固定效应	控制	控制	控制	控制
企业固定效应	控制	控制	控制	控制
组间差异检验 *p* 值	0.033		0.048	
样本量	7371	7951	4309	4015
R^2	0.327	0.392	0.300	0.360

(四) 内生性问题处理

本文基准回归结论显示，数字化转型程度越高，企业费用黏性程度越低。然而，企业在进行数字化转型决策时，往往会考虑资产规模、财务杠杆、成长性和治理水平等诸多因素，因此数字化转型与费用黏性的关系可能会受到共同影响因素和反向因果等内生性问题干扰。对此，本文采用三种方法减少潜在内生性问题的影响。

1. 外生事件冲击检验。企业数字化转型进程往往取决于所在地区的数字基础设施建设情况。城市数字基础设施是随着时代进程客观需要存在和发展的一种生成性资源，在这类资源的生成、开发和利用中，政府扮演着十分重要的角色（陈云贤，2019[28]）。借鉴邱子迅和周亚虹（2021）[29]的研究，本文将国家级大数据综合试验区（以下简称大数据试验区）建设作为一项推动数字化转型的外生政策冲击，构建双重差分模型（Difference-in-Differences Model）检验数字化转型对企业费用黏性的影响。2016年2月，贵州省获批建立首个大数据试验区；同年9月，京津冀、珠江三角洲、上海、河南、重庆、沈阳和内蒙古7个区域也开启大数据试验区建设步伐。本文根据企业所在城市是否属于大数据试验区，将样本划分为实验组和控制组，设定 $Policy$ 虚拟变量。若企业所在城市在政策实施当年及之后属于大数据试验区，$Policy$ 取值为1，否则为0。表6第（1）列的DID估计结果显示，交互项（$lnRev \times Dum \times Policy$）系数在5%的水平下显著为正，表明数字化转型显著抑制了企业费用黏性，基准回归结果稳健。

表6　　　　　　　　　　　　内生性检验结果

	（1）	（2）	（3）
	lnFee	lnFee	lnFee
lnRev	0.649***	0.649***	0.649***
	(33.76)	(22.72)	(22.72)
ln$Rev \times Dum$	-0.513***	-0.613***	-0.613***
	(-9.62)	(-7.00)	(-7.01)
ln$Rev \times Dum \times Dig$		0.050***	0.050***
		(2.76)	(2.76)
ln$Rev \times Dum \times Policy$	0.069**		
	(1.98)		
Dig		0.013***	0.013***
		(3.17)	(3.18)
$Policy$	0.019***		
	(4.90)		
IMR		-0.009**	-0.009**
		(-2.23)	(-2.25)
常数项	-1.621***	-1.556***	-1.557***
	(-4.98)	(-7.56)	(-7.57)
控制变量	控制	控制	控制
年份固定效应	控制	控制	控制
企业固定效应	控制	控制	控制
N	15322	15310	15310
R^2	0.353	0.354	0.354

注：限于篇幅，未报告DID估计实验组和对照组的平行趋势检验结果以及Heckman第一阶段回归结果，留存备索。

2. Heckman 两阶段检验。为避免可能存在的样本自选择偏误，本文使用 Heckman 两阶段处理效应模型进行检验。第一阶段的被解释变量为企业数字化转型虚拟变量，若样本企业当年的数字化转型程度大于年度—行业中位数赋值为 1，否则为 0。引入企业注册所在地（省份和城市）的上市企业数量作为外生变量，同时控制式（1）中的控制变量以及年度和行业虚拟变量进行 Probit 回归，计算出逆米尔斯比率（Inverse Mills Ratio，简写为 IMR）。第二阶段，将 *IMR* 加入基准回归式（1）重新进行估计。表 6 第（2）列和第（3）列报告了 Heckman 两阶段检验结果。*IMR* 系数均在 5% 水平下显著为负，交互项（*lnRev × Dum × Dig*）系数均在 1% 水平下显著为正，结果表明，控制了样本自选择偏误后，基准回归结果依然成立。

3. 遗漏变量与回归偏误。本文采用 Oster（2019）[30] 的方法检验基准回归结果是否受到遗漏变量的影响（见表 7）。Oster（2019）证明，当存在不可观测的变量时，可利用估计 $\beta^* = \dot{\beta} - \delta[\dot{\beta} - \tilde{\beta}]\dfrac{R_{max} - \dot{R}}{\dot{R} - \tilde{R}}$ 近似获得真实系数的一致估计。其中，$\dot{\beta}$、$\dot{R}$ 与 $\tilde{\beta}$、$\tilde{R}$ 分别对应于引入受约束控制变量和引入可观测控制变量估计时，核心解释变量的估计系数和回归方程的拟合优度；R_{max} 表示不可观测变量可被观测时的最大拟合优度；δ 表示可观测变量和不可观测变量分别与关注变量的相关关系的相对强弱。具体检验方式如下。一是设定 R_{max} 为某一数值①，取 $\delta = 1$，考察 β^* 与 $\tilde{\beta}$ 所组成的区间范围是否排除 0，若是，则基准回归结果稳健；二是设定 R_{max} 为某一数值，估计使 $\beta = 0$ 时的 δ 的取值，若 δ 的绝对值大于 1，则基准回归结果稳健。表 7 结果显示，以上两种方式均通过了检验。由此可见，即使存在不可观测的遗漏变量，本文关于数字化转型与企业费用黏性关系的回归结果仍然稳健。

---

① 本文将 R_{max} 的数值分别设定为 0.443（$\tilde{R}$ 的 1.3 倍）、0.531（$\tilde{R}$ 的 1.5 倍）和 0.7。

表7　　　　　　　　　　遗漏变量内生性偏误检验

R_{max}值的设定	估计区间	δ的取值	是否通过检验
$R_{max}=0.443$	(0.046, 0.050)	5.507	是
$R_{max}=0.460$	(0.045, 0.050)	4.629	是
$R_{max}=0.531$	(0.041, 0.050)	2.779	是
$R_{max}=0.700$	(0.027, 0.050)	1.424	是

(五) 稳健性检验

1. 替换被解释变量。将被解释变量替换为销管费用变动(lnSga)、营业成本变动(lnCost)重新对式(1)进行估计,结果见表8第(1)列和第(2)列。由此可以看到,lnRev×Dum×Dig系数分别在5%和1%水平下显著为正,表明以lnSga和lnCost作为被解释变量时,基准回归结果稳健。

2. 替换核心解释变量。考虑到数字化转型是管理层战略思考、企业战略规划和战略执行的统一,本文将文本分析法获取的反映管理层数字化战略认知和规划的数据(数字化转型关键词词频总数的自然对数)与企业数字化发展战略实际投入与数字化相关的资产数据①相结合,借鉴赵宸宇等(2021)的方法,对数据进行标准化处理,并均以二分之一的权重构建企业数字化转型程度的综合指标进行回归,结果见表8第(3)列,从中可以看到,lnRev×Dum×Dig系数在1%水平下显著为正。由此可见,数字化转型对企业费用黏性的影响结果稳健。

表8　　　　　　　　　　稳健性检验结果

	(1)	(2)	(3)	(4)	(5)
	lnSga	lnCost	lnFee	lnFee	lnFee
lnRev	0.745***	1.176***	0.649***	0.621***	0.670***
	(24.98)	(44.25)	(22.79)	(20.29)	(20.32)
lnRev×Dum	-0.636***	-0.300**	-0.508***	-0.583***	-0.579***
	(-6.86)	(-2.49)	(-6.69)	(-6.16)	(-6.17)

---

① 公司年报财务报表附注固定资产和无形资产明细项目中披露的与数字化相关的"电子设备"、"软件"和"系统"等资产的年末账面价值总额占年末总资产的比重。

续表

	（1）	（2）	（3）	（4）	（5）
	lnSga	ln$Cost$	lnFee	lnFee	lnFee
ln$Rev \times Dum \times Dig$	0.041**	0.089***	0.109***	0.047**	0.052***
	(2.03)	(3.55)	(2.66)	(2.35)	(2.71)
Dig	0.005	0.003	0.027***	0.008**	0.010***
	(1.56)	(1.49)	(3.66)	(2.45)	(2.74)
常数项	−1.359***	−1.085***	−1.555***	−1.729***	−1.812***
	(−7.05)	(−5.91)	(−7.60)	(−7.36)	(−6.51)
控制变量	控制	控制	控制	控制	控制
年份固定效应	控制	控制	控制	控制	控制
企业固定效应	控制	控制	控制	控制	控制
样本量	15322	15322	15322	13299	12358
R^2	0.406	0.785	0.354	0.327	0.348

3. 剔除数字产业化行业样本。数字产业化行业的主营业务天然地与互联网、物联网、云计算和区块链等数字技术及应用相联系，其主要的生产资料本身包含了系统、软件和云平台等。本文主要考察企业数字化转型发展对费用黏性的影响，因此根据国家统计局发布的《数字经济及其核心产业统计分类（2021）》，将数字产业化行业样本剔除后重新进行估计①，结果见表8第（4）列。第（4）列中ln$Rev \times Dum \times Dig$系数在5%水平下显著为正，与基准回归结果基本一致。

4. 缩短样本期间。2013年工业和信息化部正式发布《信息化和工业化深度融合专项行动计划（2013—2018年）》，推动了"企业两化融合管理体系"建设，加快了中国企业数字化转型的步伐。观察研究样本发现，2013年后，样本企业年报"管理层讨论与分析"部分披露有关数字化转型关键词的词频数逐渐增多。因此，本文将样本期间缩短为2013—2020年重新回归，结果见表8第（5）列。第（5）列中ln$Rev \times Dum \times Dig$系数在1%水平下显著为正，与基准回归结果基本一致。

---

① 剔除的行业具体包括：计算机、通信和其他电子设备制造业；互联网和相关服务；软件和信息技术服务业；电信、广播电视和卫星传输服务业。

五、结论与启示

本文利用 2010—2020 年中国 A 股上市企业年报中的"数字化转型"关键词爬虫数据，构建企业数字化转型程度的测度指标，基于管理层自利视角考察了数字化转型对企业费用黏性的影响及作用机制。研究发现：第一，数字化转型对企业费用黏性具有显著的抑制效应，这一结论在多种内生性和稳健性检验后依然成立；第二，数字化转型主要通过抑制管理层自利行为影响企业费用黏性，企业信息不对称程度降低和管理层代理冲突缓解是数字化转型抑制企业费用黏性的重要路径；第三，良好的企业内外部治理机制有利于强化对管理层自利行为的监督和约束，削弱数字化转型对企业费用黏性的抑制作用，具体而言，在股权较分散、机构投资者持股比例较低的情形下，数字化转型对企业费用黏性的抑制作用更显著；第四，数字化转型显著抑制了民营企业和市场化水平较低地区企业的费用黏性程度，而对国有企业和市场化水平较高地区企业费用黏性没有显著影响。

本文结论具有较强的现实启示。在数字中国战略支撑下，政府部门应当进一步加大对数字化转型薄弱环节的支持力度，结合企业所有制形式与所处地区市场环境等因素，建立健全"靶向聚焦""精准滴灌"的政策保障体系；积极引导和鼓励社会各界力量帮助企业有效缓解数字化转型阵痛期面临的短板梗阻与矛盾风险，大力促进数智化在企业内部各业务流程全面渗透，并向供应链上下游加速延伸。对于企业而言，其应当不断提高数字化战略意识，持续深化数字化转型认知，努力探索适合自身条件和优势的数字化转型道路；在加快推进业务流程自动化的同时，着力完善企业内部控制建设，激发数字化转型信息效率效应，充分调动更加广泛的社会主体积极参与企业治理，有效监督和规范管理层行为，助力数字化转型赋能企业成本管理。

参考文献

[1] Anderson M. C., Banker R. D., and Janakiraman S. N. Are Selling, General, and Administrative Costs "Sticky" [J]. Journal of Accounting Research, 2003, Vol. 41, No. 1: 47-63.

［2］Banker R. D., Byzalov D., and Plehn–Dujowich J. M. Sticky Cost Behavior: Theory and Evidence [EB/OL]. 2011. https://papers.ssm.com/sol3/papers.cfm?abstract id = 1659493.

［3］Banker R. D., Byzalov D., and Chen L. T. Employment Protection Legislation, Adjustment Costs and Cross–country Differences in Cost Behavior [J]. Journal of Accounting and Economics, 2013, Vol. 55, No. 1: 111–127.

［4］刘嫒嫒, 刘斌. 劳动保护、成本黏性与企业应对 [J]. 经济研究, 2014 (5).

［5］江伟, 姚文韬, 胡玉明. 《最低工资规定》的实施与企业成本黏性 [J]. 会计研究, 2016 (10).

［6］Banker R. D., Ciftei M., and Mashruwala R. Managerial Optimism and Cost Behavior [EB/OL]. 2010. https://:zombiedoc.com/managerial–optimism–and–cost–behavior.html.

［7］梁上坤. 管理者过度自信、债务约束与成本黏性 [J]. 南开管理评论, 2015 (3).

［8］宋云玲, 吕佳宁, 王菊仙. CEO 的动态过度乐观影响费用黏性吗? [J]. 会计与经济研究, 2019 (2).

［9］Chen C. X., Lu H., and Sougiannis T. The Agency Problem, Corporate Governance, and the Asymmetrical Behavior of Selling, General, and Administrative Costs [J]. Contemporary Accounting Research, 2012, Vol. 29, No. 1: 252–282.

［10］Shannon C. E. A Mathematical Theory of Communication [J]. The Bell System Technical Journal, 1948, Vol. 27, No. 3: 379–423.

［11］Warren J. D., Moffitt K. C., and Byrmes P. How Big Data Will Change Accounting [J]. Accounting Horizons, 2015, Vol. 29, No. 2: 397–407.

［12］陈德球, 胡晴. 数字经济时代下的公司治理研究: 范式创新与实践前沿 [J]. 管理世界, 2022 (6).

［13］Lawrence P. R., and Lorsch J. W. Organization and Environment: Managing Differentiation and Integration [M]. Boston: Harvard Business School Press, 1967.

［14］Teece D. J. Explicating Dynamic Capabilities: The Nature and Microfoundations of (Sustainable) Enterprise Performance [J]. Strategic Management Journal, 2007, Vol. 28, No. 13: 1319–1350.

［15］刘政, 姚雨秀, 张国胜, 等. 企业数字化、专用知识与组织授权

[J]. 中国工业经济, 2020 (9).

[16] 戚聿东, 肖旭. 数字经济时代的企业管理变革 [J]. 管理世界, 2020 (6).

[17] 梁上坤. 股权激励强度是否会影响公司费用黏性 [J]. 世界经济, 2016 (6).

[18] 梁上坤. 机构投资者持股会影响公司费用黏性吗? [J]. 管理世界, 2018 (12).

[19] Shleifer A., and Vishny R. W. Large Shareholders and Corporate Control [J]. Journal of Political Economy, 1986, Vol. 94, No. 3: 461 – 488.

[20] Hartzell J. C., and Starks L. T. Institutional Investors and Executive Compensation [J]. Journal of Finance, 2003, Vol. 58, No. 6: 2351 – 2374.

[21] 赵宸宇, 王文春, 李雪松. 数字化转型如何影响企业全要素生产率 [J]. 财贸经济, 2021 (7).

[22] 吴非, 胡慧芷, 林慧妍, 等. 企业数字化转型与资本市场表现——来自股票流动性的经验证据 [J]. 管理世界, 2021 (7).

[23] 江艇. 因果推断经验研究中的中介效应与调节效应 [J]. 中国工业经济, 2022 (5).

[24] Lang M., Lins K. V., and Maffett M. Transparency, Liquidity and Valuation: International Evidence on When Transparency Matters Most [J]. Journal of Accounting Research, 2012, Vol. 50, No. 3: 729 – 774.

[25] 辛清泉, 孔东民, 郝颖. 公司透明度与股价波动性 [J]. 金融研究, 2014 (10).

[26] Dechow P. M., and Dichev I. D. The Quality of Accruals and Earnings: The Role of Accrual Estimation Errors [J]. The Accounting Review, 2002, Vol. 77, No. s1: 35 – 59.

[27] 陈冬华, 陈信元, 万华林. 国有企业中的薪酬管制与在职消费 [J]. 经济研究, 2005 (2).

[28] 陈云贤. 中国特色社会主义市场经济: 有为政府 + 有效市场 [J]. 经济研究, 2019 (1).

[29] 邱子迅, 周亚虹. 数字经济发展与地区全要素生产率——基于国家级大数据综合试验区的分析 [J]. 财经研究, 2021 (7).

[30] Oster E. Unobservable Selection and Cofficient Stability: Theory and Evidence [J]. Journal of Business & Economic Statistics, 2019, Vol. 37, No. 2: 187 – 204.

数字普惠金融对城乡融合的影响研究

李红锦　张丁山[①]

摘要：乡村振兴背景下，数字普惠金融为中国城乡融合发展提供了动力。以中国2011—2018年276个城市面板数据为基础，采用面板计量模型实证检验数字普惠金融对城乡融合的影响，研究结果表明，从整体上看，数字普惠金融能显著改善城乡融合发展水平；分维度看，使用深度、数字化程度对城乡融合也起到正向推动作用；从区域上看，发达地区数字普惠金融发展对城乡融合的促进效果强于欠发达地区。中介作用机制表明，要素流动、科技创新、产业结构升级是城乡融合发展的深层次力量。因此，建议相关部门推动农村数字普惠金融的发展，推进乡村信用体系建设，建立城市人才定期服务乡村的制度。

一、引言

民族要复兴，乡村必振兴。乡村振兴是着眼于"两个大局"所作出的重大战略部署，是应对复杂国内国际形势的重要"压舱石"。国内外理论与实践表明，城乡是不可分割的一体，乡村振兴离不开城乡融合协调发展。然而，长期以来中国存在的城乡二元体制，极大限制了乡村的经济社会发展（方创琳，2022[1]）。2022年初发布的中央一号文件强调统筹城镇和乡村布局，明确从城乡融合的角度推动乡村振兴。因此，城乡融合是破解城乡二元体制弊端、实现乡村振兴的重要抓手（李兰冰等，2020[2]）。只有走城乡融合发展之路，将乡村放在新型工农城乡关系格局中理解，才能从全局上推进乡村振兴战略。

[①] 作者简介：李红锦（1978—），女，华南理工大学经济与金融学院副教授，经济学博士，研究方向为区域经济与产业经济；张丁山（1993—），男，华南理工大学经济与金融学院硕士研究生，研究方向为区域经济与城乡发展。

作为世界上最大的发展中国家，中国在统筹城乡发展中虽取得明显进展，但仍然存在一些制约城乡融合发展的突出问题，如城乡要素流动不顺畅、城乡科技水平差异大和城乡产业割裂等。这些问题所折射出的城乡循环不畅和城乡不平衡发展是中国经济发展中的结构不平衡问题。国家高度重视城乡融合发展，党的十九大明确提出建立健全城乡融合发展的体制机制和政策体系。"十四五"规划和2035年远景目标纲要提出建立健全城乡要素平等交换、双向流动政策体系，促进要素更多向乡村流动。城乡融合发展是加快农村农业现代化的重要战略举措，也是新时代拉动内需、畅通"双循环"中城乡循环的一个系统工程。只有加快促进城乡融合，让要素在城乡之间充分流动，使城乡关系从割裂朝着融合转变，方能充分释放国内需求潜力，形成基于国内大循环经济发展的"增长极"。

另外，当今世界正处于数字化快速发展时期，各国均在探究和倡导运用数字技术助力金融发展，数字普惠金融的发展必将带来巨大的经济效益和社会效益。数字普惠金融旨在消除贫困、实现社会平等，农民、低收入人群等弱势群体是其重点服务对象。作为数字经济大国，中国一直致力于推动数字普惠金融的发展。G20杭州峰会上发布的《G20数字普惠金融高级原则》成为全球数字普惠金融的行动指南。近年来，政府明确把发展普惠金融的重点定位在农村，并且强调发展农村数字普惠金融。相关研究表明，数字普惠金融对农村的发展起到了重要的支持作用，为农村居民、贫困群体提供获得信贷资本进而从事创业、生产经营和消费等活动的机会（宋晓玲，2017[3]）。由此可见，发展数字普惠金融已成为助推城乡融合发展和实现乡村振兴战略的重要路径（星焱，2021[4]）。

学术界关于数字普惠金融和城乡融合发展关系的研究主要集中在三个方面。一是数字普惠金融对缩小城乡收入差距的研究。Claessens 和 Feijen（2006）[5]认为数字普惠金融的发展可以缓解贫困人口和农村居民的融资约束，使其得到更多获取收入的机会，有利于缩小城市与农村收入差距。陈啸和陈鑫（2018）[6]研究表明，数字普惠金融借助大数据等数字化技术，能够穿透地理空间的限制，加强农村地区居民金融服务的可获得性，使城乡之间的金融要素配置转向平衡，遏制城乡收入差距的扩大。二是数字普惠金融减贫效应的研究。贫困已经成为当今世界发展面临的重要挑战之一，脱贫攻坚备受国家关注。黄倩等（2019）[7]研究发现数字普惠金融能够通过改善收入分配和增长间接发挥减贫效应。刘锦怡和刘纯阳（2020）[8]认为数字普惠金融能够有力推进农村产业和经济的发展，为农村贫困人口提供更多就业创业机会，增加收入。三是数字普惠金融缩小城乡消费差距的研究。消费是中国经济健康持续增长的重要动力之一，而居民福利水平的提高也体现在消费效用的增加，关注消费，就是关注人民福祉。易行健和周利（2018）[9]从微观视角出发，发现缓解流动性约束以及便利居民支付是数字普惠金融改善居民消费的深层次力量。谢家智和吴静茹（2020）[10]研究发现，家庭借助数字普惠金融可以便捷且低成本参与借贷市场，从而扩大预算集，刺激消费。而异质性研究发现，数字普惠金融对农村家庭的促进作用更加明显。

现有文献分别从数字普惠金融对城乡收入差距、减贫效应和城乡消费差距三个方面进行论证，产生了较为丰富的学术成果。然而，现有研究仅从城乡问题中的单一视角出发，未能采用系统的、整体的视角分析，且鲜有直接研究数字普惠金融与城乡融合二者的关系，更遑论解析数字普惠金融影响城乡融合的机制黑箱。当前，数字普惠金融基础设施和服务不断完善，政策支持力度持续加大，农村资源要素、科技力量、产业升级动能稳步向好。那么，结合中国城乡融合亟待改善的现状，数字普惠金融能否有效改善城乡融合？其影响机制是什么？更深入地看，影响效应又与区域异质性存在怎样的关联？通过数字普惠金融对城乡融合发展影响的探析并提出相应的政策建议，有助于改善城乡关系，激发农村内需潜能，从而使国内大循环中的城乡循环更加畅通。

基于此，本文利用地级城市数据，构建城乡融合指标体系测度2011—2018年中国276个城市城乡融合状况，进而使用双向固定效应面板模型检验数字普惠金融对城乡融合发展的影响，并通过中介效应模型识别主要影响机制。本文的增量贡献可能体现在三个方面：第一，从数字普惠金融的新视角上研究其对城乡融合的影响，同时考虑覆盖广度、使用深度、数字化程度的结构效应，这将进一步拓展城乡融合的研究范畴；第二，现有文献主要从省级层面数据研究城乡融合，而本文聚焦城市层面数据测度城乡融合状况，进而研究数字普惠金融对城乡融合的影响，同时检验了区域异质性的影响；第三，构建了数字普惠金融与城乡融合的理论联系通道，并采用中介效应模型对影响效应进行实证检验。

二、理论分析与假设提出

明晰数字普惠金融对城乡融合的内在影响机制尤为关键。城乡融合是一个包含人的融合、空间融合、经济融合、社会融合、生态融合的复杂系统（周佳宁等，2019[11]），其实质是实现城乡区域经济社会协调发展。当前，城乡要素流动受限；城乡间科技水平差距大，城市创新水平辐射农村的通道不畅；并且城乡产业割裂，难以发挥协同优势是制约城乡融合发展水平提升的三大主要障碍。数字普惠金融能够充分发挥数字化技术的优势，使农村居民获得更多金融服务，对于解决城乡融合发展障碍有着重要作用，日益成为助推城乡融合的重要路径。因此，从问题导向出发，结合现有理论研究，本文归纳出数字普惠金融助推城乡融合的主要影响机制（见图1），主要表现为改善要素流动、提高科技创新水平和促进产业转型升级三条中介途径。

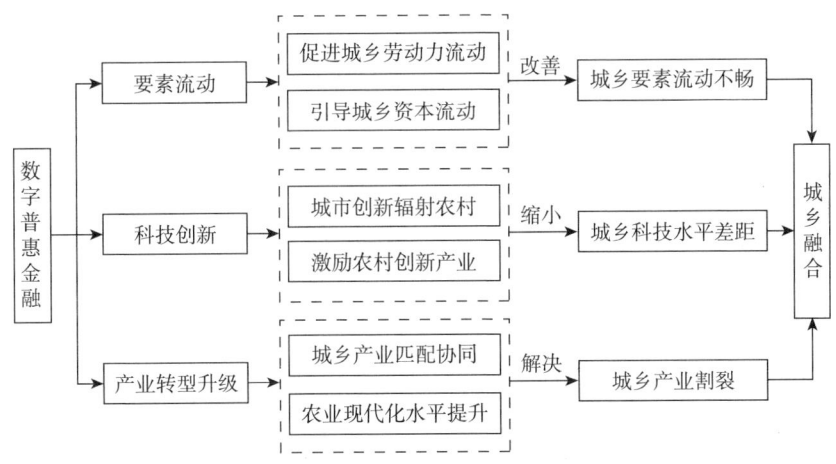

图1 数字普惠金融对城乡融合的影响机制

当前中国城乡要素流通不畅问题是造成城乡二元结构的关键症结所在。在中国工业化的进程中，工业较农业有着更高的生产效率，吸引农村生产要素源源不断向城市聚集，推动着城市发展，而农村地区依旧维持落后的生产效率，同时丧失优势要素资源，拉大了城乡之间的差距。由此可见，劳动力、资本等要素的流动必然深刻地影响着城乡发展。首先，相关研究显示，数字普惠金融的发展有利于促进城乡间资源要素从过去的单向流动转向双向流动，打破城乡之间要素流动的障碍，解决广大农村地区金融服务发展存在的不均衡、不充分等问题（潘爽等，2021[12]），引导城市中人力、资本等各类资源要素流向农村目标产业，加强了城市产业和农村产业前后以及双向的生产联系，完善农村内部"造血"机制，实现农村经济复兴的同时促进城乡之间的经济融合。数字普惠金融利用大数据、移动互联、区块链等现代技术，打破了传统物理网点的空间局限，不断创新金融产品与服务，有效地缓解了农村地区和中小企业的信贷约束，为农村产业的发展提供较低成本的金融服务。中国农业银行运用数字技术打造的"惠农 e 通"平台，为农村居民和农村产业提供撮合农产品、惠农缴费、低息贷款等一系列惠农金融服务。同时，数字普惠金融对农村相关基础设施建设的资金支持力度，可以有效解决建设前期的资金需求困境，激发个人、企业和专业合作社等投入农业发展的积极性。农村地区经济发展好、城市与农村的联系更加紧密促使政府推动城乡间交通设施互联互通，助力城乡空间融合。在数字化支持下，资本流向农村，发展农村产业时，将提供更多的就业机会，吸引外出务工人员、高学历人才以及城市居民到乡村创业、工作，共同建设美丽、富足、宜居宜业的崭新农村，促进城乡间人的融合。基于上述分析本文提出假说 1。

假说 1：数字普惠金融可以通过改善要素流动助推城乡融合发展。

在创新驱动发展的背景下，科技创新日益成为推动城乡融合发展的关键动能。第一，风险高、周期长等特点使得科技创新型企业在融资时面临较强约束，而数字普惠金融的出现能够降低创新的融资门槛，通过大数据技术，构建更加全面的征信体系，提高信息透明度，缓解其融资时面临的困境（李春涛等，2020[13]）。此外，数字普惠金融的底层技术可以更好地使创新成果匹配市场需求，如支付行为的大数据以及人工智能的机器学习可以为明晰产品创新方向以及精准营销提供重要支撑，促进企业技术创新，推动城市创新能力进一步提升（吴庆田和朱映晓，2021[14]）。创新水平越高的城市，对农村科技创新的扩散作用越明显。农村在引进城市技术创新基础上消化吸收再创新，进而提高农村的创新水平和经济条件，这种扩散作用有助于改善城乡间的经济联系，促进城乡经济融合。另外，传统农村金融存在的"融资歧视"问题制约了农业科技创新水平的发展，进而直接影响着城乡融合水平的提升。而数字普惠金融的发展很好地弥补了过去农村金融存在的许多不足之处，以"成本低、速度快、覆盖广"的优势，引导资金更加高效地流向"三农"，使农村的创新活动焕发生机。第二，数字普惠金融为以农户为主体的创业活动提供适当金融支持，在培育新型职业农民和新型农业经营主体上有着重要推动作用，能够有效带动更多农村劳动力就业，为农民增收、农民生活的改善提供新的解决方案（谢绚丽等，2018[15]）。近些年，数字普惠金融持续创新，逐渐融入教育、医疗、保险、消费等居民日常生活的方方面面，不断推动城乡社会融合向前发展。基于上述分析本文提出假设2。

假说2：数字普惠金融可以通过提高科技创新水平助推城乡融合发展。

传统的金融部门在推动工业、农业结构升级方面往往面临诸多挑战，然而工业、农业的结构升级关乎农民收入的提高和生活水平的改善。第一，数字普惠金融利用数据获取、评估处理与匹配优势，创新高效地实现了资本与投融资的精准对接，为产业结构优化和供给升级输送了持续的资金与服务支持（杜金岷等，2020[16]）。随着产业结构不断升级，城市地区劳动力和土地等生产要素的价格被不断推高，促使产业向成本更低的城郊、农村地区迁移，增强了城市地区对农村地区的扩散效应，这种扩散作用能够发挥城乡产业协同的优势，畅通城乡产业循环，对农村居民就近就业的实现起到重要推动作用（杨晶等，2018[17]）。农村产业的壮大也会进一步吸引资本、技术等要素改善农村基础设施，为农村培养产业工人，提高劳动效率，实现可持续发展的农业农村经济，缩小城乡之间差距，进而促进城乡经济融合。产业结构升级意味着生产技术和治污技术的提高，能够减少生产流程中污染物的排放、提高能源使用效率，从而改善环境质量，助力城乡生态融合。当产业结构升级到一定程度后，第三产业的比重将占主体地位，吸收农村剩余人口进城就业，改善城乡人的融合。第二，数字普惠金融可以通过将农产品不同的需求对接到不同的农业绿色产业链上，有效形成农业产业转型升级、居民消费升级和提高农民收入的共赢链，促进农村产业现代化水平提升，缩小城乡收入差距进而推动城乡融合发展。基于上述分析本文提出假说3。

假说3：数字普惠金融可以通过促进产业转型升级助推城乡融合发展。

三、研究设计

（一）计量模型设定

1. 数字普惠金融改善城乡融合模型。为了较为系统地分析数字普惠金融对城乡融合的影响，本文设定基准回归模型（1）：

$$Y_{i,t} = \beta_0 + \beta_1 DIFI_{i,t} + \beta X_{i,t} + \mu_i + \eta_t + \varepsilon_{i,t} \tag{1}$$

其中，下标 i 和 t 分别表示城市和年份，$Y_{i,t}$ 为被解释变量城乡融合水平；$DIFI_{i,t}$ 为核心解释变量数字普惠金融指数；$X_{i,t}$ 为控制变量组；μ_i 代表个体固定效应；η_t 代表时间固定效应；$\varepsilon_{i,t}$ 为误差项。

2. 中介效应模型。为了验证数字普惠金融改善城乡融合的传导机制，本文主要考察要素流动、科技创新、产业转型升级的中介效应。建立的具体中介效应模型为：

$$Y_{i,t} = \beta_0 + \beta_1 DIFI_{i,t} + \beta X_{i,t} + \mu_i + \eta_t + \varepsilon_{i,t} \tag{2}$$

$$Medium_{i,t} = \alpha_0 + \alpha_1 DIFI_{i,t} + \alpha X_{i,t} + \mu_i + \eta_t + \varepsilon_{i,t} \tag{3}$$

$$Y_{i,t} = \theta_0 + \theta_1 DIFI_{i,t} + \theta_2 Medium_{i,t} + \theta X_{i,t} + \mu_i + \eta_t + \varepsilon_{i,t} \tag{4}$$

其中，$Medium_{i,t}$ 为中介变量。对中介效应模型进行如下检验：第一步，对于式（2）中数字普惠金融指数 $DIFI_{i,t}$ 的系数进行显著性水平检验，该步骤与基准回归（1）相同；第二步，中介变量 $Medium_{i,t}$ 对数字普惠金融指数 $DIFI_{i,t}$ 进行回归（式（3）），检验 $DIFI_{i,t}$ 的系数是否显著；第三步，城乡融合水平 $Y_{i,t}$ 对数字普惠金融指数 $DIFI_{i,t}$ 和中介变量 $Medium_{i,t}$ 一起进行回归（式（4）），检验 $DIFI_{i,t}$ 和 $Medium_{i,t}$ 的系数是否显著。若式（2）和式（3）中的系数 β_1 和 α_1 均显著则可认为存在中介效应；在此基础上，若式（4）中 θ_2 显著且 θ_1 不显著，表明存在完全中介效应。若 θ_1 和 θ_2 均显著，可以认为存在部分中介效应；若 θ_2 不显著，则需要进行 Sobel 检验，若 Sobel 检验结果显著则说明中介效应显著存在。

（二）变量说明

1. 核心被解释变量。城乡融合。以前研究城乡融合较典型的理论形态主要有五种：一是城乡人口关系的角度，认为城乡融合应以人为本，城乡人口的互动和人口的城镇化形成了融合居民（王颖等，2018[18]）；二是城乡空间连通性的角度，认为城乡之间交通基础设施的打通、产品的流通、信息的传递是城乡融合发展的载体；三是城乡经济协调发展的角度，认为在平等的经济政策下，打通城乡之间要素流动的梗阻，实现资源合理配置，进而缩小城乡居民劳动生产率差距、城乡收入和消费差距（周江燕和白永秀，2014[19]）；四是城乡社会协调发展的角度，认为城乡融合应当重视城乡居民在医疗、教育、社会保障、居住、文化生活等领域的均等化（陈钊和陆铭，2008[20]）；五是城乡生态环境统一体的角度，认为应将城乡生态环境纳入统一的系统，全面协同治理生产和生活所产生的污染物，使城乡之间、人类与自然环境之间和谐相处（黄光宇和陈勇，2002[21]）。因此，本文构建包含人的融合、空间融合、经济融合、社会融合和生态融合五个维度在内的城乡融合发展指标体系，运用熵权法测度中国 276 个城市的城乡融合发展水平（见表1）。

表1　　　　　　　　　　城乡融合发展评价指标体系

维度指标	分项指标	指标计算说明	指标属性
人的融合	非农与农业从业比重	第二、第三产业从业人员/第一产业从业人员（%）	正
	城乡人口密度	常住人口/行政区域土地面积（万人/平方公里）	正
	人口城镇化水平	城镇就业人数/总就业人数（%）	正
空间融合	土地城镇化水平	建成区面积/行政区域土地面积（%）	正
	移动电话用户数	地区移动电话用户数（万户）	正
	公路密度	公路里程/土地面积（km/km²）	正
经济融合	城乡居民工资性收入比	城镇居民人均可支配收入/农村人均纯收入（%）	负
	城乡居民家庭人均消费比	城镇居民人均生活消费性支出/农村居民人均生活费支出（%）	负
	农业现代化水平	农业机械总动力/耕地种植面积（千瓦/公顷）	正
社会融合	城乡医疗保障	城乡每万人拥有医院、卫生院床位数（张）	正
	基础教育保障	城乡每万人拥有中小学个数（所）	正
	社会保障和就业	政府社会保障和就业支出/一般预算支出（%）	正
生态融合	建成区绿化覆盖率	城市建成区的绿化覆盖面积占建成区的百分比（%）	正
	污水处理厂处理能力	污水处理厂日处理量（万立方米/日）	正
	工业烟（粉）尘排放量	地区工业烟（粉）尘排放量（吨）	负

资料来源：作者整理所得。

2. 核心解释变量。数字普惠金融指数。本文选取北京大学数字金融研究中心发布的2011—2018年中国数字普惠金融指数以衡量各城市数字普惠金融的发展程度。该指数分为覆盖广度、使用深度和数字化程度三个维度①。

3. 控制变量。（1）经济增长。经济增长能够反映地区经济基础的夯实程度，随着当地经济的增长，城乡居民的收入会明显提高，城乡基础设施和社会保障也将得到改善。McKinnon（1973）[22]认为经济增长使贫困人群从中获利，进而实现减贫。本文利用城市GDP增长率来反映经济增长。（2）教育投入。教育对人力资本提高起着重要作用，当居民受到更好的教育时，其生产效率也将大幅提高，获得的收入无疑也将增加。城乡居民收入的增加有助于缩小城乡收入差距。本文采用政府财政支出中的教育支持来反映教育投入。（3）对外开放。本地区对外资的吸引程度与对外开放水平有着重要的相关性。但外资优先流入效率较农村高的城市，可能不利于城乡融合。本文利用该地区当年实际使用外资与GDP的比值来衡量对外开放水平。（4）市场化程度。市场化程度直接关系到要素流动，与城乡融合发展密不可分。本文借鉴汪亚楠等（2020）[23]的做法，采用非国有单位就业人数与就业总人数的比值衡量市场化程度。（5）财政分权。在一定程度上，财政分权可以用来衡量地方政府财政的自主权。当前有两种代表性观点，一是认为财政分权可以依靠地方政府对本地区城乡发展情况所掌握的优势，促进城乡间要素自由流动，推动城乡融合发展（张彰等，2020[24]）；二是认为财政分权会因地方政府之间传统的政绩竞争，导致地方政府将城乡间的资源要素优先配置到效率有明显优势的城市，进而制约城乡融合发展（邓金钱和何爱平，2017[25]）。对于财政分权，本文选取（地方财政一般预算内收入/城市常住人口）/（中央财政收入/全国人口）来衡量。（6）医疗水平。医疗水平与居民的健康息息相关，对社会和谐及城乡的社会融合有着重要作用。本文采用卫生机构人员数来衡量当地的医疗水平。

4. 中介变量。（1）劳动力流动。本文借鉴陈磊等（2019）[26]的做法，认为劳动力的流动主要是因为工作、就业地点的转换，以三大产业就业人口占年平均人口的比重来衡量劳动力流动。

---

① 本文将数字普惠金融指数及其三个分维度指数均除以1000处理。

(2) 资本流动。资本流动是趋利的,地区经济发展程度和企业创造利润的能力是吸引资本流入的重要因素。本文借鉴白俊红等(2017)[27]使用的双对数引力模型计算资本流动,以人均 GDP 衡量地区经济发展程度,以规模以上工业企业净资产利润率衡量企业创造利润的能力。具体计算过程为:

$$Cfl_i = \ln(I_i) \times \ln(Rate_j - Rate_i) \times \ln(Pgdp_j - Pgdp_i) \times D_{ij}^{-2} \quad (5)$$

$$Cfl_i = \sum_{j=1}^{n} Cfl_{ij} \quad (6)$$

其中,Cfl_{ij} 表示 i 地区流向 j 地区的资本;Cfl_i 表示 i 地区资本流动;$Rate_i$、$Rate_j$ 分别表示 i 和 j 地区规模以上工业企业净资本利润率;$Pgdp_i$、$Pgdp_j$ 分别表示 i 和 j 地区人均 GDP,I_i 表示 i 地区固定资本投资。

(3) 科技创新。本文参照王如玉等(2019)[28]的做法,采用《中国城市和产业创新力报告 2017》测算的城市层面的创新指数作为科技创新的衡量指标①。

(4) 产业结构升级。产业结构高度化表现为劳动生产率的提高以及产业之间比例的变动,是产业结构升级的重要方面。本文借鉴袁航和朱承亮(2018)[29]的处理方法,具体计算过程为:

$$Ais_{i,t} = \sum_{n=1}^{3} y_{i,n,t} \times Lp_{i,n,t}, n = 1,2,3 \quad (7)$$

$$Lp_{i,n,t} = Y_{i,n,t}/L_{i,n,t} \quad (8)$$

其中,$Ais_{i,t}$ 表示 i 城市 t 时期产业结构高度化;$y_{i,n,t}$ 表示 i 城市 t 时期第 n 产业增加值与 i 城市 t 时期 GDP 的比值;$Lp_{i,n,t}$ 表示 i 地区 t 时期第 n 产业的劳动生产率;$Y_{i,n,t}$ 为 i 城市 t 时期第 n 产业增加值;$L_{i,n,t}$ 表示 i 城市 t 时期第 n 产业就业人口。

(三) 数据来源

本文选取中国 276 个城市 2011—2018 年的面板数据,研究数字普惠金融和城乡融合之间的关系。数据来源于《中国城市统计年鉴》《中国城市建设统计年鉴》《北京大学数字普惠金融指数》和《中国城市和产业创新力报告 2017》。统计年鉴中出现的个别缺失值通过查阅中国各城市统计年鉴或插值法进行补充。表 2 为具体变量描述性统计结果。

---

① 本文将城市层面的创新指数除以 1000 处理。

表2　　　　　　　　　　变量描述性统计

变量	样本量	均值	标准差	最小值	最大值
城乡融合度	2208	0.2219	0.0585	0.1371	0.6303
数字普惠金融发展	2208	0.1559	0.0621	0.0170	0.3030
覆盖广度	2208	0.1462	0.0596	0.0019	0.2903
使用深度	2208	0.1540	0.0654	0.0043	0.3257
数字化程度	2208	0.1911	0.0808	0.0034	0.5812
GDP增长率	2208	0.0885	0.0529	-0.1457	0.1998
对外开放程度	2208	0.0176	0.0179	0.0001	0.1984
教育投入	2208	0.6822	0.8561	0.0200	9.8827
市场化程度	2208	0.9081	0.0735	0.3128	0.9922
财政分权	2208	0.9734	1.2983	0.0065	12.2241
医疗水平	2208	3.4216	3.2563	0.0540	31.3056
资本流动	2208	0.2207	0.2041	0.0063	2.5763
劳动力流动	2208	0.1332	0.1295	0.0249	1.5293
科技创新	1656	0.0140	0.0582	0.0001	1.0614
产业升级	2208	0.2461	0.6027	0.0116	9.2805

资料来源：作者根据统计数据整理并计算所得。

四、实证结果与分析

（一）基准回归结果

根据基准回归方程（1），本文使用双向固定效应面板回归，分析数字普惠金融影响城乡融合的整体效应（见表3）。

表3　　　检验数字普惠金融对城乡融合的影响效应：基准估计

变量	（1）城乡融合	（2）城乡融合	（3）城乡融合	（4）城乡融合
数字普惠金融	0.0775*** (26.62)	0.0136*** (3.99)	0.3496*** (9.50)	0.1637*** (5.28)
经济增长		0.0004 (0.12)		-0.010 (-0.25)

续表

变量	(1) 城乡融合	(2) 城乡融合	(3) 城乡融合	(4) 城乡融合
对外开放		-0.0493*** (-3.27)		-0.0510*** (-3.41)
市场化程度		0.0071 (1.29)		0.0056 (1.02)
财政分权		-0.0057*** (-7.49)		-0.0057*** (-7.26)
教育投入		0.0111*** (10.73)		0.0109*** (10.54)
医疗水平		0.0058*** (15.43)		0.0056*** (14.97)
_cons	0.2098*** (431.66)	0.1921*** (37.32)	0.1968*** (99.75)	0.1871*** (35.86)
个体效应	控制	控制	控制	控制
时间效应	不控制	不控制	控制	控制
样本量	2208	2208	2208	2208
R^2	0.2684	0.5277	0.3055	0.5414
F值	386.13***	148.65***	316.42***	146.76***

注：括号中的为t值；*、**、***分别表示在10%、5%、1%水平上显著。表4～表8同。

表3中的第（1）列、第（2）列为仅固定个体效应的结果，第（3）列、第（4）列为个体和时间双向固定的结果，其中第（1）列、第（3）列不加入控制变量，第（2）列、第（4）列加入相关控制变量，结果显示无论仅固定个体效应还是双向固定，以及无论是否加入控制变量，数字普惠金融对城乡融合的拟合系数均显著为正，表明数字普惠金融的发展能够显著改善城乡融合。控制变量的回归结果表明，教育投入、医疗水平对城乡融合有显著的促进作用。教育和医疗等公共品的投入能够调节城乡收入差距，其中相当部分的投入直接针对农村群体。对外开放、财政分权显著抑制城乡融合的改善。可能的原因是，当前随着中国改革开放的深入，对外开放水平明显提高，农村居民从中获得的收益远低于城市居民，城乡居民收入差距随着对外开放程度的加深而被拉大，不利于提升城乡融合水平（胡晶晶和黄浩，2013[30]）。财政分权会因地

方政府之间传统的政绩竞争,导致地方政府将城乡间的资源要素优先配置到效率有明显优势的城市,进而制约城乡融合发展。城乡融合发展是现代化的标志之一,也是破解当前中国社会发展中主要矛盾的关键一环,在当前数字化快速发展时期,数字普惠金融推动城乡融合发展大有可为。

(二)稳健性检验

为确保结果稳健,本文采用三种方式进行稳健性检验。一是内生性检验。为解决内生性问题,本文选取该城市到杭州的距离以及数字普惠金融的滞后一期作为工具变量。城市到杭州的距离和城市数字普惠金融的发展水平直接相关,满足工具变量的相关性假设,同时由空间地理距离决定,满足工具变量的外生性假设(傅秋子和黄益平,2018[31])。需要注意的是,城市到杭州的距离不随时间变化,传统的固定效应无法识别,本文将各城市到杭州距离乘以每一年所有城市的数字普惠金融指数均值(随时间变化)作为工具变量进行回归。二是更换核心解释变量。本文借鉴汪亚楠等(2020)的做法,以金融机构存贷款总额占 GDP 比重来衡量城市金融发展程度,并进行检验。三是剔除重点城市。剔除省会城市、副省级城市和直辖市后进行回归。以上三种稳健性检验结果均表明,数字普惠金融对城乡融合有改善作用的结论稳健①。

五、进一步分析:中介效应检验和异质性分析

(一)中介效应检验

1. 要素流动的中介效应检验。表 4 第(2)列和第(4)列结果表明数字普惠金融的发展的确会促进资本流动和劳动力流动。第(3)列结果表明,数字普惠金融和城乡融合高度正相关,且回归系数小于第(1)列基准模型回归的回归系数,意味着资本流动效应在数字普惠金融和城乡融合发展的影响中存在中介效应。第(5)列结果也表明,数字普惠金融和城乡融合高度正相关,回归系数小于第(1)列基准模型回归的回归系数,意味着劳动力流动效应在数字普惠金融和城乡融合发展的影响中存在中介效应。由此可

---

① 因篇幅所限,相关稳健性检验结果未列出,留存备索。

见，包括资本流动和劳动力流动的要素流动是数字普惠金融促进城乡融合的一个重要渠道，由此验证了假说1。

数字普惠金融能够突破传统金融的时空限制，以较低的成本搜索和信息传递引导城市中劳动力、资本等各类资源要素流向农村目标产业，繁荣农村经济，提高农民收入，增强城乡产业之间的联系。2019年中共中央、国务院发布的《关于建立健全城乡融合发展体制机制和政策体系的意见》提出，走城乡融合之路必须加快推动人才、土地、资本等要素在城乡间双向流动，而上述要素流动的中介效应检验表明数字普惠金融的发展将有效畅通要素流动，推动城乡融合向前发展。

表4　　　　　　　　　　检验要素流动中介效应

变量	（1）城乡融合	（2）资本流动	（3）城乡融合	（4）劳动力流动	（5）城乡融合
数字普惠金融	0.1637 *** (5.28)	0.8506 *** (3.31)	0.1567 *** (5.05)	0.6188 *** (3.26)	0.1527 *** (4.94)
资本流动			0.0082 *** (2.99)		
劳动力流动					0.1776 *** (4.78)
_cons	0.1871 *** (35.86)	0.0495 (1.14)	0.1867 *** (35.84)	0.0527 *** (1.65)	0.1861 *** (35.86)
控制变量	控制	控制	控制	控制	控制
个体效应	控制	控制	控制	控制	控制
时间效应	控制	控制	控制	控制	控制
样本量	2208	2208	2208	2208	2208
R^2	0.5414	0.1524	0.5436	0.1027	0.5468
F值	146.76 ***	87.67 ***	139.32 ***	37.72 ***	113.66 ***

2. 科技创新的中介效应检验。表5第（2）列结果表明数字普惠金融的发展对科技创新水平正向显著影响。第（3）列纳入科技创新回归后结果表明，数字普惠金融和城乡融合仍高度正相关，且回归系数小于第（1）列基准模型回归的回归系数，而科技创新的回归系数也显著为正，意味着科技创新在数字普惠金融和城乡融合发展的影响中存在中介效应，提高科技创新水

平是数字普惠金融改善城乡融合的一个重要渠道,由此验证了假说2。

中共十九届五中全会指出,要坚持创新在中国现代化建设全局中的核心地位,因此,抓住创新便抓住了牵动城乡融合发展的"牛鼻子"。数字普惠金融具有显著的创新效应,能够成为提高区域创新水平的新动能,在推动农村创新创业中起着重要作用(杜传忠和张远,2020[32])。今后,数字普惠金融将会更加深入渗透到农业领域,农业供应链将是最佳载体和实施路径,是农业产业创新发展的突破口和助推器,能够带动更多农村劳动力的就业,为农民增收、农民生活的改善提供新的解决方案。

表5　　　　　　　　　　检验科技创新中介效应

变量	(1) 城乡融合	(2) 科技创新	(3) 城乡融合
数字普惠金融	0.1637 *** (5.28)	0.2198 *** (2.60)	0.1666 *** (5.00)
科技创新			0.0911 *** (8.56)
_cons	0.1871 *** (35.86)	-0.0421 ** (-2.54)	0.1857 *** (28.42)
控制变量	控制	控制	控制
个体效应	控制	控制	控制
时间效应	控制	控制	控制
样本量	2208	2208	2208
R^2	0.5414	0.5986	0.4112
F 值	146.76 ***	24.99 ***	131.07 ***

3. 产业结构升级的中介效应检验。表6第(2)列结果表明数字普惠金融的发展有利于产业结构升级。第(3)列纳入产业结构升级回归后结果表明,数字普惠金融和城乡融合高度正相关,且回归系数小于第(1)列基准模型回归的回归系数,而产业结构升级的回归系数也显著为正,意味着产业结构升级在数字普惠金融和城乡融合发展的影响中存在中介效应,促进产业结构升级在数字普惠金融改善城乡融合中起到重要的中介作用,由此验证了假说3。

当前,中国正处于产业结构升级的关键时期,通过产业结构升级带来的产品附加值可以提高居民福利水平和收入水平。数字普惠金融能够精准匹配产业升级的资本需求,及时为产业发展提供资金以及深度契合的数字化金融服务支持(黄益平和黄卓,2018[33])。产业结构升级使得城市第三产业进一步发展,吸收农村剩余劳动力,增加农民获取收入的渠道,推动城乡融合发展。

表6　　　　　　　　　检验产业结构升级中介效应

变量	(1)	(2)	(3)
	城乡融合	产业升级	城乡融合
数字普惠金融	0.1637***	8.2399***	0.1213***
	(5.28)	(3.90)	(4.16)
产业升级			0.0052***
			(16.44)
_cons	0.1871***	-0.9733***	0.1921***
	(35.86)	(-2.74)	(39.24)
控制变量	控制	控制	控制
个体效应	控制	控制	控制
时间效应	控制	控制	控制
样本量	2208	2208	2208
R^2	0.5414	0.0619	0.5981
F值	146.76***	7.10***	162.47***

(二)异质性分析

1. 结构效应。数字普惠金融指数中不同维度指数所关注的问题不一样,因此本文有必要分维度考虑数字普惠金融对城乡融合的结构性影响(见表7)。

表7　　　　　　检验数字普惠金融影响城乡融合的结构效应

变量	(1)	(2)	(3)	(4)	(5)	(6)
	城乡融合	城乡融合	城乡融合	城乡融合	城乡融合	城乡融合
覆盖广度	0.1217***	0.0262				
	(3.07)	(0.80)				
使用深度			0.1602***	0.0654***		
			(6.74)	(3.36)		
数字化程度					0.0576***	0.0318***
					(6.65)	(4.52)

续表

变量	(1) 城乡融合	(2) 城乡融合	(3) 城乡融合	(4) 城乡融合	(5) 城乡融合	(6) 城乡融合
控制变量	不控制	控制	不控制	控制	不控制	控制
个体效应	控制	控制	控制	控制	控制	控制
时间效应	控制	控制	控制	控制	控制	控制
样本量	2208	2208	2208	2208	2208	2208
R^2	0.2765	0.5349	0.2897	0.5375	0.2893	0.5397
F 值	307.39 ***	143.94 ***	332.66 ***	148.36 ***	411.41 ***	151.87 ***

表7的第（1）列、第（3）列、第（5）列没有加入控制变量，第（2）列、第（4）列、第（6）列加入控制变量。除覆盖广度加入控制变量后拟合系数不显著外，其余拟合系数均显著为正。由此可见，数字普惠金融的结构效应中，使用深度和数字化程度能显著促进城乡融合发展，而覆盖广度无显著促进效果。可能的原因是数字普惠金融使用深度维度，其投资、保险和信贷业务，能够缓解在传统金融机构提供融资、办理业务存在的约束，为农业农村的发展提供便利。货币基金业务较传统储蓄收益提高了农村和城市居民的理财回报，缩小城乡间的收入，这些无疑促进了城乡融合发展。数字化程度，在数字化技术的支持下金融服务的成本大大降低，切实降低了农村居民获得金融服务的门槛，其便利性和实惠化为农村居民带来诸多好处。另外，数字化程度带来的信用化，在某种程度上有助于提升农村居民的信用意识和数字意识，这些也为城乡之间的资本流动打下坚实基础。

2. 区域异质性。中国幅员辽阔，地区之间面临发展不平衡不充分的问题突出，数字普惠金融和城乡融合的发展水平也高低不同。那么，一个随之而来的问题是，数字普惠金融对城乡融合的影响是否继而产生显著的差异？为了回答这个问题，本文通过引入东部、中部和西部①以及大城市、中等城市、小城市②虚拟变量，生成数字普惠金融和地区的交乘项；考虑到多重共线性

---

① 东、中、西部地区分类原则为：东部地区城市主要包括以北京、天津、河北、辽宁、吉林、黑龙江、山东、江苏、上海、浙江、福建、广东、海南在内的地级市，中部地区城市主要包括以内蒙古自治区、山西、河南、安徽、湖北、江西、湖南在内的地级市，西部地区城市主要包括以四川、云南、贵州、重庆、陕西、甘肃、青海、新疆维吾尔自治区、宁夏回族自治区、广西壮族自治区在内的地级市（西藏自治区数据缺失）。

② 大、中、小城市以2018年各城市GDP大小排名三等分定义。

问题,本文在东、中、西部区域异质性检验中,控制东部和中部虚拟变量,在大、中、小城市区域异质性检验中控制大城市和中等城市虚拟变量,采用同样方法估计(见表8)。

表8　　检验数字普惠金融影响城乡融合的区域异质性

变量	(1)城乡融合	(2)城乡融合
数字普惠金融*东部	0.1629*** (5.26)	
数字普惠金融*中部	0.1384*** (4.52)	
数字普惠金融*西部	0.1149*** (3.64)	
东部	0.0873*** (12.20)	
中部	0.0169*** (4.19)	
数字普惠金融*大城市		0.1570*** (5.11)
数字普惠金融*中城市		0.1252*** (4.00)
数字普惠金融*小城市		0.1126*** (3.55)
大城市		0.1076*** (12.00)
中城市		0.0116** (2.54)
_coms	0.1557*** (29.98)	0.1643*** (29.46)
控制变量	控制	控制
个体效应	控制	控制
时间效应	控制	控制
样本量	2208	2208
R^2	0.5579	0.5519

表 8 中，第（1）列反映东部、中部和西部的地区估计结果，结果显示，无论何种地区，数字普惠金融均显著促进城乡融合的发展。从影响系数来看，东部地区数字普惠金融对城乡融合的改善效果最强，中部次之，西部最低。表 8 第（2）列反映大城市、中等城市和小城市的估计结果，结果显示，无论哪种等级的城市，数字普惠金融均显著促进城乡融合的发展。从影响系数来看，大城市数字普惠金融对城乡融合的改善效果最强，中等城市次之，小城市最低。可能的原因是数字普惠金融利用数字化技术对传统金融进行延续性创新，数字基础设施和传统金融不可避免地影响到数字普惠金融的发展。经济发达地区，传统金融网点覆盖面更广，数字技术普及率和使用率较高，数字基础设施较完善，有着更多的数字技术人才支撑。从数字金融的发展实践中看到，发展领先的金融科技巨头都位于浙江、上海、北京、广东等发达地区。相比之下，欠发达地区数字普惠金融的发展较为落后，数字普惠金融的使用程度和接受程度要小于发达地区。因此，发达地区的数字普惠金融改善城乡融合的效果要强于欠发达地区。

六、结论与政策建议

重塑城乡关系，走城乡融合发展之路是乡村振兴的必由之路。城乡融合的关键在于解决城乡之间要素流动的梗阻，而数字普惠金融能够突破传统金融的时空限制，以较低的成本搜索和信息传递引导城市中劳动力、资本等各类资源要素流向农村目标产业，促进农村经济的发展，提高农民收入水平，改善农民生活质量进而促进城乡融合。本文从影响城乡融合发展的问题出发，结合现有理论研究与实践经验归纳出数字普惠金融助推城乡融合的主要影响机制；同时，基于中国 2011—2018 年 276 个城市面板数据，实证检验了数字普惠金融对城乡融合的影响，研究结果表明：第一，中国数字普惠金融的发展整体上能显著改善城乡融合，进一步研究发现，结构效应中使用深度、数字化程度均能显著促进城乡融合发展；第二，从区域上看，发达地区数字普惠金融对城乡融合的改善效果强于欠发达地区；第三，数字普惠金融通过要素流动、科技创新、产业结构升级间接提升城乡融合发展水平。

基于此，本文提出四点政策建议。第一，政府在推动农村数字普惠金融的发展上要持续发力，加强数字基础设施建设以及数字普惠金融宣传力度；

给予提供数字普惠金融服务的相关机构和企业税收优惠;支持金融科技企业不断创新数字普惠金融产品和服务模式以精准解决农村经济发展中的痛点;推动数字普惠金融的使用广度和数字化程度发展,充分释放其在促进城乡融合发展的"数字红利"作用。第二,政府协同金融机构和金融科技企业等主体,推进中西部地区和中小城市乡村信用体系建设,提高中西部地区和中小城市居民数字普惠金融素养,使其掌握数字普惠金融工具的使用;加大欠发达地区财政支持政策,改善欠发达地区数字普惠金融发展环境,缩小区域间"数字鸿沟"。第三,政府需要积极推动建立城市地区科技、教育、医疗等方面人才定期到农村相关部门交流服务的机制;继续深化"放管服"改革,鼓励资本下乡、乡贤返乡、市民下乡以开展产业结构升级、人居环境整治和农村基础设施建设;支持农业企业开展科技研发活动,充分调动各方面力量参与农业科技研究推广与应用的积极性,提升农业绿色发展水平。第四,农村地区应积极承接城市的产业转移,加强城乡产业协同,充分释放城市与农村间产业联动为城乡融合发展带来的巨大动能。

参考文献

[1] 方创琳. 城乡融合发展机理与演进规律的理论解析 [J]. 地理学报, 2022 (4).

[2] 李兰冰,高雪莲,黄玖立. "十四五"时期中国新型城镇化发展重大问题展望 [J] 管理世界, 2020 (11).

[3] 宋晓玲. 数字普惠金融缩小城乡收入差距的实证检验 [J]. 财经科学, 2017 (6).

[4] 星焱. 农村数字普惠金融的"红利"与"鸿沟" [J]. 经济学家, 2021 (2).

[5] Classens S., and Feijen E. Finance and Hunger: Empirical Evidence of the Agricultural Productivity Channel [J]. World Bank Publications, 2006.

[6] 陈啸,陈鑫. 普惠金融数字化对缩小城乡收入差距的空间溢出效应 [J]. 商业研究, 2018 (8).

[7] 黄倩,李政,熊德平. 数字普惠金融的减贫效应及其传导机制 [J]. 改革, 2019 (11).

[8] 刘锦怡, 刘纯阳. 数字普惠金融的农村减贫效应: 效果与机制 [J]. 财经论丛, 2020 (1).

[9] 易行健, 周利. 数字普惠金融发展是否显著影响了居民消费——来自中国家庭的微观证据 [J]. 金融研究, 2018 (11).

[10] 谢家智, 吴静茹. 数字金融、信贷约束与家庭消费 [J]. 中南大学学报（社会科学版）, 2020 (2).

[11] 周佳宁, 秦富仓, 刘佳, 等. 多维视域下中国城乡融合水平测度、时空演变与影响机制 [J]. 中国人口·资源与环境, 2019 (9).

[12] 潘爽, 叶德珠, 叶显. 数字金融普惠了吗——来自城市创新的经验证据 [J]. 经济学家, 2021 (3).

[13] 李春涛, 闫续文, 宋敏, 等. 金融科技与企业创新——新三板上市公司的证据 [J]. 中国工业经济, 2020 (1).

[14] 吴庆田, 朱映晓. 数字普惠金融对企业技术创新的影响研究——阶段性机制识别与异质性分析 [J]. 工业技术经济, 2021 (3).

[15] 谢绚丽, 沈艳, 张皓星, 等. 数字金融能促进创业吗？——来自中国的证据 [J]. 经济学（季刊）, 2018 (4).

[16] 杜金岷, 韦施威, 吴文洋. 数字普惠金融促进了产业结构优化吗？ [J]. 经济社会体制比较, 2020 (6).

[17] 杨晶, 邓大松, 申云. 产业结构升级、财政支农与城乡居民收入差距 [J]. 经济问题探索, 2018 (7).

[18] 王颖, 孙平军, 李诚固, 等. 2003年以来东北地区城乡协调发展的时空演化 [J]. 经济地理, 2018 (7).

[19] 周江燕, 白永秀. 中国省域城乡发展一体化水平: 理论与测度 [J]. 中国农村经济, 2014 (6).

[20] 陈钊, 陆铭. 从分割到融合: 城乡经济增长与社会和谐的政治经济学 [J]. 经济研究, 2008 (1).

[21] 黄光宇, 陈勇. 生态城市理论与规划设计方法 [M]. 北京: 科学出版社, 2002.

[22] Mackinnon R. I. Money and Capital in Economic Development [M]. Washington. D. C.: The Brookings Institution, 1973.

[23] 汪亚楠, 谭卓鸿, 郑乐凯. 数字普惠金融对社会保障的影响研究 [J]. 数量经济技术经济研究, 2020 (7).

[24] 张彰, 郑艳茜, 李王姣. 财政分权、政府行为绿色全要素生产率的增长 [J]. 财经论丛, 2020 (3).

[25] 邓金钱, 何爱平. 政府主导、地方政府竞争与城乡收入差距——基于面板分位数模型的经验证据 [J]. 中国人口科学, 2017 (6).

[26] 陈磊, 胡立君, 何芳. 要素流动、市场一体化与经济发展——基于中国省级面板数据的实证研究 [J]. 经济问题探索, 2019 (12).

[27] 白俊红, 王钺, 蒋伏心, 等. 研发要素流动、空间知识溢出与经济增长 [J]. 经济研究, 2017 (7).

[28] 王如玉, 王志高, 梁琦, 等. 金融集聚与城市层级 [J]. 经济研究, 2019 (11).

[29] 袁航, 朱承亮. 国家高新区推动了中国产业结构转型升级吗 [J]. 中国工业经济, 2018 (8).

[30] 胡晶晶, 黄浩. 二元经济结构、政府政策与城乡居民收入差距 [J]. 财贸经济, 2013 (4).

[31] 傅秋子, 黄益平. 数字金融对农村金融需求的异质性影响——来自中国家庭金融调查与北京大学数字惠普金融指数的证据 [J]. 金融研究, 2018 (11).

[32] 杜传忠, 张远. "新基建"背景下数字金融的区域创新效应 [J]. 财经科学, 2020 (5).

[33] 黄益平, 黄卓. 中国的数字金融发展: 现在与未来 [J]. 经济学（季刊）, 2018 (4).

第4篇
国家金融风险防范

第4篇　国家金融风险防范

主动承担社会与环境责任是否降低了银行风险

丁　攀　李　凌　曾建中[①]

摘要：以较早承诺采纳赤道原则的兴业银行和江苏银行作为独立实验组，通过合成控制法分别构造了与之相匹配的独立对照组样本，采用非线性双重差分模型探讨商业银行在承担社会与环境责任过程中面临的风险问题。实证结果显示，商业银行承担社会与环境责任可以显著降低其信用风险，具体表现为不仅有效降低了商业银行的不良贷款率，还可以降低其风险加权资产占比。此外，商业银行采纳赤道原则有助于提升股价从而降低声誉风险，该发现存在经济显著性但没有通过相应的统计显著性检验。因此，相关部门有必要从更新发展理念、培养专业人才、完善信息披露、强化制度激励等方面调动商业银行履行社会与环境责任的主观能动性，从而助力构建绿色低碳循环发展经济体系。

一、引言

随着可持续发展理念的推广，各国政府对环境保护的积极干预和公众环境意识的逐步提高，使得承担社会与环境责任逐渐成为衡量现代企业的重要标准之一，体现了企业共同的价值取向与追求。将可持续发展理念应用于金融机构层面，源于2003年花旗银行、荷兰银行、巴克莱银行等十家金融机构定制的用于决定、衡量及管理社会与环境风险的非强制性准则即所谓的赤

[①] 作者简介：丁攀（1984— ），男，中国（海南）改革发展研究院博士后工作站在站博士后，供职于中国人民银行海口中心支行，高级经济师，金融学博士，研究方向为绿色金融、转型金融、气候转型风险；李凌（1994— ），女，经济师，理学硕士，供职于中国人民银行海口中心支行，研究方向为绿色金融；曾建中（1972— ），男，广西财经学院会计与审计学院副教授，应用经济学博士后，研究方向为宏观经济与金融理论。

道原则。在过去的近 20 年中，赤道原则已经逐渐发展成为国际金融机构对社会与环境风险进行管理的行业标准，承诺采用赤道原则的金融机构数量也在稳步增长。截至目前全球超过 37 个国家约 100 余家金融机构宣布采用赤道原则，覆盖了发展中国家与新兴市场 70% 以上的项目融资份额。2020 年 7 月 1 日，新版的赤道原则（EP4）正式实施，要求赤道银行进一步强化对环境和社会风险的把控，主动适应《巴黎协定》、国家自主贡献（NDCs）以及气候相关财务信息披露工作组（TCFD）等国际减排目标。

从国内商业银行实践看，以低碳金融角度重新审视经营理念、优化资源配置，将环境保护、履行社会责任纳入业务流程与否等作为衡量经营成效重要标准的理念逐渐兴起。社会舆论也越来越多开始关注环境问题，对社会和环境风险进行控制与管理已经成为商业银行的一项重要社会责任。赤道原则严格要求承诺银行遵从发展战略、管理构架、低碳运营、绿色业务管理全覆盖等一系列披露标准与实践，然而，国内商业银行在践行 ESG 过程中仍存在较大的差距。自 2008 年兴业银行成为国内首家承诺采用赤道原则的商业银行以来，截至 2021 年末，全国仅有 9 家商业银行宣布采纳赤道原则。在采纳赤道原则的银行机构中，除了兴业银行为全国股份制商业银行外，其余 8 家均为地方性中小银行，大型国有商业银行与其他股份制商业银行仍迟迟未见承诺行动，其背后原因值得深思。一方面，现阶段绿色项目的投资金额大、还款周期长，且绿色企业信息披露不完善等综合因素制约了绿色金融的高质量发展，特别是绿色企业生产活动专业性高、信息量大，对应该披露什么信息或如何披露信息尚未形成统一标准，项目容易被"洗绿"或"漂绿"，这使得金融机构风险难以识别，造成绿色信贷资源配置效率较低以至于形成一定的风险敞口；另一方面，绿色低碳转型本身也会导致高碳排放的资产价值下跌，进一步增加大型商业银行对"棕色资产"的风险管理难度，对存量信贷资产质量造成较大冲击，容易加剧其信用风险、市场风险以及流动性风险（贾瑛瑛，2021[1]）。此外，金融机构履约社会与环境责任的成本相对较高，有时甚至超过了从履约活动中所获得的经济收益与声誉效益（Climent 和 Soriano，2011[2]），这也是商业银行承担社会与环境责任积极性相对不足的重要因素之一。

事实上，自国务院严控两高项目以来，特别是 2012 年原银监会出台的《绿色信贷指引》后，两高一剩企业贷款规模得到有效控制（陈琪，

2019[3]）。绿色金融政策引导商业银行支持低碳产业发展、助力建立健全绿色低碳循环经济体系成绩斐然。在碳中和成为全球发展共识的背景下，经济社会正在朝着绿色低碳发生巨大转变，降低高碳资产配置将成为商业银行应对转型风险的重要途径。此外，绿色信贷份额的提高有助于减少与棕色贷款相关的气候风险，最大限度降低信用风险，从而提升金融体系的稳健性（Oluwaseun，2020[4]）。因此，推动商业银行积极发展绿色金融，既是履行社会与环境责任、推进生态文明建设的使命担当，也是应对气候风险挑战、实现自身可持续发展的内在需要。

商业银行承诺采用赤道原则，意味着商业银行主动履约社会与环境责任，在金融资源配置上更加注重绿色低碳发展。问题是这一举措在当前政策环境背景下是否有效？对商业银行的利弊得失如何？能否降低其信用风险或有助于社会声誉的提升？这些问题的研究无论是对赤道原则在中国的有效性评价，还是对商业银行承担社会与环境责任过程中风险防范，抑或是对指引中国银行业绿色金融实践都具有重要的理论价值与现实意义。鉴于此，为了更好地落实"30·60"双碳目标，科学评估商业银行助力绿色低碳发展过程中面临的风险，有必要基于赤道银行的样本开展深入研究，从而为推动更多商业银行主动承担社会与环境责任提供经验证据。

本文的边际贡献主要体现在：首先，本文以赤道银行为研究切入点，全面评估商业银行在助力绿色低碳发展过程中面临的信用风险与声誉风险，为研究金融机构转型风险提供了新的解决思路。其次，不同于过去文献将多个实验组的政策效果进行平均化处理的做法，本文分别以国内较早采纳赤道原则的兴业银行和江苏银行为样本建立自然实验组，并基于适当性原则结合银行规模、属性特征选取相关银行样本，采用合成控制法分别构建了与之相对应的反事实控制组，以此科学反映赤道原则在不同银行之间的政策效果，拓宽了关于商业银行承担社会与环境责任风险影响的定量评估研究。最后，将采纳赤道原则的政策作为自然实验，以往的研究普遍采用双重差分模型来评估政策效果，却忽略了研究对象之间可能存在的内生性及一系列需满足的严格前提假设。本文采用了非线性双重差分（CIC）模型对相关样本数据进行检验，有效弥补了传统DID模型必须满足平行趋势（CT）假设、SUTV条件、线性形式等强假设条件的缺陷，较好地解决了研究主题潜在的内生性问题。

二、文献回顾与研究假设

(一) 文献回顾

商业银行将社会与环境责任纳入其信用风险管理最早可以追溯到20世纪80年代。根据1980年美国出台的《综合环境反应、赔偿和责任法》（又称《超级基金法》）规定，对污染物排放的有关当事人提出治理行动、治理费用、治理责任与治理义务等相关要求，一些北美商业银行不仅参与了污染企业的管理与治理（Bacow，1998[5]），还将企业的环境绩效纳入信用风险评级管理（Mckenzie和Wolfe，2004[6]；Bauer和Hann，2010[7]），从而直接推动了借款人为获得贷款支持而不得不遵守上述环境法案（Labatt和White，2002[8]）。有研究表明，将社会与环境责任纳入商业银行风险管理，虽然在某种程度上增加了相关成本，但可以提高信用风险评级的质量（Weber，2012[9]），甚至可以提高信用违约预测率（Weber等，2010[10]）。通常而言，将环境风险评估程序标准化纳入商业银行的信用评级体系可以解释为金融机构对环境金融风险的预防行动和社会责任担当（Evangelinos和Nikolaou，2009[11]；Egede和Lee，2007[12]；Coulson，2009[13]）。

过去对环境信用风险的研究大多基于交易对手的风险假设，特别是受到各种借款人特征的影响，如环境污染降低了抵押品价值，企业迫于监管压力投资环境改造导致运营成本和环境声誉等方面发生变化（Altman和Saunders，1998[14]；Caouette等，1998[15]；Saunders和Allen，2002[16]）。Dawson（1996）[17]认为，一旦贷款担保抵押的土地受到污染，不仅土地价值会大幅下降，商业银行可能还需承担借款人破产造成的污染清理责任，而这种清理成本可能是巨大的，甚至超过贷款本金或原始土地担保价值（Case，1996[18]）。如果商业银行在授信过程中忽略了借款人的环境责任风险将导致其他成本上升，甚至可能引发法律风险（Watchman，2008[19]），在声誉受损和非政府性环保组织压力的双重作用下最终形成商业银行的信用风险（Thompson，1998[20]）。因此，迫于承担污染清理责任的压力，减少环境风险带来的预期损失，商业银行在贷款业务过程中会更加注重环境风险管理（Thompson和Cowton，2004[21]）。Goss和Roberts（2011）[22]研究发现，商业银行可以利用"准内部人"的独特作用获知外部人无法获得的借款人信息，以此判断借款人环境与社会责任相关的投资是否造成风险水平发生变化。

不少学者从成本收益角度对商业银行承担社会与环境责任展开深入探讨。Heinkel 等（2001）[23]发现承担社会与环境责任的商业银行股票价格估值更高，在证券市场更受投资者青睐，这是因为声誉上带来的资产收益要远大于承担社会与环境责任的成本（Scholtens 和 Dam，2007[24]）。Wright 和 Rwabizambuga（2006）[25]认为商业银行自愿采用赤道原则的目的是为了获得社会声誉上的激励，因而容易产生逆向选择的机会主义行为，即存在一些不负责任的商业银行在承诺上免费搭便车现象。免费搭便车的商业银行只需口头承诺便可获得声誉收益却无须承担实施和合规成本（Manuel，2015[26]），这就导致实际采用者在竞争中处于劣势，"品牌价值"反而有所削弱（Sarro，2012[27]）。鉴于这种自愿性原则缺乏有效约束，故而只有强化商业银行绿色信息披露与建立绿色金融标准体系相结合，社会与环境责任承诺才能发挥应有的效用（Macve 和 Chen，2010[28]）。

综上所述，已有的文献对商业银行承担社会与环境责任的风险研究主要围绕是否会形成信用风险或声誉风险进行理论层面的探讨，但从定量角度对上述问题进行系统性回答并不多。Eisenbach 等（2014）[29]实证分析了85家赤道银行数据发现，宣布采用赤道原则显著提升银行股价，有效降低声誉风险。国内学者则更多从经营效率方面进行研究，马彧菲和杜朝运（2015）[30]使用全局主成分分析法研究兴业银行的数据显示，赤道原则短期内由于项目融资的周期被拉长导致流动性下降，但是中长期会不断优化。徐枫和马佳伟（2019）[31]采用合成控制法研究发现，短期内赤道原则会对商业银行的资本回报率产生正向影响，但是长期来看成本逐渐超过收益从而降低了资本回报率。刘昊（2021）[32]将资产质量纳入商业银行的高质量发展指标体系实证研究发现，绿色信贷业务对商业银行发展质量具有负向影响。

（二）研究假设

1. 商业银行承担社会与环境责任与信用风险的关系。环境治理和修复等绿色项目具有典型的公益性特征，同时又具有项目成本高、投资需求大、回报周期长、落地见效慢等特点，客观上对于企业的融资能力提出更高的要求。具体而言，大多数开展绿色项目创新的企业是轻资产的中小民营企业，且绿色技术项目的投资周期长达5~10年，而银行传统信贷产品的平均期限为2~3年，缺少可抵押资产和期限错配的问题导致绿色企业难以通过传统金融市场，尤其是从银行贷款渠道获得足够的融资（马骏等，2020[33]）。由于绿色创新项目的界定、标准和认证尚未完善，加之商业银行对绿色项目评估能力的相对不足，出于审慎性原则，传统商业银行一般不愿意介入这类技术型且风险较大的绿色项目贷款，这也是国内诸多商业银行不肯轻易承诺采用赤道原则的原因。因此，只有要求商业银行从内部管理环节入手，着手研究和建立自身的环境风险管理指标体系，进一步加强环境风险管理，才能有效规避因企业环保违法给商业银行带来的信用风险（曹大伟，2011[34]）。

随着世界各国对全球气候变化的逐渐重视，碳达峰、碳中和等一系列碳排放规划逐步落地，产业结构低碳化转型成为必然趋势。向低碳经济转型过渡过程中，企业可能会受到生产、销售和盈利能力变化的影响，企业信用和抵押物价值将受到影响（Basel Committee on Banking Supervision，2021[35]）。对实施赤道原则的商业银行来说，其对企业客户授信过程中严格偏好于绿色产业，企业低碳转型对其冲击有限，且得益于自身的环境风险管理能力，能够更好识别与控制企业转型过程中的信用风险。与之相对的是，未实施赤道原则的商业银行不仅要面对高碳贷款存量企业信用或抵押物价值贬值带来的贷款违约风险，还要面对部分企业绿色项目杠杆率过高、资本空转和"洗绿"等风险。基于此，本文提出假说1。

假说1：商业银行承担社会与环境责任（采用赤道原则）有助于通过其丰富的环境风险管理能力提升资产质量从而降低相应的信用风险。

2. 商业银行承担社会与环境责任与声誉风险的关系。有关商业银行是否需要承担社会与环境责任在监管上并无明确约束，因此承诺执行赤道原则被视为商业银行的一种自律行为，能够在某种程度上帮助其快速建立社会声誉，增加品牌效应与竞争力。商业银行的这种自律行为还会对同类银行产生溢出效应，如商业银行承担社会与环境责任行为在提升自身声誉的同时也引发社会公众对同类银行是否也会采取这种自律行为的关注，使得市场主体降低对那些迟迟未采取行动的商业银行的认可与预期，倒逼其采取相应的承诺措施。特别是在政府出台严格的减排政策背景下，投资者的市场情绪也正不断发生变化，商业银行积极主动承担社会与环境责任行为将得到更多投资者的关注，从而变相提高了对非赤道银行的风险溢价，导致商业银行的资产重新定价，即投资者的这种偏好变化可能通过影响持有上市银行的股票或债券价格进而影响声誉风险（Ferrell 等，2016[36]）。与此同时，具有良好社会与环境绩效的金融机构往往具有更高的创新能力（D'Orazio 和 Valente，2019[37]）、运营效率（He 等，2019[38]）和强大的风险管理能力（Cullen，2018[39]；D'Orazio 和 Popoyan，2019[40]），可以带来竞争优势并增加股东价值（Zhou 等，2022[41]），从而提高社会声誉。此外，高碳部门在向低碳转型过程中将面临更大的财务成本，使得预期收入与支出发生变化，进而导致投资者调低对持有此类棕色资产的商业银行证券价格预期。由此，本文提出假说2。

假说2：商业银行承担社会与环境责任（采用赤道原则）有助于提升其资产价格从而降低相应的声誉风险。

三、实证方法及数据说明

（一）实证方法

本文旨在探索评估商业银行在助力绿色低碳发展过程中面临的风险问题，主要基于商业银行对采纳赤道原则这一准自然实验进行效果评价。目前基于自然实验的双重差分法（Difference in difference，DID）最常被用于对政策效果进行评价。但事实上，双重差分模型却有着严格的假设，最为关键的便是共同趋势假设，即要求对照组和实验组在事前没有明显差异，否则所得到的政策效应估计结果有偏。对此，非线性双重差分模型（Change in change，CIC）则放宽了诸多严苛的前提限制。与双重差分模型相比，非线性双重差分模型有三个明显的优点：首先，非线性双重差分模型允许不可观测数据的分布以任意方式在不同组群之间变化。其次，非线性双重差分模型无须假定政策干预是外生的。如当决策者认为该项政策将产生重大影响并加以采用，此种情形同样可利用该模型进行政策效应评估。最后，非线性双重差分模型允许对照组在没有任何政策干预的情况下，随着时间的推移，可以产生与政策干预后相类似的变化。这与本文研究主题的特征相符合，即当前在"双碳"目标的驱动下，商业银行即使不采纳赤道原则也将面临着社会与环境责任的约束，从而逐步提高对绿色企业项目的支持力度。

（二）实证模型推导

本文将使用非线性双重差分模型来估计赤道原则对商业银行相关风险指

标的影响。在该模型中,用 $G_i \in \{0, 1\}$ 的集合表示实验组(1)和对照组(0),且采取赤道原则的商业银行为实验组;未采取的商业银行为对照组。模型具体如下:

首先,假设未采纳赤道原则时银行 i 的信用风险指标满足:

$$Y_i^N = h(U_i, T_i) \tag{1}$$

Y_i 代表银行 i 的相关风险指标;Y_i^N 表示银行 i 未采纳赤道原则的相关风险指标;随机变量 U_i 代表银行 i 的不可观测特征值,且在给定样本期内 $U_i = u$ 为定值并与其他银行不相关;$T_i \in \{0, 1\}$ 为是否采取赤道原则的集合(0 为未采取,1 为采取)。根据 Athey 和 Imbens(2006),其假设 $h(u, t)$ 为 u 的单调增函数;任何组间的差异在时间维度上是恒定的;$U_1 \subseteq U_0$。为了分析对照组的"反事实"及识别非线性双重差分模型,假设这些银行采纳了赤道原则,记 $Y_i^I = h^I(U_i, T_i)$,此外,记 Y^N,Y^I,Y,U 给定 g,t 时的分布函数为 $F_{Y^N,gt}$,$F_{Y^I,gt}$,$F_{Y,gt}$,$F_{U,gt}$。经类似的推导方法能得出:

$$F_{Y^N,11}(y) = F_{Y,10}(F_{Y,00}^{-1}(F_{Y,10}(y))) \tag{2}$$

其中,$F_{Y^N,11}(y)$ 的分布函数是不可观察的,而其他三个分布函数是可观测的,因此可以利用上述已知得到观测不到的 Y_{11}^N 的分布函数。

接着,根据上述分布函数提出非线性双重差分模型及该模型经推导后的平均处理效应(ATE)为:

$$K^{CIC} = F_{Y,01}^{-1}(F_{Y,00}(y)) \tag{3}$$

$$\tau^{CIC} = E[Y_{11}^I - Y_{11}^N] = E[Y_{11}^I] - E[k^{CIC}(Y_{10})]$$
$$= E[Y_{11}^I] - E[F_{Y,01}^{-1}(F_{Y,00}(Y_{10}))] \tag{4}$$

如果平均处理效应的系数为负且显著,则说明采纳赤道原则对商业银行相关风险指标有显著负向影响。此外,为能将多个未采纳赤道原则的商业银行融入到非线性双重差分模型的对照组中,本文还借鉴 Abadie 等(2010)[42]提出的合成控制法的研究思路,将未采纳赤道原则的多家商业银行通过合成控制法构造一个拟合对照组,并与采纳赤道原则的商业银行实验组样本借助非线性双重差分模型评估政策实施效果。

(三)研究对象和数据变量说明

目前国内 9 家赤道银行中,兴业银行(2008 年采纳赤道原则)与江苏银行(2017 年采纳赤道原则)较早地承诺采纳赤道原则,具有相对完整的政策实施前后的时间序列数据，因此可以用来作为实验组的研究对象。关于政策冲击点，2008 年作为兴业银行的政策冲击点，2006 年至 2007 年作为合成控制法拟合变量的时间段，2008 年至 2021 年上半年作为政策冲击的影响时间段；2017 年作为江苏银行的政策冲击点，2015 年至 2016 年作为合成控制法拟合变量的时间段，2017 年至 2021 年上半年作为政策冲击的影响时间段。基于尽可能扩大样本和适当性原则，本文选取 4 家大型商业银行、6 家股份制银行及 3 家城市商业银行共同作为兴业银行的对照组；选取 17 家城市商业银行作为江苏银行的对照组①（见表 1）。

表 1　　　　　　　　　　实验组与对照组样本银行

兴业银行（共计 13 家）		江苏银行（共计 17 家）	
时间	2006 年至 2021 年上半年	时间	2015 年至 2021 年上半年
大型商业银行	工商银行	城市商业银行	北京银行
	建设银行		宁波银行
	交通银行		南京银行
	中国银行		哈尔滨银行
股份制银行	华夏银行		天津银行
	民生银行		郑州银行
	平安银行		四川天府银行
	浦发银行		徽商银行
	招商银行		贵阳银行
	中信银行		青岛银行
城市商业银行	北京银行		九江银行
	宁波银行		齐鲁银行
	南京银行		日照银行
			杭州银行
			厦门银行
			盛京银行
			厦门国际银行

---

① 江苏银行规模与大型商业银行、股份制银行相差较大，考虑适当性原则，故仅使用城市商业银行作为对照组。

本文旨在评估商业银行采纳赤道原则对自身的信用风险与声誉风险所产生的影响，本文将不良贷款率和股价波动分别作为反映信用风险与声誉风险的结果变量，为了确保拟合效果及实证结果的稳健性，本文在模型中加入了销售净利润、资本充足率、贷存比、流动性比率、总资产、总负债等相关指标作为控制变量。银行半年报、年报财务数据来源于 Wind 数据库。具体变量定义与计算见表2。

表2　　　　　　　　　　主要变量及计算方法

变量名称	变量符号	计算方法
不良贷款率	BLR	不良贷款余额/各项贷款余额
股价	Price	股票价格的算术平均值
资产回报率	ROA	净利润/平均资产
销售净利率	PRR	净利润/营业收入
资本充足率	CAR	（总资本－对应资本扣减项）/风险加权资产
贷存比	LDR	贷款总额/存款总额
流动性比率	ALR	流动性资产余额/流动性负债余额
总资产对数	LA	总资产的自然对数值
总负债对数	LL	总负债的自然对数值

四、回归结果及分析

（一）合成控制法拟合对照组

本文采用 Stata 软件基于合成控制法的运算分别拟合构成出兴业银行对照组、江苏银行对照组相关商业银行对应的权重组合[①]，并进一步检验对照组的拟合效果。

表3给出了2008年采纳赤道原则之前真实兴业银行与兴业银行对照组的预测变量平均值之差的绝对数值。相差的绝对值数值越小，表明拟合效果越好。从表中可以得出，2008年前真实兴业银行与兴业银行对照组的预测变量平均值十分相近，尤其是预测变量资产回报率（ROA）、资本充足率

---

① 因篇幅所限，对照组各变量的具体权重分布留存备索。

（CAR）和总负债对数（LL）。因此，采用合成控制法得出的拟合兴业银行对照组可以很好拟合在2008年采纳赤道原则之前真实兴业银行结果变量的特征，由此确保了采纳赤道原则之后结果的准确性。

表3 兴业银行2008年前真实与对照组的预测变量平均值之差的绝对数值

预测变量＼结果变量	BLR	ROA	PRR	CAR	LDR	LA	LL
不良贷款率（BLR）	—	0.00	0.03	0.00	0.01	0.00	0.01
资产回报率（ROA）	0.00	—	0.00	0.00	0.00	0.00	0.00
销售净利率（PRR）	0.03	0.04	—	0.07	0.08	0.04	0.02
资本充足率（CAR）	0.00	0.00	0.00	—	0.00	0.01	0.01
贷存比（LDR）	0.00	0.01	0.06	0.05	—	0.00	0.04
流动性比例（ALR）	0.04	0.03	0.14	0.00	0.08	0.00	0.00
总资产对数（LA）	0.00	0.02	0.01	0.00	0.00	—	0.00
总负债对数（LL）	0.01	0.00	0.00	0.00	0.00	0.00	—

表4给出了2017年采纳赤道原则之前真实江苏银行与江苏银行对照组的预测变量平均值之差的绝对数值。从表中可以得出，2017年前真实江苏银行与江苏银行对照组的预测变量平均值十分相近，尤其是预测变量不良贷款率（BLR）、资产回报率（ROA）和资本充足率（CAR）。因此，采用合成控制法得出的拟合江苏银行对照组可以很好拟合在2017年采纳赤道原则之前真实江苏银行结果变量的特征。

表4 江苏银行2017年前真实与对照组的预测变量平均值之差的绝对数值

预测变量＼结果变量	BLR	ROA	PRR	CAR	LDR	LA	LL
不良贷款率（BLR）	—	0.00	0.00	0.00	0.00	0.00	0.00
资产回报率（ROA）	0.00	—	0.00	0.00	0.00	0.00	0.00
销售净利率（PRR）	0.01	0.00	—	0.00	0.02	0.03	0.02
资本充足率（CAR）	0.01	0.01	0.01	—	0.00	0.01	0.01
贷存比（LDR）	0.02	0.01	0.00	0.00	—	0.04	0.01
流动性比例（ALR）	0.07	0.03	0.06	0.06	0.03	0.09	0.08
总资产对数（LA）	0.17	0.20	0.19	0.18	0.53	—	0.00
总负债对数（LL）	0.18	0.20	0.19	0.18	0.54	0.01	—

（二）非线性双重差分法结果分析

1. 商业银行承担社会与环境责任对信用风险的影响。图1给出了"拟合兴业银行对照组1"（虚线）与"真实兴业银行1"（实线）的不良贷款率情况，竖线表示采纳赤道原则年份。从中可以看出两者在采纳赤道原则前均呈现下降趋势，且差距不大。采纳赤道原则后，"拟合兴业银行对照组1"与"真实兴业银行1"出现不同的走势：2008—2017年"真实兴业银行1"的不良贷款率明显低于"拟合兴业银行对照组1"；2018—2019年"真实兴业银行1"的不良贷款率稍微高些，随后在2020年出现下降趋势。

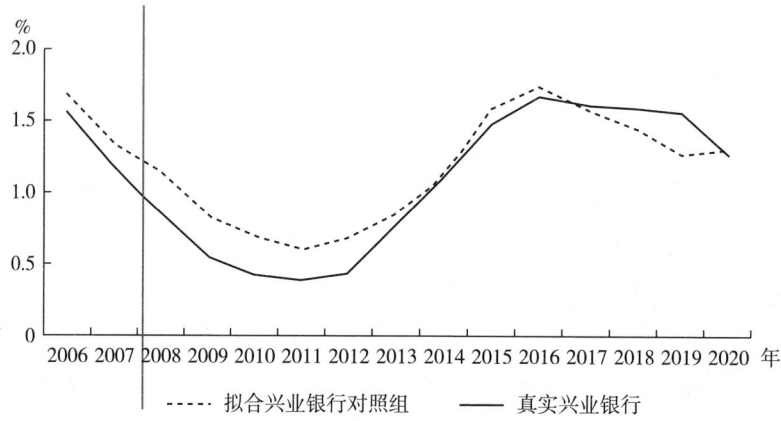

图1 "拟合兴业银行对照组1"与"真实兴业银行1"的不良贷款率

同理可分析江苏银行组别的变化趋势。图2给出了"拟合江苏银行对照组1"（虚线）与"真实江苏银行1"（实线）的不良贷款率情况，竖线表示采纳赤道原则年份。从中可以看出两者在采纳赤道原则前两者均平缓，且差距不大。采纳赤道原则后，"拟合江苏银行对照组1"与"真实江苏银行1"出现差异："真实江苏银行1"的不良贷款率明显低且平缓，到2020年有急速下滑趋势；而"拟合江苏银行对照组1"的不良贷款率明显高且波动性强，在2020年同样呈现下滑趋势。

表5给出了采用非线性双重差分模型对"拟合兴业银行对照组1"与"真实兴业银行1"以及对"拟合江苏银行对照组1"与"真实江苏银行1"的不良贷款率的回归结果。对于兴业银行，基于非线性双重差分模型的估计，加入控制变量平均处理效应τ^{CIC}的系数为-0.20，且在10%的显著性水

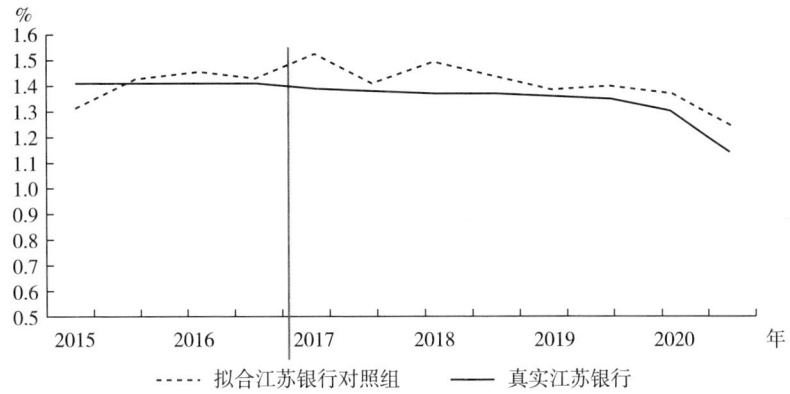

图 2 "拟合江苏银行对照组 1"与"真实江苏银行 1"的不良贷款率

平上显著。这表明,通过合成控制法形成的"拟合兴业银行对照组 1"来验证兴业银行采纳赤道原则对不良贷款率的影响是负向显著的。对于江苏银行,加入控制变量平均处理效应 τ^{CIC} 的系数为 −0.04,且在 10% 的显著性水平上显著。这表明,通过合成控制法形成的"拟合江苏银行对照组"来验证江苏银行采纳赤道原则对不良贷款率的影响也是负向显著的。由此可见,商业银行主动承担社会与环境责任有助于降低其信用风险,假设 1 得证。

表 5 兴业银行与江苏银行非线性双重差分模型对不良贷款率的回归结果

BLR	兴业银行		江苏银行	
	(1)	(2)	(3)	(4)
τ^{CIC}	−0.07	−0.20*	−0.02	−0.04*
	(0.11)	(0.11)	(0.03)	(0.02)
ROA		−0.31*		−0.05
		(0.17)		(0.04)
CAR		−1.37*		0.84
		(0.72)		(0.60)
LDR		0.33		−0.05
		(0.43)		(0.29)
PRR		−1.06**		−0.25
		(0.48)		(0.20)

续表

BLR	兴业银行		江苏银行	
	(1)	(2)	(3)	(4)
LA		14.51		-10.33
		(9.61)		(8.96)
LL		-14.22		10.26
		(9.75)		(9.13)
N	60	60	24	24
控制变量	否	是	否	是
个体控制	是	是	是	是

注：*、**、*** 分别表示在10%、5%、1%水平下显著，括号内为标准差。

2. 商业银行承担社会与环境责任对声誉风险的影响。在衡量商业银行的声誉风险指标方面，本文借鉴 Heinkel 等（2001）、Sarro（2012）的研究思路，首先采用股价指标来反映其采纳赤道原则后的市场波动情况。图3给出了"拟合兴业银行对照组2"（虚线）与"真实兴业银行2"（实线）的股价情况，竖线表示采纳赤道原则年份。从中可以看出两者在采纳赤道原则前均先呈现下降趋势，且差距不大。采纳赤道原则后，"拟合兴业银行对照组2"与"真实兴业银行2"上下波动走势相近，但2013年之前"真实兴业银行2"的股价明显高于"拟合兴业银行对照组2"，随后稍低于"拟合兴业银行对照组2"。

同理可分析江苏银行组别的变化趋势。图4给出了"拟合江苏银行对照组2"（虚线）与"真实江苏银行2"（实线）的股价情况，竖线表示采纳赤道原则年份。从中可以看出两者在采纳赤道原则前两者均下滑，"真实江苏银行2"股价高些。采纳赤道原则后，"真实江苏银行2"的股价依旧高些且跌宕波动，2017—2018年上升随后下降，2019年又上升；而"拟合江苏银行对照组2"的股价2017—2019年下降随后亦上升。

表6给出了采用非线性双重差分模型对"拟合兴业银行对照组2"与"真实兴业银行2"以及对"拟合江苏银行对照组2"与"真实江苏银行2"的股价的回归结果。从回归结果可以看出，无控制变量的回归结果兴业银行

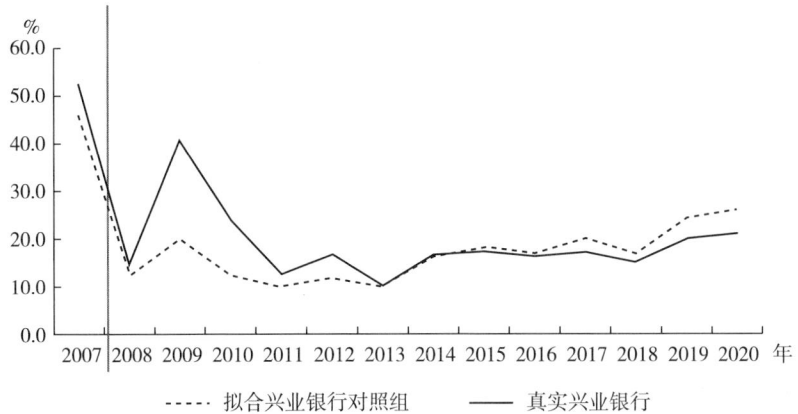

图 3 "拟合兴业银行对照组 2"与"真实兴业银行 2"的股价波动

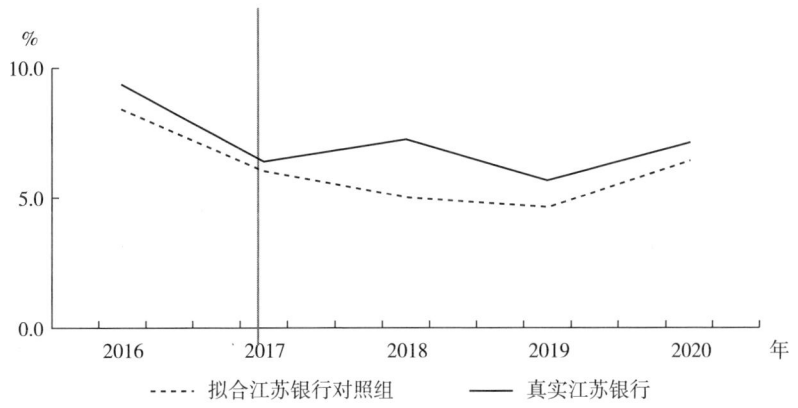

图 4 "拟合江苏银行对照组 2"与"真实江苏银行 2"的股价波动

及江苏银行的平均处理效应 τ^{CIC} 的系数分别达到 0.12 和 0.04,在加入控制变量后上述两家银行的平均处理效应 τ^{CIC} 的系数虽均为 0.08,但统计结果并不显著。这表明,通过合成控制法形成的拟合对照组来验证兴业银行及江苏银行采纳赤道原则对股价的影响存在经济显著为正,但当不考虑统计显著问题上特别是在考虑潜在收益和成本时,经济显著可能更重要(吴小康,2019[43]),因此可以认为商业银行采用赤道原则在一定程度上有助于提升股价从而降低其声誉风险,假说 2 部分得证。

表6　兴业银行与江苏银行非线性双重差分模型对股价的回归结果

Price	兴业银行		江苏银行	
	(1)	(2)	(3)	(4)
τ^{CIC}	0.12 (0.14)	0.08 (0.11)	0.04 (0.09)	0.08 (0.28)
BLR		0.08 (0.13)		-4.20 (3.80)
ROA		-0.05 (0.11)		-0.14 (0.24)
CAR		0.74 (0.97)		-1.23 (1.32)
LDR		1.51** (0.61)		-0.02 (1.92)
PRR		-0.38 (0.43)		-1.28 (0.97)
LA		4.41** (1.98)		-3.72 (6.90)
LL		-4.84 (2.02)		1.83 (1.04)
N	58	58	22	22
控制变量	否	是	否	是
个体控制	是	是	是	是

注：*、**、*** 分别表示在10%、5%、1%水平下显著，括号内为标准差。

五、稳健性检验①

（一）替换指标变量法

为验证采纳赤道原则对商业银行信用风险指标的影响效果，本文采用风

---

① 因篇幅所限，相关稳健性检验结果留存备索。

险加权资产相关指标①加以替代并重新进行计量回归。鉴于数据的完整可得性，对于兴业银行，本文使用风险加权资产/总资产（RAA）来替代前文的不良贷款率；对于江苏银行，本文将风险加权资产/总贷款（RAL）作为不良贷款率的替代性指标②。按照之前步骤重新计算得到兴业银行或江苏银行的新拟合对照组，进而用其与新真实兴业银行或新真实江苏银行通过非线性双重差分模型进行回归分析。加入控制变量前后，兴业银行组别的平均处理效应 τ^{CIC} 的系数分别为 -1.74 和 -1.78，且均通过 1% 的显著性检验。同理，在江苏银行组别中，纳入控制变量前后相对应的平均处理效应 τ^{CIC} 的系数同样高度显著为负。综上所述，采用不同信用风险指标得出与前文相一致的结论，进一步说明采纳赤道原则对商业银行信用风险指标有负向作用的结果是稳健的。

（二）安慰剂检验

为了检验真实兴业（江苏）银行与拟合兴业（江苏）银行的相关风险指标在采纳赤道原则后出现的差异是源于采纳了赤道原则而不是其他因素引起。本文采用安慰剂检验方法（Placebo Test）对上文实证结论作进一步确证。该方法基本思路是：在参照组中选取没有采纳赤道原则的银行样本，假设与兴业（江苏）银行在相同年份上采纳了赤道原则并利用合成控制法对其进行与前文同样的数据处理，若得出的实证结果与前文基本一致，则说明银行风险状况变化并非源于所采纳的赤道原则；反之则说明研究结论是稳健的。借鉴王利辉和刘志红（2017）[44]的研究思路，选择安慰剂对象的标准是构成合成实验组权重最大的商业银行。从回归结果来看，在对兴业银行样本组的安慰剂检验中，权重大的民生银行、招商银行、平安银行的不良贷款率的平均处理效应 τ^{CIC} 的系数均不显著；在对江苏银行样本组的安慰剂检验中，权重较大的杭州银行的平均处理效应 τ^{CIC} 的系数也不显著。这说明商业银行采纳赤道原则显著降低信用风险这一结论是稳健的。

---

① 风险加权资产的测评由银行的资产组合中各项资产中的信用风险暴露以及这些信用风险暴露在未来带来信贷损失的可能性两方面因素决定。

② 若使用风险加权资产/总贷款（RAL）风险指标，对照组只有 17 家城市商业银行数据可得。

六、结论与建议

本文以兴业银行和江苏银行两家较早承诺采纳赤道原则的商业银行作为研究样本,通过合成控制法构造相应的对照组样本,采用非线性双重差分模型,实证研究了商业银行在承担社会与环境责任过程中面临的风险问题,并得到以下结论:一是商业银行承担社会与环境责任可以显著降低其信用风险。无论是兴业银行还是江苏银行作为实验组样本,采纳赤道原则对不良贷款率的影响均显著为负。二是商业银行承担社会与环境责任对声誉风险有所影响,采纳赤道原则的兴业银行和江苏银行仅在经济意义上有助于提升自身股票价格从而降低声誉风险。上述研究结论经一系列稳健性检验后仍然成立,这表明商业银行风险状况的变化确实是源于实验样本银行采纳赤道原则而并非是其他潜在因素。

随着绿色低碳理念的逐渐兴起,越来越多的商业银行逐渐意识到履行社会与环境责任的重要性,但目前环境保护的公益性与金融行业的盈利性相互冲突、商业银行与投资者之间存在信息不对称、商业银行内部缺乏社会与环境风险管理的高层次人才、绿色金融业务形式比较单一等问题导致商业银行履行社会与环境责任不足。鉴于此,本文提出以下四个建议。

一是树立社会与环境责任意识,积极践行赤道原则。商业银行应更新观念,将绿色发展理念融入内部治理,建立和完善绿色项目融资社会与环境风险的组织框架,明确责任部门和职能范围。健全绿色项目融资制度体系,有效开展融资项目社会与环境风险的评估,不断完善项目风险分类标准,进一步规范融资项目审批流程等。加强对融资项目贷后的风险监测,对融资资金使用、项目进展进行持续关注。

二是注重专业人才培养,推动绿色金融创新。加强绿色金融人才队伍建设,加大对环保、金融等领域复合型人才的引进,培养出了解绿色技术、熟悉绿色项目业务模式的信贷和客户管理队伍,另外可以适当聘请社会和环境学者或行业环保专家充当外部顾问,在必要时提出专业意见和建议,并对融资过程中的环境评估报告、行动计划等文件进行独立审查。在绿色金融创新方面,商业银行应积极创新绿色金融工具,加快建立多元化绿色金融服务体系,引导资金流向绿色产业,缓解绿色项目创新企业融资难的现状。全国碳排放交易体系已于 2017 年底正式启动，正处于政策制定和基础建设中，目前全国碳排放交易制度明确碳排放配额具有部分可交易性，商业银行可基于此创新绿色金融产品质押担保方式，丰富和优化绿色金融产品服务体系。

三是构建信息披露平台，完善信息披露机制。构建政金企一体化信息披露平台，形成有效的信息联通机制。政府部门应及时公布环境保护方面的行业标准和政策，创造良好的融资环境。企业应通过年报等渠道主动披露自身环境污染成本，绿色信贷资金走向，并及时将环保处罚信息对外公告，为商业银行的贷款和投资决策提供依据。商业银行每年应通过社会责任报告主动披露绿色融资规模、绿色项目数量，客观全面评价绿色融资的执行情况和成效，公布与社会环境有关的重大决策信息，降低其与投资者之间的信息不对称，抑制逆向选择的机会主义行为，保持自身的市场竞争优势。

四是建立绿色激励机制，促进绿色产业发展。在政府层面，政府部门可通过减免税收、财政贴息等措施来调动商业银行提供绿色项目的积极性，减少其履行社会与环境责任的成本。同时出台相关政策扶持节能环保型绿色产业，对绿色产业提供政策性的支持，引导企业更加注重绿色低碳转型，推动产业结构绿色化转型。商业银行也可对绿色产业项目给予一定的贷款优先权，加大对节能环保、清洁能源等产业的贷款支持，通过信贷杠杆促使企业更加注重环境保护。

参考文献

[1] 贾瑛瑛. 双碳目标下商业银行的着力点 [J]. 中国金融，2021 (19).

[2] Climent F., and Soriano P. Green and Good? The Investment Performance of US Environmental Mutual Funds [J]. Journal of Business Ethics, 2011, Vol. 103, No. 2: 275 - 287.

[3] 陈琪. 中国绿色信贷政策落实了吗——基于"两高一剩"企业贷款规模和成本的分析 [J]. 当代财经，2019 (3).

[4] Oluwaseun J O. Climate Change, Credit Risk and Financial Stability [J/OL]. Banking and Finance, 2020. https：//doi. org/ 10. 5772/intechopen. 93304.

[5] Bacow L S. Risk Sharing Mechanisms for Brownfields Redevelopment [J]. Paper Presented at the Annual Convention of the American - Society - of - Civil - Engineers, Boston, 1998.

[6] Labatt S. , and White R. R. Environmental Finance: A Guide to Environmental Risk Assessment and Financial Products [M]. New York: John Wiley & Sons, 2002.

[7] McKenzie G, and Wolfe S. The Impact of Environmental Risk on the UK Banking Sector [J]. Applied Financial Economics, 2004, Vol. 14, No. 14: 1005 – 1016.

[8] Bauer R, and Hann D. Corporate Environmental Management and Credit Risk [M]. SSRN Working Paper, 2010.

[9] Weber O. Environmental Credit Risk Management in Banks and Financial Service Institutions [J]. Business Strategy and the Environment, 2012, Vol. 21, No. 4: 248 – 263.

[10] Weber O. , Scholz R. W. , and Michalik G. Incorporating Sustainability Criteria into Credit Risk Management [J]. Business Strategy and the Environment, 2010, Vol. 19, No. 1: 39 – 50.

[11] Evangelinos K. I. , and Nikolaou I. E. Environmental Accounting and the Banking Sector: A Framework for Measuring Environmental Financial Risks [J]. International Journal of Services Sciences, 2009, Vol. 2, No. 4: 128 – 145.

[12] Egede T, and Lee R. Bank Lending and the Environment: not Liability but Responsibility [J]. The Journal of Business Law December, 2007, Vol. 15: 868 – 883.

[13] Culson A. B. How should Banks Govern the Environment? Challenging the Construction of Action versus Veto [J]. Business Strategy and the Environment, 2009, Vol. 18, No. 3: 149 – 161.

[14] Altman E. I. , and Saunders A. Credit Risk Measurement: Developments over the Last 20 Years [J]. Journal of Banking and Finance, 1998, Vol. 21, No. 11 – 12: 1721 – 1742.

[15] Caouette J. B. , Altman E. I. , and Narayanan P. Managing Credit Risk: the Next Great Financial Challenge [M]. New York: Wiley, 1998.

[16] Saunders A. , and Allen L. Credit Risk Measurement – New Approaches to Value at Risk and Other Paradigms [M]. New York: John Wiley & Sons, 2002.

[17] Dawson A. W. Pollution and the Uncertainty Principle [J]. Chartered Secretary London, 1996.

[18] Case P. Land, Lending and Liability [J]. Chartered Banker, 1996, Vol. 2, No. 4: 44 – 49.

[19] Watchman P. Business Law and the Environment – the Equator Principles and beyond [J]. Lecture at the London School of Economics: London, 2008.

[20] Thompson P. Assessing the Environmental Risk Exposure of UK Banks [J]. In-

teRNational Journal of Bank Marketing, 1998, Vol. 16, No. 3: 129 – 139.

[21] Thompson P., and Cowton C. J. Bringing the Environment into Bank Lending: Implications for Environmental Reporting [J]. The British Accounting Review, 2004, Vol. 36, No. 2: 197 – 218.

[22] Goss A., and Roberts G. S. The Impact of Corporate Social Responsibility on the Cost of Bank Loans [J]. Journal of Banking and Finance, 2011, Vol. 35, No. 7: 1794 – 1810.

[23] Heinkel R., Kraus A., and Zechner J. The Effect of Green Investment on Corporate Behavior [J]. Journal of Financial and Quantitative Analysis, 2001, Vol. 36, No. 4: 431 – 449.

[24] Scholtens B., and Dam L. Banking on the Equator: Are Banks that Adopted the Equator Principles Different from Non – Adopters? [J]. World Development, 2007, Vol. 35, No. 8: 1307 – 1328.

[25] Wright C., and Rwabizambuga A. Institutional Pressures, Corporate Reputation, and Voluntary Codes of Conduct: An Examination of the Equator Principles [J]. Business and Society Review, 2006, Vol. 111, No. 1: 89 – 117.

[26] Manuel W. Equator Principles: Bridging the Gap between Economics and Ethics? [J]. Business and Society Review, 2015, Vol. 120, No. 2: 205 – 243.

[27] Sarro D. Do Lenders Make Effective Regulators? An Assessment of the Equator Principles on Project Finance [J]. German Law Journal, 2012, Vol. 13, No. 12: 1522 – 1555.

[28] Macve R., and Chen X. The "Equator Princeiples": A Success for Voluntary Codes? [J]. Accounting, Auditing & Accountability Journal, 2010, Vol. 23, No. 7: 890 – 919.

[29] Eisenbach S., Schiereck D., Trillig J., and Flotow P. Sustainable Project Finance, the Adoption of the Equator Principles and Shareholder Value Effects [J]. Business Strategy and the Environment, 2014, Vol. 23, No. 6: 375 – 394.

[30] 马彧菲, 杜朝运. 赤道原则对我国商业银行的经营效率有益吗——以兴业银行为例 [J]. 当代财经, 2015 (7).

[31] 徐枫, 马佳伟. 中国商业银行执行环节风险管理政策对其经营绩效的影响——以赤道原则为例 [J]. 宏观经济研究, 2019 (9).

[32] 刘昊. 绿色信贷、风险管理文化与商业银行高质量发展 [J]. 财经理论与实践, 2021 (5).

[33] 马骏, 安国俊, 刘嘉龙. 构建支持绿色技术创新的金融服务体系 [J]. 金融理论与实践, 2020 (5).

[34] 曹大伟. 绿色信贷与商业银行环境风险管理 [J]. 经济问题, 2011 (3).

[35] Basel Committee on Banking Supervision. Climate – related Risk Drivers and their Transmission Channels [EB/OL]. 2021. https：// www. bis. org/ bcbs/publ/d517. htm.

[36] Ferrell A., Liang H., and Renneboog L. Socially Responsible Firms [J]. Journal of Financial Economics, 2016, Vol. 122, No. 3：585 – 606.

[37] D'Orazio P., and Valente M. The Role of Finance in Environmental Innovation Diffusion：An Evolutionary Modeling Approach [J]. Journal of Economic Behavior and Organization, 2019, Vol. 162：417 – 439.

[38] He L., Liu R., Zhong Z., Wang D., and Xia Y. Can Green Financial Development Promote Renewable Energy Investment Efficieney? A Consideration of Bank Credit [J]. Renewable Energy, 2019, Vol. 143：974 – 984.

[39] Cullen J. After "HLEC"：EU Bank, Climate Change Abatement and the Precautionary Principle [J]. Cambridge Yearbook of European Legal Studies, 2018, Vol. 20：61 – 87.

[40] D'Orazio P., and Popoyan L. Fostering Green Investments and Tackling Climate – related Financial Risks：Which Role for Macroprudential policies? [J]. Ecological Economics, 2019, Vol. 160：25 – 37.

[41] Zhou X. Y., Caldecott B., Hoepner A. G. F., and Wang Y. Bank Green Lending and Credit Risk：An Empirical Analysis of China's Green Credit Policy [J]. Business Strategy and the Environment, 2022, Vol. 31, No. 4：1623 – 1640.

[42] Abadie A., Diamond A., and Hainmueller J. Synthetic Control Methods for Comparative Case Studies：Estimating the Effeet of California's Tobacco Control Program [J]. Journal of the American Statistical Association, 2010, Vol. 105, No. 490：493 – 505.

[43] 吴小康. 关于统计显著和经济显著的若干谈论 [J]. 经济学动态, 2019 (1).

[44] 王利辉, 刘志红. 上海自贸区对地区经济的影响效应研究——基于"反事实"思维视角 [J]. 国际贸易问题, 2017 (2).

绿色金融政策与商业银行风险承担：
机理、特征与实证研究

王宏涛　曹文成　王一鸣[①]

摘要：基于2008—2020年中国174家商业银行样本数据，采用多时点双重差分模型实证检验绿色信贷影响商业银行风险承担的机理、效应与特征，研究发现：商业银行积极开展绿色信贷业务会显著降低其风险承担水平，在规模较大、资本充足率较高、市场势力较强、业务经营范围较广的银行中影响更为显著；作用机制检验结果显示，绿色信贷降低商业银行的风险承担水平，是通过提升商业银行盈利水平、改变商业银行盈利结构的"盈利"渠道，以及通过提高总体违约风险和资产风险承担能力的"风险"渠道达到的。进一步分析表明，地区绿色发展水平越高，商业银行开展绿色信贷业务相应的风险承担水平越低。商业银行积极开展绿色信贷业务，提高绿色信贷占比，对于降低其风险承担水平是一个同时颇具宏观与微观价值的政策选择。

一、引言

发展绿色金融，探索金融支持绿色发展的长效机制，是实现中国经济和金融高质量发展的迫切要求。中国人民银行在2021年提出"三大功能""五大支柱"的绿色金融发展政策思路，标志着中国绿色金融政策体系开始向"30·60"目标调整。自2007年原国家环保总局、人民银行和原银监会联合发布《关于落实环境保护政策法规防范信贷风险的意见》以来，相关绿色金

[①] 作者简介：王宏涛（1975— ），男，西安邮电大学经济与管理学院副教授，硕士生导师，研究方向为货币理论与政策和金融市场；曹文成（1994— ），男，西安邮电大学经济与管理学院硕士研究生，研究方向为绿色金融、公司金融与公司治理；王一鸣（1966— ），男，北京大学经济学院教授，博士生导师，研究方向为资产定价与风险管理。

融政策应运而生，中国不断提高国家自主贡献力度，充分发挥商业银行资源配置的重要中介作用，采取更加有力的信贷政策和措施来实现碳中和目标。绿色信贷作为绿色金融政策最主要的政策工具，通过银行的信贷渠道促进资源流向环境友好、气候友好的产品市场、技术市场和服务市场，实现人与自然和谐共生。然而，绿色信贷的资金流向往往是资金需求量大、回报期长，且需额外绿色认证的高风险性节能环保项目（鲁政委和方琦，2018[1]），银行出于利益动机会采取风险规避策略，从而导致中国银行业开展绿色信贷的整体效率不高，绿色金融资源配置低效（朱宁和赖晓璇，2020[2]）。中国绿色金融发展具有鲜明的政策主导和驱动特征，官方政策研究机构成为中国绿色金融理论早期研究的主要贡献者，相关文献也以定性、规范性政策研究为主。由于中国绿色金融发展尚处于探索和快速演进阶段，信息披露和统计制度尚未成型，系统性研究数据缺乏成为开展定量、实证研究的最大障碍。现有文献尝试利用可得性数据，通过各种"变通"方式寻找合适的代理变量或度量指标，对绿色金融及其政策进行评估和检验，取得了一些研究成果，但相关理论研究仍处于起步阶段。虽然，现有研究已经探讨了绿色信贷与商业银行风险承担之间的关系，但是关于绿色信贷影响银行风险承担的内在影响机制却鲜有文献涉及。因此，本文旨在厘清绿色信贷影响商业银行风险承担的内在机理，这对于更好地发挥金融的支持作用和调节经济职能，构筑生态文明的可持续经济结构，极具理论价值和实践意义。

既有文献围绕影响商业银行风险承担的影响因素、绿色信贷与商业银行风险承担之间的关系两方面展开探讨。一方面，国内外学者集中考察了资本结构（Smith等，2020[3]）、货币政策（蒋海等，2021[4]）和资本监管（吴东霖和赵玮，2020[5]）等因素对商业银行风险承担的影响，但多数文献主要关注货币政策对商业银行风险承担的影响。另一方面，关于绿色信贷与商业银行风险承担之间的关系，学术界仍有争议，部分学者认为，绿色信贷会降低商业银行的风险承担水平（张琳等，2022[6]）。商业银行积极开展绿色信贷业务有助于提高银行的社会声誉和经营绩效，增强抗风险能力和风险管控能力（丁宁等，2020[7]），提升核心竞争力（Luo等，2021[8]）。另一部分学者认为，绿色信贷在短期会提高商业银行的风险承担水平（孙红梅和姚书淇，2021）[9]。由于商业银行的绿色信贷比在很大程度上取决于国有资产的规模和结构，绿色信贷政策显著降低了全国性商业银行的信贷风险，但增加了区域性商业银行的信贷风险（Zhou 等，2022[10]）。还有少数学者认为，从短期来看，由于成本激增效应和风险溢出效应，银行提高绿色信贷比会增加不良贷款率（张晨和董晓君，2018[11]），增加破产风险（邵传林和闫永生，2020[12]），加剧因环境问题引致破产的可能；但从长期来看，随着银行进入绿色信贷发展的过渡期，由于声誉效应、结构升级效应和成本激增效应，银行提高绿色信贷比会提升经营绩效（于波等，2021[13]），可降低商业银行破产风险。

整体而言，现有关于绿色信贷与商业银行风险承担之间关系的研究更多地聚焦于单一监管政策，以点带面研究绿色信贷对商业银行风险承担的影响。尽管绿色信贷对商业银行风险承担的影响在既有文献中已得到印证，而绿色信贷影响商业银行风险承担的内在影响机制却鲜有涉及，实际指导意义有限。

鉴于此，本文基于 2012 年原银监会《绿色信贷指引》这一政策的实施为"准自然实验"，以 2008—2020 年中国银行业 174 家银行样本数据，采用多期双重差分法深入考察绿色信贷对商业银行风险承担的影响。本文的边际贡献有三个。第一，本文厘清了转型经济背景下绿色信贷影响商业银行风险承担的内在逻辑，立足于中国绿色金融政策工具特征和商业银行经营管理实践状况，在手工获取商业银行绿色信贷实施情况和统计数据的基础上，从银行规模等银行异质性特征方面深入探究绿色信贷对商业银行风险承担的异质性影响；同时基于中介效应模型检验方法，进一步从"盈利"渠道和"风险"渠道揭示了绿色金融政策影响商业银行风险承担的"黑箱"问题。第二，本文创新性地将政策效果评估模型（多时点双重差分模型）与多元 OLS 回归模型相结合，综合考虑了商业银行政策实施时点不一致和部分银行披露政策实施情况并未披露绿色信贷余额数据的问题，尝试给出相关争议性结论的可能解释，这对于监管部门和政策制定部门的绿色金融政策效果考核与评估具有重要的经验启示。第三，目前中国对绿色发展的重视在经济社会发展方面已上升到前所未有的高度。考虑到绿色发展水平会影响银行发放绿色信贷的成本和收益，以及绿色信贷与银行风险承担水平的关系，本文创新性地将绿色发展维度纳入绿色信贷研究框架，分析地区绿色发展对商业银行风险承担水平的影响。

二、理论分析与研究假设

(一) 绿色金融政策与商业银行风险承担

商业银行作为通过信贷手段促进节能减排的重要一环，在推动实现绿色可持续发展目标中具有重要作用。然而，绿色信贷政策是否实现了其既定的环境目标和企业目标，仍然是一个有争议的话题。一方面，绿色信贷政策与其他整合了环境和金融目标的政策相似，对绿色可持续发展产生了积极影响。首先，商业银行绿色信贷的增加是由绿色信贷政策驱动的，这就导致由政治影响和维持合法性引起的强制性的制度同构（Dimaggio 和 Powell，1983[14]）。商业银行严格限制对"两高一剩"企业提供信贷支持，在绿色信贷政策的强制性制度压力下提高绿色信贷占比，不仅对推动绿色发展会产生积极效应，而且还会降低银行风险。这是因为，从中国的绿色信贷政策出发，"两高一剩"行业借款人的风险较高，而且产能过剩，需求的减少会带来利润的大幅降低，而绿色信贷资金投向节能环保项目可降低银行的这种实质性风险；同时还可通过获得政府的相应补贴，进一步降低银行风险（Lian 等，2022[15]）。但另一方面，从绿色信息披露不完全来看，绿色信贷的重点是限制银行对"两高一剩"行业提供信贷资金支持，信贷资金往往是流向资金需求量大、回报期长且需额外绿色认证的高风险性节能环保项目（鲁政委和方琦，2018），加上与资源环境定价、绿色资金价格与市场体系尚不相适应，因而会增加银行开展绿色信贷业务的成本和银行面临的市场风险（詹小颖，2018[16]），这就需要对绿色信贷相关的低利息和高风险予以补偿，即提供风险补偿和担保资金等政策支持。但是，目前缺乏补贴和补贴较少仍然是绿色信贷政策发展的障碍，加之当前企业绿色信息披露制度不健全，还会增加银行的道德风险和对信贷风险的管控难度。因此，只有当商业银行有能力在信贷评估中科学合理评估绿色信贷的环境风险和识别相应机会时，才会降低商业银行面临的风险。基于上述分析，本文提出研究假设 H1。

H1a：绿色信贷将显著降低积极开展绿色信贷业务商业银行的风险承担水平。

H1b：绿色信贷将显著提高积极开展绿色信贷业务商业银行的风险承担水平。

(二) 绿色金融政策、异质性与商业银行风险承担

理论上，绿色信贷对商业银行风险承担的影响可能会因银行自身特征差异而存在异质性。大量实证研究表明，银行规模、资本充足率、市场势力和业务经营范围等特征不同的银行其风险承担水平存在明显差异。因此，在受到绿色信贷政策冲击时，不同类型特征银行的风险承担水平也会有所差异。

在中国特殊的银行体系中，各类银行在资产规模上差异较大，可能会导致风险承担水平对绿色信贷的敏感性不尽相同（Luo 等，2021）。其一，与小规模银行相比，大规模银行在经济社会中的地位举足轻重，背后的国家隐性信用担保较为明显，能够向外界释放一种"大而不能倒"的信号（童中文等，2018[17]）。当面临绿色信贷政策冲击时，大规模银行的风险承担水平也会更高。其二，大规模银行的市场势力大、风险管控能力强，外部投资者对大规模银行具有较高的盈利预期和较低的违约风险预期（徐明东和陈学彬，2011[18]），这在一定程度上对冲了绿色信贷对其风险承担水平的放大效应。其三，大规模银行在经营过程中通过范围经济和规模经济产生协同效应（Abedifar 等，2018[19]），可以增强其应对绿色信贷政策不利冲击的能力。同时，大规模银行具有庞大的销售渠道、强大的科技实力、高素质的人力资本等优势，有能力在多个领域开展业务，可以通过实施多元化战略以实现分散风险的目的（李志辉和李梦雨，2014[20]），使得绿色信贷政策对其风险承担的影响相对较小。基于上述分析，本文提出研究假设 H2。

H2：相对于资产规模较小的银行，绿色信贷将显著降低资产规模较大银行的风险承担水平。

银行的资本金不仅是银行业务发展和规模扩张的基础，也是影响银行风险承担的重要因素。随着新资本监管制度的实施，中国商业银行已然进入"强资本约束"时代，按照巴塞尔协议Ⅲ，资本充足率水平成为影响银行日常经营决策的关键因素。一方面，商业银行在开展绿色信贷业务时，较高的资本充足率能够缓冲绿色信贷带来的风险，诱使银行提高政策积极性。根据风险共担逻辑，资本充足率较高的银行道德风险也较低，外部融资渠道相对较多、融资成本相对较低，银行能以更低的成本发放更多的贷款（王擎和吴玮，2012[21]），从而降低其风险承担水平。另一方面，资本充足率是监管部门对银行实施微观审慎监管的重要指标，提高资本充足率可以避免因资本充足率未达标而受到监管处罚。有经验研究表明，最低资本管制约束会通过

"资本框架效应"影响银行放贷决策（Borio 和 Zhu，2012[22]），进而会改变其政策积极性。当银行资本充裕时，高于监管要求的资本可以视为一种"缓冲垫"（Jokipii 和 Milne，2008[23]），进而削弱绿色信贷政策对其风险承担的不利影响。当资本充足率较低时，银行将会面临较大的资本补充压力（张琳和廉永辉，2015[24]），一旦绿色信贷政策的相应环境风险上升，会提高商业银行的风险承担水平。基于上述分析，本文提出研究假设 H3。

H3：相对于资本充足率较低的银行，绿色信贷会显著降低资本充足率较高银行的风险承担水平。

近年来，随着银行业市场化改革的不断深化、民营银行准入门槛的持续降低以及利率市场化改革的逐步深入推进，中国银行间市场竞争愈加激烈，银行市场势力日趋分散且差异明显。因此，探究绿色信贷对商业银行风险承担的影响，不能忽视银行市场势力的变化。一是市场势力较弱的银行垄断利润相对较小，会削弱其风险缓冲能力（杨天宇和钟宇平，2013[25]）。当绿色信贷的环境风险上升时，为了避免承担过高风险，市场势力较低的银行必然会通过降低绿色信贷占比等途径，缓冲环境风险带来的负向冲击，这显然不利于降低风险承担水平。二是市场势力较强的银行凭借其垄断势力，容易与交易对手形成长期稳定的借贷关系，便于银行了解对手的还款信息和还款能力，降低信息不对称程度和信贷合约违约风险，使得银行更倾向于积极开展绿色信贷业务并提高绿色信贷占比。当受到环境风险冲击时，市场势力较强的银行通常不会转变经营战略，提高绿色信贷发放标准，最终使其风险承担水平对绿色信贷政策的反应并不敏感。基于上述分析，本文提出研究假设 H4。

H4：相对于市场势力较弱的银行，绿色信贷会显著降低市场势力较强的银行的风险承担水平。

众所周知，业务经营范围不同的银行在绿色信贷政策行为上存在明显差异，探究绿色信贷对商业银行风险承担的影响，不能割裂银行业务经营范围的差异。一是与区域性银行相比，全国性银行凭借资源禀赋优势和较强的信贷投放能力（张一林等，2019[26]），其绿色信贷合约的违约风险较低，绿色信贷政策对其风险承担水平的影响更不敏感。二是全国性银行具有规模较大、网点覆盖密度较高和风控体系较完善等优势，便于进行业务转型和产品创新，能够通过扩大收入来源以增强抵御绿色信贷政策冲击的能力；而且全国范围内经营优势可以实现"共同保险效应",有利于分散区域性风险(Goetz等,2016[27]),减弱绿色信贷政策对其风险承担的不利冲击。三是全国性银行在帮助实现宏观经济目标方面发挥着国家政策延伸作用,更愿意大比例提高绿色信贷占比(Zhang等,2011[28]),在获取评估绿色信贷风险的信息和专业知识方面也明显处于优势,而且获取的政府补贴和政策担保也较多,通过积极落实绿色信贷政策更能实现社会责任和经营绩效的平衡,相应的环境风险也较低。四是全国性银行在利润转增资本、上市融资和发行次级债融资等资本补充渠道上更具优势(吕思聪,2018[29]),可以在很大程度上缓冲绿色信贷政策带来的不利冲击。由此,本文提出研究假设H5。

H5:相对于区域性银行,绿色信贷会显著降低全国性银行的风险承担水平。

(三)绿色金融政策、渠道机制与商业银行风险承担

本文认为绿色信贷引发的商业银行盈利和风险水平变动,是绿色信贷影响商业银行风险承担的核心机制。

从"盈利"渠道来看,一是绿色信贷政策作为一种企业社会责任,具有声誉放大效应,会提升商业银行的盈利水平。商业银行积极履行绿色信贷政策会释放积极履行社会责任的信号,吸引更多利益相关者,并获得社会认同感的提升,打造绿色声誉。从外部性理论来看,商业银行可以通过绿色信贷政策的实施,积极履行社会责任,体现出商业银行将可持续发展的价值观贯彻到经营理念中,并为社会带来正向外部效应,促进经营绩效提升。同时,商业银行积极履行绿色信贷政策能够提升组织吸引力,进而提高绿色金融业务水平,提高信用风险管控效率,可以通过有效协调各方利益相关者,改善与企业和政府等多方关系,实现经营绩效的提升,降低风险承担水平。二是绿色信贷能够通过拓展商业银行的中间业务影响未来发展,改变商业银行的盈利结构。随着中国利率市场化的不断推进,发展中间业务,提升中间业务收入占比自然成为了商业银行的战略重点。实现绿色信贷政策能够与中间业务相结合,商业银行通过开发相关绿色金融产品可开展绿色金融业务,不仅可以满足差异化需求,还可以增加收入渠道。同时,商业银行积极开展绿色信贷业务还可以更好地寻求国际合作,学习国外的先进绿色金融技术和绿色金融业务模式,打破国内银行同质化竞争困境,建立竞争优势,寻找传统利差收入以外新的业务增长点。基于此,本文提出研究假设H6。

H6：绿色信贷通过调整商业银行盈利水平和盈利结构的"盈利"渠道降低了商业银行的风险承担水平。

从"风险"渠道来看，商业银行积极开展绿色信贷业务会释放积极履行社会责任的信号，吸引更多利益相关者，并获得社会认同感的提升，打造绿色声誉，得益于声誉溢出效应，可以有效发挥声誉保险作用以缓冲负面冲击带来的不利影响（Godfrey，2005[30]）。而且，严格的审查机制使得"两高一剩"领域的融资受到限制，避免了商业银行将资金投入到非环保项目而无法收回的情况，推动信贷资金流向环境友好型企业，这些企业受到国家政策的大力支持，资金按时收回得到有效保障，能够有效避免企业的环境风险转化为商业银行信用风险。更为重要的是，绿色信贷政策作为一种特定的市场化金融手段，鼓励银行在信贷和投资业务实施中衡量环境问题。一是绿色信贷鼓励银行通过信贷手段将绿色信贷政策与企业环境绩效挂钩，旨在收紧对重污染企业的信贷支持，通过降低企业债务融资规模和增加企业债务成本进而迫使其向绿色转型升级（Wang 等，2022[31]），而产业结构的调整反过来又会促进银行信贷结构调整，进而降低银行的摩擦成本和风险系数（丁宁等，2020），提高商业银行的总体违约风险承担能力。二是与传统产业相比，绿色信贷政策将资源导向节能环保等绿色产业能够有效降低非绿色产业的实质性风险，而且绿色信贷政策的制度性压力也会迫使银行加强对绿色信贷的风险转移，将环境风险纳入绿色信贷政策框架，加强信贷风险管理，提高成本效率，从而降低商业银行的资产风险承担水平。基于此，本文提出研究假设 H7。

H7：绿色信贷通过增强商业银行风险偏好的"风险"渠道降低了商业银行的风险承担水平。

三、研究设计与数据来源

（一）数据来源

本文以中国银行业 2008—2020 年 174 家商业银行①的 196 个样本观测值

---

① 174 家商业银行其中包括 5 家大型国有商业银行、12 家股份制商业银行、109 家城市商业银行和 48 家农村商业银行。

构成的非平衡面板数据①为样本,并对初始样本进行如下处理:剔除三家政策性银行和中国邮政储蓄银行以确保样本同质性;剔除银行资产和所有者权益为负值的异常样本;剔除财务数据连续不足三年的异常样本以确保样本时间连续性;考虑到样本期间银行间有合并重组现象,合并前所有银行单独进入样本,合并后仅一家并购银行进入样本;为减弱离群值对研究结论的干扰,对所有银行层面的连续型变量在上下1%分位数上进行缩尾处理。最终研究样本基本涵盖了中国所有类型商业银行,样本银行总资产占行业总资产的比重在样本期间一直维持在79.89%以上,基本上能够反映中国银行业整体状况,具有较高的代表性。文中使用的绿色信贷政策实施情况和绿色信贷余额数据来自各银行的《社会责任报告》《可持续发展报告》《环境信息披露报告》《环境、社会及管治报告》,银行层面数据主要来源于中国研究数据服务平台(CNRDS)和全球银行与金融机构分析库(ORBIS Bank Focus),其中部分变量的缺失数据利用Wind数据库、银行历年年报以及历年《中国金融年鉴》最大限度地手工将其补齐。宏观经济层面数据来源于CEIC数据库、历年《中国统计年鉴》和中国人民银行官方网站。经济政策不确定性数据来源于Davis等(2019)[32]编制的经济政策不确定性指数。

(二) 变量说明

1. 被解释变量。银行风险承担(RISK)。现有关于银行风险的度量常用的有Z值、不良贷款率(NPL)和风险资产占比(RWA)。当前国内外学者广泛采用Z值(Z_score)作为度量商业银行风险承担的指标,该指标能够度量银行的偿付能力和违约概率。参考相关研究,本文采用Z值来衡量商业银行的风险承担,其计算方法如式(1)所示。

$$Z\_score = \ln[(CAR + ROA)/\delta(ROA)] \quad (1)$$

其中,CAR是资本充足率;ROA是资产回报率;$\delta(ROA)$是资产回报率的标准差。Z值越大表示银行风险承担能力越高。

---

① 本文样本研究区间内,部分银行因成立时间或者银行间存在合并重组等原因,使得银行并非每年都有观测值,故样本为非平衡面板数据。为了避免潜在数据结构不合理问题,本文也采用2008—2020年中国商业银行年度平衡面板数据进行分析,结果依然稳健。考虑到采用面板数据为样本进行分析时,观测值仅占非平衡面板数据的29%左右,样本容量较小,故本文以中国商业银行非平衡面板数据为研究对象。此外,本文数据结构属于大N小T形短面板数据,因此无须对变量进行平稳性检验。

2. 核心解释变量。绿色信贷政策（GFP）和绿色信贷占比（GCR）。不同于传统的双重差分模型，本文研究采用多时点双重差分模型来刻画绿色信贷政策的政策净效应。绿色信贷政策 GFP 变量类似于传统 DID 模型中的交互项。如果商业银行积极落实绿色信贷政策并披露了绿色信贷政策实施信息或绿色信贷余额数据，则 GFP 取 1，否则取 0。绿色信贷政策变量（GFP）刻画了不同商业银行在不同时间点上披露绿色信贷政策信息的典型事实。绿色信贷余额占比（GCR）以银行的年度绿色信贷余额与商业银行贷款余额之比衡量，GCR 的值越大，说明商业银行对绿色信贷政策的态度越积极。

3. 控制变量。参考已有研究，本文选取的银行层面控制变量包括银行规模（$Asset$）、贷存比（LDR）、运营效率（CIR）、财务杠杆（LEV）和市场势力（ALR）[①]。其他层面控制变量包括行业层面控制变量和宏观经济层面控制变量，行业层面控制变量为监管约束（REG），若在《商业银行资本管理办法（试行）》正式实施之前，则将 REG 定义为 1，反之为 0；此外，为尽可能排除因遗漏变量带来的内生性问题，本文还加入监管约束与银行类别虚拟变量（OWN）的交互项，若银行为国有商业银行或是由地方政府控股，则将 OWN 设置为 1，反之为 0。

宏观经济层面控制变量包括五个方面。第一，经济增长率（$GDPR$），由于样本中区域性银行（城市商业银行和农村商业银行）数目占比高达 87.69%，且不同地区经济发展水平存在显著差异，对大型国有商业银行和股份制商业银行用全国层面的 GDP 增长率匹配，而城市商业银行和农村商业银行用其所在省级层面的生产总值增长率匹配；第二，货币政策（MP），本文采用银行间 7 天同业拆借利率衡量，并利用加权平均计算方法获取年度值；第三，经济政策不确定性（EPU）；第四，银行业景气指数（BBI）；第五，货币供应量（$M2$）。控制变量的定义及说明见表 1。

---

① 参考田国强和李双建（2020）[33]的研究，传统 Lerner 指数内在假定银行具有完全成本效率，不存在给定价格情况下资源浪费与资源次优分配问题。然而，转型期的中国，银行业尚存在资源配置效率低下和配置结构失衡等问题，因此本文采用经税前利润调整的 Lerner 指数作为银行市场势力的代理变量。

表1　　　　　　　　　　　控制变量定义表

变量名称	变量符号	变量定义
银行规模	Asset	银行总资产的自然对数
存贷比	LDR	银行贷款总额与存款总额之比
运营效率	CIR	银行运营成本与总收入之比
财务杠杆	LEV	银行负债与总资产之比
市场势力	ALR	采用经税前利润调整的 Lerner 指数衡量
监管约束	REG	若在《商业银行资本管理办法（试行）》正式实施之前则 REG 取1，否则取0
银行类别	OWN	若银行为国有商业银行或是由地方政府控股则 OWN 取1，否则取0
各地区生产总值增速	GDPR	大型国有商业银行和股份制商业银行用全国层面的GDP增长率匹配，城市商业银行和农村商业银行用其所在省级层面的生产总值增长率匹配
银行间同业拆借利率	MP	采用银行间7天同业拆借利率作为货币政策代理变量，并利用加权平均计算方法获取年度值
经济政策不确定性指数	EPU	采用 Davis 等（2019）编制的经济政策不确定性指数
银行业景气指数	BBI	采用银行业景气指数年度平均值表示
货币供应量	M2	采用货币供应量增速月度算术平均值度量

（三）模型设定

由于不同的商业银行执行绿色信贷政策没有明确的时间间断点，因此本文采用多期双重差分模型以综合政策的时间差异，并构建计量回归模型（2）来检验绿色信贷对商业银行风险承担的影响。

$$Z\_score_{i,t} = \alpha_0 + \alpha_1 GFP_{i,t} + \gamma X_{i,t} + \delta Y_{i,t} + \mu_i + \varepsilon_{i,t} \quad (2)$$

其中，$Z\_score_{i,t}$ 为银行 i 在 t 年的风险承担；$GFP_{i,t}$ 为银行 i 在第 t 年的绿色信贷政策变量；$X_{i,t}$ 为银行层面的控制变量；$Y_{i,t}$ 为其他层面控制变量；μ_i 为银行个体固定效应；$\varepsilon_{i,t}$ 为随机误差项。需要说明的是，由于政策净效应是时间序列变量，若直接引入时间固定效应会引起多重共线性问题，造成时间虚拟变量与政策净效应对商业银行风险承担的作用相互抵消，因而在模型中没有控制时间固定效应。如果 $GFP_{i,t}$ 的估计系数 α_1 的符号方向显著为正，说明绿色金融政策会降低商业银行风险承担水平，研究假设 H1a 成立，反之研究假设 H1b 成立。根据前述理论分析，本文预期估计系数 α_1 显著为正。另外，后文实证分析均以计量模型（2）为基准，根据假设验证需要对其进行拓展。

四、实证结果与分析[①]

（一）描述性统计

表2为变量描述性统计分析结果。从表2可以看出，银行风险承担变量（RISK）的均值为3.301，最小值为2.073，最大值为4.794，标准差为0.258，相差较大，说明不同银行的风险承担水平差距较大。绿色信贷政策净效应变量（GFP）和绿色信贷余额占比（GCR）的均值分别为0.225和0.381，可见当前中国商业银行绿色信贷政策的参与度仍然不高，绿色信贷占比偏低；但从绿色信贷余额占比（GCR）的最大值来看，部分行业银行绿色信贷业务发展迅猛。此外，其他变量的描述性统计结果基本都在合理范围内，且可以排除离群值的实证结果影响。

表2　　　　　　　　　变量描述性统计结果

变量	N	mean	sd	min	p25	p50	p75	max
RISK	1996	3.031	0.258	2.073	2.876	3.029	3.181	4.794
GFP	1996	0.225	0.418	0	0	0	0	1

---

① 本文进一步以绿色信贷占比（GCR）作为核心解释变量，以63家商业银行的412个样本观测值，采用面板多元OLS进行进一步讨论，研究发现绿色信贷与商业银行风险承担之间呈现先下降后上升的非线性"U"形关系，即在短期内绿色信贷会增加商业银行风险承担水平，但长期来看，绿色信贷会降低商业银行的风险承担水平。本文的结论再次得到验证。更为重要的是，这一结论进一步揭示了现有研究未形成一致性结论的原因：一是从商业银行盈利结构来看，纵然绿色信贷可以提高商业银行的中间业务收入水平，但是仅仅使用商业银行的绿色信贷余额占比数据来衡量商业银行在绿色信贷政策方面的表现，会忽略商业银行通过积极贯彻绿色信贷政策，履行企业社会责任所衍生的声誉效应等更大的潜在影响价值；二是从可持续发展理论、企业社会责任理论以及信号传递理论等来看，绿色信贷对商业银行的积极影响将在长期显现，但现实是不少商业银行的绿色信贷余额占比仍然偏低，短期内价值无法显现。此外，当前中国绿色金融的发展正处于初始阶段，商业银行贯彻绿色信贷政策的时间不同，规模不同，风险评估等绿色金融审核系统和技术不同，导致不少商业银行在政策前期成本投入偏大，影响了商业银行的风险承担水平。

续表

变量	N	mean	sd	min	p25	p50	p75	max
GCR	412	0.381	3.769	7.61e-05	0.00481	0.0139	0.0298	29.78
Asset	1996	0.486	1.669	0.0181	0.0265	0.0597	0.186	11.00
LDR	1996	65.42	11.90	27.34	58.03	66.85	72.53	98.13
CIR	1996	34.09	7.356	10.06	29.36	33.57	38.49	56.49
LEV	1996	0.0726	0.0249	0.0148	0.0591	0.0704	0.0817	0.463
ALR	1996	0.319	0.0815	0.122	0.265	0.314	0.373	0.529
REG	1996	0.671	0.470	0	0	1	1	1
Owner	1996	0.482	0.500	0	0	0	1	1
REG_Owner	1996	0.314	0.464	0	0	0	1	1
GDPR	1996	8.997	2.750	-2.500	7.300	8.500	10.71	17.80
MP	1996	3.163	0.740	0.782	2.975	3.247	3.755	5.200
EPU	1996	2.619	1.292	0.989	1.276	2.444	3.648	4.605
BBI	1996	73.99	7.969	51.21	66.50	72.85	80.55	96.32
M2	1996	14.51	5.360	1.490	9.454	16.05	17.76	31.76

(二) 基准回归结果①

表3报告了绿色信贷对商业银行风险承担影响的回归结果。其中,第(1)列为没有添加任何控制变量的回归结果,并以此作为比较基础,容易发现核心解释变量(GFP)的回归系数为0.0152,在1%的水平上显著为正,表明绿色信贷会降低商业银行的风险承担水平,初步支持理论假设H1a。第(2)~(6)列为逐次加入银行层面控制变量、行业层面控制变量和宏观经济层面控制变量的回归结果,可以看出,核心解释变量(GFP)的回归系数均在1%以上的水平上显著为正,意味着绿色信贷对商业银行风险承担具有抑制效应。从经济显著性上看,以第(6)列纳入全部控制变量的回归模型为例,核心解释变量(GFP)的回归系数为0.0237,意味着绿色信贷政策净效应变量每上升1个标准差,商业银行的风险承担水平降低约0.33%

---

① 需要说明的是,为确保回归结果的准确性和可靠性,本文依据F统计量检验、LR统计量检验和Hausman检验的结果,最终选取固定效应模型进行回归分析。最后,通过修正Wald检验、Wooldridge检验和Breusch-Pagan LM检验,本文发现样本数据存在异方差性、序列相关性和截面相关性等问题,故采用Driscoll-Kraay标准误对模型进行修正。

(0.0237×0.418/3.031)。综上可知，无论是在统计意义上还是经济意义上，积极开展绿色信贷业务会显著降低商业银行的风险承担水平，较好地验证了理论假设 H1a。此外，控制变量的检验结果也符合预期。

表3 基准回归结果

变量	(1) RISK	(2) RISK	(3) RISK	(4) RISK	(5) RISK	(6) RISK
GFP	0.0152*** (3.741)	0.0157*** (3.700)	0.0213*** (3.890)	0.0309*** (3.993)	0.0249*** (3.671)	0.0237*** (5.261)
Asset		0.0004 (0.051)	−0.0023 (−0.364)	0.0077*** (3.707)	0.0082*** (4.153)	0.0083*** (4.580)
LDR			0.0040*** (10.406)	0.0028*** (5.763)	0.0025*** (4.793)	0.0027*** (5.748)
CIR			−0.0033*** (−5.827)	−0.0029*** (−3.443)	−0.0023*** (−3.553)	−0.0020*** (−3.496)
LEV				7.1847*** (9.599)	7.1439*** (9.928)	7.0307*** (9.941)
ALR				0.4711*** (8.731)	0.6093*** (5.937)	0.5777*** (4.759)
REG					0.0304 (1.245)	0.0285 (1.287)
REG_Owner					−0.0067 (−0.506)	−0.0122 (−0.926)
GDPR					−0.0054* (−1.921)	−0.0060** (−2.983)
IRL						0.0300*** (7.379)
EPU						−0.0002 (−0.063)
BBI						0.0007 (0.490)
M2						0.0002 (0.214)

续表

变量	(1) RISK	(2) RISK	(3) RISK	(4) RISK	(5) RISK	(6) RISK
Constant	3.0093 *** (157.669)	3.0091 *** (149.394)	2.8718 *** (67.951)	2.2563 *** (46.247)	2.2525 *** (27.572)	2.1056 *** (18.837)
观测值	1996	1996	1996	1996	1996	1996
银行数	174	174	174	174	174	174
within R^2	0.6196	0.6196	0.6549	0.6172	0.6258	0.6382

注：括号内 t 值采用 Driscoll – Kraay 聚类标准误修正；*、**、*** 分别表示在10%、5%、1%水平上显著。表4～表6同。

(三) 稳健性检验

为增强本文结论的可靠性，本文进一步从安慰剂检验、平行趋势检验、改变政策信息披露视角、倾向得分匹配、区分主动风险承担和被动风险承担，以及对内生性问题的再检验角度进行稳健性检验。

1. 安慰剂检验。为了验证本文的基准回归结果并非偶然或随机性因素所致，本文按照是否披露绿色信贷政策信息或绿色信贷余额，从所包含的174家商业银行样本中利用计算机随机生成政策冲击模拟处理组和对照组并重复500次，进行反事实估计（见图1）。图1中的检验结果表明，500次随机抽取的绿色信贷政策变量的估计系数均值约为0，与真实的估计值（0.0237）存在显著的差异，说明绿色信贷政策对商业银行风险承担的影响的确并非偶然或随机性因素等不可观测因素干扰所造成的，验证了本文结论的真实可靠性。

2. 平行趋势检验。本文在进行双重差分分析之前进行了平行趋势检验（见图2）。图2为选取政策实施前3年以及政策实施后5年进行平行趋势检验的结果，结果表明绿色信贷政策实施前处理组与控制组具有相同的发展趋势，满足双重差分模型同趋势的假设条件。

3. 其他稳健性检验。本文还从改变政策信息披露视角、倾向得分匹配、区分主动风险承担和被动风险承担，以及对内生性问题的再检验角度进行了稳健性检验，本文的研究结论均得到了验证[①]。

---

① 限于篇幅，结果备索。

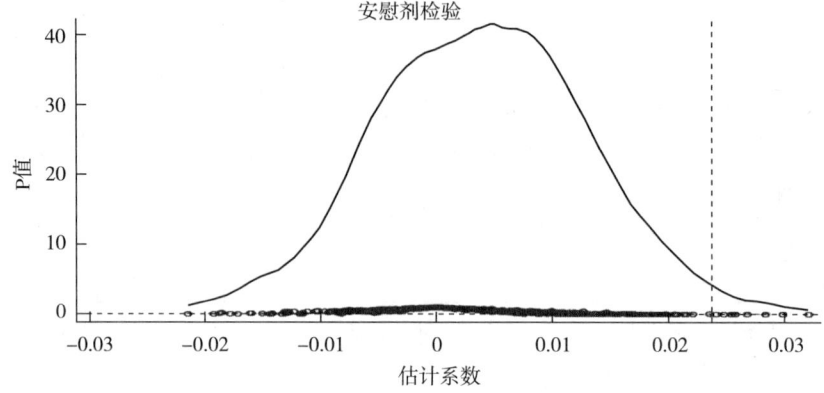

注：图中 X 轴表示 500 个随机分配生成的政策冲击的估计系数，曲线为估计系数的核密度，点为对应的 P 值，竖线为原基准回归结果的真实估计值。

图 1　安慰剂检验

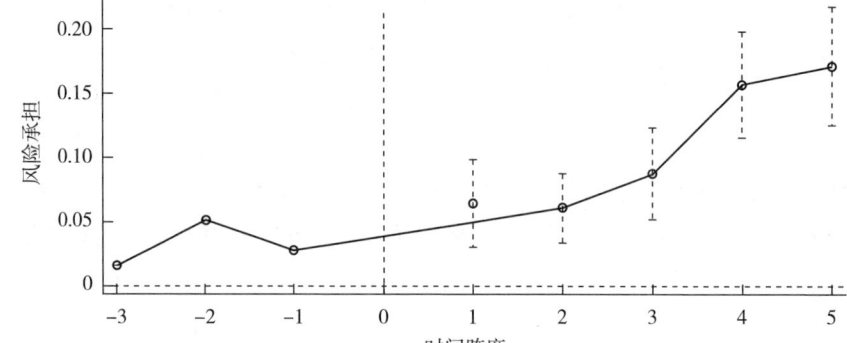

图 2　平行趋势检验

五、进一步分析

（一）异质性分析

前文对绿色信贷影响商业银行风险承担的效应进行了分析，但尚未对银行异质性特征加以区分，不足以完整捕捉绿色信贷对商业银行风险承担的影响。接下来，本文将从银行规模、资本充足率、市场势力和业务经营范围的角度,探究绿色信贷对商业银行风险承担的异质性影响。

1. 银行规模异质性。为考察在不同的银行规模下,绿色信贷对商业银行风险承担的异质性影响,本文按照银行总资产的均值划分为资产规模较大组和资产规模较小组,按照模型(2)进行分组回归,回归结果如表4中列(1)和列(2)所示。由此可以看出,两组中核心解释变量(GFP)的回归系数均显著为正,但在资产规模较大组中,核心解释变量的回归系数(GFP)的值大于规模较小组中的回归系数(0.0598>0.0149),表明规模较大银行积极开展绿色信贷业务会显著降低其风险承担水平。进一步地,核心解释变量(GFP)组间系数差异性检验[①]的 P 值在1%的显著性水平上拒绝了两组系数不存在差异的原假设,意味着绿色信贷对商业银行风险承担的影响在不同规模银行之间存在异质性。以上结果验证了研究假设 H2。

2. 资本充足率的异质性。为考察在不同的资本充足率水平下,绿色信贷对商业银行风险承担的异质性影响,本文以资本充足率的均值为临界值将样本分为资本充足率较高组和资本充足率较低组,回归结果如表4中列(3)和列(4)所示。从表中可以看出资本充足率较大组中核心解释变量(GFP)的回归系数值大于资本充足率较低组(0.0230>0.0005),说明绿色信贷会显著降低资产规模较大银行的风险承担水平,与研究假设 H3 的内容一致。

3. 银行市场势力异质性。为考察在不同的银行市场势力下,绿色信贷对商业银行风险承担的异质性影响,本文按照经税前利润调整的 Lerner 指数均值将样本划分为银行市场势力较强组和市场势力较弱组,从表4中列(5)和列(6)列示的回归结果可以看出,银行市场势力较强组中核心解释变量(GFP)的回归系数为0.0571,在1%的水平上显著为正,大于市场势力较弱组中核心解释变量(GFP)的回归系数0.0377,表明市场势力较强的银行积极开展绿色信贷业务更有助于降低其风险承担水平,支持了研究假设 H4。

4. 业务经营范围异质性。为考察在不同的业务经营范围下,绿色信贷对

---

① 组间系数差异性检验主要有 Chow 检验、似无相关模型检验方法(Suest)和费舍尔组合检验(Permutation Test),其中,Chow 检验需要引入交互项,且需要假定控制变量的系数不随组别发生变化,适用条件较为苛刻;似无相关模型的检验方法允许不同组别间控制变量存在差异,但该方法可能存在样本选择偏误问题;费舍尔组合检验则基于自抽样思路,通过不断抽样模拟总体样本特征,适用范围较为广泛。因此,本文使用费舍尔组合检验通过"自抽样法(Bootstrap)"来检验组间系数的差异性。此外,本文还采用其他两种方法进行检验,结果并未发生改变,检验结果备索,下同。

商业银行风险承担的异质性影响，参考田国强和李双建（2020）的研究，本文将大型国有商业银行和股份制商业银行定义为全国性银行，将城市商业银行和农村商业银行定义为区域性银行，分别对模型（2）进行分组回归。从表 4 中列（7）和列（8）列示的回归结果可以看出，在全国性银行子样本中核心解释变量（GFP）的回归系数显著为 0.0418，且在 1% 的水平上显著为正，显著大于区域性银行子样本中核心解释变量（GFP）的回归系数 0.0160，表明绿色信贷在更大程度上能够降低全国性银行的风险承担水平，而对区域性银行风险承担的影响不显著，上述结果支持了研究假设 H5。

表 4 异质性分析结果

变量	银行规模		资本充足率		市场势力		业务经营范围	
	较大组	较小组	较高组	较低组	较强组	较弱组	全国	区域
	(1)	(2)	(3)	(4)	(5)	(6)	(7)	(8)
	RISK	RISK	RISK	RISK	RISK	RISK	RISK	RISK
GFP	0.0598***	0.0149**	0.0230***	0.0005*	0.0571***	0.0377**	0.0418***	0.0160**
	(3.604)	(2.517)	(4.355)	(1.940)	(6.783)	(2.426)	(5.055)	(2.338)
Constant	2.0334***	2.2720***	1.9555***	2.4985***	2.2212***	1.9043***	1.2159***	2.1980***
	(10.607)	(30.211)	(22.321)	(32.021)	(10.788)	(14.946)	(3.815)	(19.824)
银行层面控制变量	YES	YES	YES	YES	YES	YES	YES	YES
其他层面控制变量	YES	YES	YES	YES	YES	YES	YES	YES
观测值	305	1691	1224	772	942	1054	222	1774
银行数	96	170	172	168	165	171	18	157
within R^2	0.7637	0.7127	0.6440	0.6118	0.6948	0.6675	0.6538	0.6451
经验 P 值	0.0000***		0.0000***		0.0000***		0.0000***	

注：因篇幅所限，相关控制变量结果未列示。表 5 ~ 表 6 同。

（二）作用机制检验

根据前文理论分析，绿色信贷会通过"盈利"渠道和"风险"渠道降低商业银行的风险承担。因此，本文构建式（3）~式（5）中介效应模型进行验证。

$$Z\_score = \alpha_0 + \alpha_1 GFP_{i,t} + \gamma X_{i,t} + \delta Y_{i,t} + \mu_i + \varepsilon_{i,t} \quad (3)$$

$$Mediator_{i,t} = \vartheta_0 + \vartheta_1 GFP_{i,t} + \gamma X_{i,t} + \delta Y_{i,t} + \mu_i + \varepsilon_{i,t} \quad (4)$$

$$Z\_score = \theta_0 + \theta_1 GFP_{i,t} + \theta_2 Mediator_{i,t} + \gamma X_{i,t} + \delta Y_{i,t} + \mu_i + \varepsilon_{i,t} \quad (5)$$

其中，$Mediator_{i,t}$ 为中介变量，代表"盈利"渠道中的中介变量和"风险"渠道中的中介变量；α_1 反映绿色信贷对商业银行风险承担影响的总效应；θ_1 表示绿色信贷对商业银行风险承担影响的直接效应，中介效应的大小由 $\vartheta_1 \times \theta_2 = \alpha_1 - \theta_1$ 衡量。根据中介效应检验程序，若系数 α_1、ϑ_1、θ_2 均显著，且系数 θ_1 较 α_1 变小或显著性下降，表明存在中介效应。为了验证绿色信贷影响商业银行风险承担的"盈利"渠道，本文选取净息差（NIM，等于银行利息收入与生息资产之比）作为盈利水平层面的中介变量，选取非利息收入占比（NIR，等于银行非利息收入与营业收入之比）作为盈利结构层面的中介变量进行"盈利"渠道的中介效应检验。同时为了验证绿色信贷影响商业银行风险承担的"风险"渠道，本文分别选取总体违约风险（$Overall$，等于银行资产利润率 5 年期移动平均值与资产利润率和资本资产比之和比值的自然对数，其中资本资产比为银行所有者权益与总资产的比值）和资产风险承担（$PD90ToLoan$，等于逾期 90 天以上贷款与总贷款之比）作为中介变量进行"风险"渠道的中介效应检验。中介效应检验结果如表 5 所示。

表 5 　　　　　　　　　　作用机制检验结果

变量	"盈利"渠道				"风险"渠道			
	(1)	(2)	(3)	(4)	(5)	(6)	(7)	(8)
	NIM	$RISK$	NIR	$RISK$	$Overall$	$RISK$	$PD90ToLoan$	$RISK$
GFP	0.0987***	0.0234***	-0.4401***	0.0196***	0.2489***	0.0222***	0.0695***	0.0215***
	(6.916)	(4.030)	(-3.699)	(6.137)	(4.212)	(3.991)	(6.153)	(5.300)
NIM		0.0030***						
		(3.341)						
NIR				-0.0093***				
				(-5.064)				
$Overall$						0.0053***		
						(7.204)		
$PD90ToLoan$								0.0317***
								(5.144)
$Constant$	-0.4094	2.2731***	-330.1953**	2.1052***	82.4180***	1.6689***	0.0491	2.1058***
	(-1.153)	(20.976)	(-2.730)	(18.258)	(16.424)	(10.491)	(0.169)	(19.056)
银行层面控制变量	YES	YES	YES	YES	YES	YES	YES	YES

续表

变量	"盈利"渠道				"风险"渠道			
	(1)	(2)	(3)	(4)	(5)	(6)	(7)	(8)
	NIM	*RISK*	*NIR*	*RISK*	*Overall*	*RISK*	*PD90ToLoan*	*RISK*
其他层面控制变量	YES	YES	YES	YES	YES	YES	YES	YES
观测值	1996	1996	1996	1996	1996	1996	1996	1996
银行数	174	174	174	174	174	174	174	174
within R^2	0.6195	0.8218	0.6937	0.6382	0.6213	0.6452	0.6156	0.6384

表5中第(1)~(4)列为"盈利"渠道的检验结果。从第(1)列可以看出，加入中介因子净息差（*NIM*）之后，核心解释变量（*GFP*）对净息差（*NIM*）有显著的正向影响，说明积极开展绿色信贷业务会提高商业银行的净息差。从第(2)列可以看出，加入中介因子净息差（*NIM*）之后，结果显示绿色信贷仍会降低商业银行的风险承担水平。同理，从第(3)列的回归结果可以看出，绿色信贷会降低商业银行的非利息收入占比（*NIR*），第(4)列的回归结果也表明绿色信贷仍能降低商业银行风险承担水平。从上述结果可以看出，系数 θ_1 较 α_1 均小且显著，根据中介效应原理可知，绿色信贷通过提升商业银行盈利水平、改变商业银行盈利结构的"盈利"渠道降低了商业银行的风险承担水平，验证了假设H6。

表5中第(5)~(8)列为"风险"渠道的检验结果。在第(5)列中核心被解释变量为总体违约风险（*Overall*），从中可以看出绿色信贷会降低商业银行的总体违约风险。第(6)列的结果表明，加入中介因子总体违约风险（*Overall*）之后，总体违约风险（*Overall*）会降低商业银行风险承担水平。同理，在第(7)列中资产风险承担（*PD90ToLoan*）同样会降低商业银行风险承担水平，加入中介因子资产风险承担（*PD90ToLoan*）之后，绿色信贷仍会降低商业银行风险承担水平。据此可以看出，总体违约风险和资产风险承担均会降低商业银行的风险承担水平，且模型中系数 θ_1 较 α_1 均变小且显著，根据中介效应原理可知，绿色信贷通过提高银行风险容忍度的"风险"渠道降低了商业银行的风险承担水平，进一步验证了假设H7。

为进一步确保中介效应的显著性，参考田国强和李双建（2020）的研究,本文使用系数乘积检验方法对中介效应的显著性进行检验。系数乘积检验法主要是检验经过中介变量路径上的回归系数乘积项是否显著,即检验原假设 H0: $\beta_1 \times \delta_2 = 0$。若拒绝原假设,则说明中介效应显著,反之不显著。具体地,借鉴 Sobel(1987)[34] 的方法,检验统计量 $Z = \beta_1 \times \delta_2 / \sqrt{\beta_1^2 \times \sigma_{\delta 2}^2 + \delta_2^2 \times \sigma_{\beta 1}^2}$ 是否处于临界值内,这里 $\sigma_{\beta 1}$、$\sigma_{\delta 1}$ 分别为回归系数 β_1 和 δ_2 的标准误。经过计算得到统计量 Z 的绝对值均大于 5% 显著性水平上的临界值 0.97,拒绝原假设,中介效应显著,说明"盈利"渠道和"风险"渠道的中介效应均显著存在,假设 H6 和 H7 得到了进一步验证。

(三)拓展性讨论

绿色发展是一种以效率、和谐、可持续为目标的经济社会发展形式,已成为全球众多国家和地区普遍关注的重要议题。现有研究发现,地区绿色发展水平对商业银行的绿色信贷行为具有重要影响,绿色发展水平越高,经济增长绿化度水平越高和政府政策支持力度越大,绿色信贷对银行财务绩效的积极影响越大(Lian 等,2022),商业银行相应的风险承担水平也越低。因此,为进一步明确不同绿色发展维度对银行绿色信贷风险承担水平的影响,本文选取由国家统计局、北京师范大学和西南财经大学联合编制的《中国绿色发展指数报告》中的绿色发展指数(GDL),及其维度指标经济增长绿化度(EGG)、资源环境承载力(RECC)和政府政策支持力度(PPS)来衡量地区绿色发展水平,该指数从经济结构、自然资源和社会生活等方面提供了较为完善的区域绿色发展评价体系。此外,区域性城市商业银行和农村商业银行采用总行所在地区的绿色发展指数;全国性商业银行按照公式(6)重新构造能够体现银行个体差异的绿色发展指数及其分项指标(张琳等,2020[35])进行匹配。

$$GDL_{i,t} = \sum_{A=1}^{N} W_{A,t}^i GDL_{A,t} \tag{6}$$

其中,A 代表银行贷款涉及的地区;$W_{A,t}^i$ 是 i 银行 t 年在 A 地区投放贷款占贷款总量的比重;$GDL_{A,t}$ 是 A 地区 t 年的绿色发展指数。

在此基础上,本文将绿色发展指数(GDL)、经济增长绿化度(EGG)、资源环境承载力(RECC)和政府政策支持力度(PPS)与绿色信贷政策变量(GFP)的交互项分别纳入基准模型中进行回归(见表6)。从表6列示的检验结果可以看出,交互项 $GFP \times GDL$、$GFP \times EGG$ 和 $GFP \times PPS$ 的估计系数均在

1%的水平上显著为正,表明绿色发展水平越高,尤其是经济政策绿化度越高和政府政策支持力度越大,商业银行开展绿色信贷业务的风险承担水平越低。这是因为绿色经济增长和政府政策支持与区域经济发展水平高度相关,在经济增长绿化度越高和政府政策支持力度越大的情况下,不仅绿色融资需求更大、绿色项目盈利前景更好,而且政府加大绿色投资和加强环境治理也有助于提升商业银行盈利水平、改变盈利结构,以及提高其风险容忍度。同时,在推动绿色发展或地方政府积极发展绿色经济并提供相关政策支持以保护和可持续利用生态资源的情况下,银行的绿色信贷业务会产生直接经济效益,进而降低商业银行的风险承担水平。而交互项 $GFP \times RECC$ 的估计系数不显著,说明资源环境承载潜力与商业银行绿色信贷风险承担的相关性较差。

表6 地区绿色发展的调节效应

变量	(1) RISK	(2) RISK	(3) RISK	(4) RISK
GFP	0.0227*** (3.903)	0.0272*** (4.978)	0.0089** (2.673)	0.0276*** (3.291)
GDL	0.0578 (1.572)			
$GFP \times GDL$	0.0450*** (7.037)			
EGG		0.0675 (1.068)		
$GFP \times EGG$		0.0249*** (3.365)		
$RECC$			−0.0114 (−0.194)	
$GFP \times RECC$			0.4973 (1.473)	
PPS				0.2176* (2.074)
$GFP \times PPS$				0.0900*** (6.889)

续表

变量	(1) RISK	(2) RISK	(3) RISK	(4) RISK
$Constant$	2.0540 *** (17.548)	2.0797 *** (16.794)	2.1147 *** (18.381)	2.0324 *** (19.511)
银行层面控制变量	YES	YES	YES	YES
其他层面控制变量	YES	YES	YES	YES
观测值	1996	1996	1996	1996
银行数	174	174	174	174
Within R^2	0.6389	0.6386	0.6388	0.6404

六、研究结论与政策建议

本文以 2012 年《绿色信贷指引》实施为"准自然实验",基于 2008—2020 年中国 174 家商业银行样本数据,采用多时点双重差分模型实证研究绿色金融政策与商业银行风险承担的关系和作用机制。研究发现:商业银行积极开展绿色信贷业务会降低其风险承担水平,在经过一系列稳健性检验之后,结论依然成立;考虑到银行规模、资本充足率、市场势力和业务经营范围的银行异质性特征差异,发现这一效应在银行规模较大、资本充足率较高、市场势力较强,以及业务经营范围较广的全国性银行中影响更为显著;作用机制检验结果显示,绿色信贷通过提升商业银行盈利水平、改变商业银行盈利结构的"盈利"渠道,以及通过提高总体违约风险和资产风险承担能力的"风险"渠道,进而降低了商业银行的风险承担水平;进一步分析发现,地区绿色发展水平越高,尤其是经济增长绿化度越高和政府政策支持力度越大,商业银行开展绿色信贷业务相应的风险承担水平越低。

本文的研究结果意味着商业银行积极开展绿色信贷业务,提高绿色信贷占比,积极提高信贷资源配置效率,对于降低其风险承担水平是一个同时颇具宏观与微观价值的政策选择。第一,银行要深入贯彻实施赤道原则和 IFC 框架等国际准则,加强对绿色项目融资的社会和环境风险的判断、评估和管理,强化对绿色项目建设和运营实施的持续监管,严格按照《商业银行风险监管核心指标(试行)》和《银行保险机构声誉风险管理办法(试行)》的要求，加强信用风险和声誉风险管理，将资本充足率控制在安全稳定区间。第二，要提高环境信息披露质量，减少银行与企业的信息不对称，保持绿色金融政策的连续性和稳定性。目前，中国企业环境信息披露制度不完善，难以对银行风险管理起到指导作用。鉴于此，绿色金融政策应为一项长期战略，有序推进，加强信息披露制度和相关标准的统一。第三，政策制定者要充分考虑中国地区差异和银行特征，精准科学施策，在进一步加大五省区绿色金融改革开放试验区的基础上加强经验总结和推广，拓展绿色金融支持"碳中和"愿景的广度和深度；还可基于中小银行操作灵活，更好地满足当地中小企业的融资需求，鼓励地方政府结合当地发展情况，加强对中小银行开展绿色信贷的定向支持，充分发挥中小银行在绿色信贷中的作用。第四，财政政策和货币政策的组合拳是绿色金融发展的特色中国模式。因此，地方政府需要发挥其基金、担保与补贴的协调联动机制，增强绿色金融财政政策和绿色金融监管政策的协调激励能力，进一步加大绿色金融财政政策支持的力度和深度，提高绿色财政资金使用效率；同时，研究创设直达实体经济的碳减排支持工具，为银行机构提供低成本资金，进一步降低商业银行发展绿色金融所面临的风险。第五，银行要加大金融科技和绿色金融交叉人才的培养，充分发挥金融科技的技术优势，丰富绿色金融产品，进一步提高绿色信贷的服务效率和精准性，有效发挥金融科技对绿色信贷的支持力度；同时，加强绿色银行与非绿色银行的沟通，协助培训绿色信贷人才，设立独立的银行部门，疏通绿色信贷惠及小微企业的渠道，降低银行的绿色信贷风险。

参考文献

[1] 鲁政委，方琦. 金融监管与绿色金融发展：实践与研究综述 [J]. 金融监管研究，2018 (11).

[2] 朱宁，赖晓璇. 我国绿色信贷效率评价及改善路径研究 [J]. 金融监管研究，2020 (6).

[3] Smith J. A., Grill M., and Lang J. H. The Leverage Ratio, Risk–taking and Bank Stability [J/OL]. Journal of Financial Stability, 2020. http：//dx. doi. org/ 10. 2139/ ssrn. 3284435.

[4] 蒋海，张小林，唐绅峰，等. 货币政策、流动性与银行风险承担 [J].

经济研究, 2021 (8).

[5] 吴东霖, 赵玮. 商业银行资本监管与金融风险传递 [J]. 金融论坛, 2020 (8).

[6] 张琳, 王宝东, 廉永辉. 绿色信贷如何影响银行风险承担?——基于中国银行业数据的实证研究 [J]. 武汉金融, 2022 (5).

[7] 丁宁, 任亦侬, 左颖. 绿色信贷政策得不偿失还是得偿所愿?——基于资源配置视角的PSM-DID~1成本效率分析 [J]. 金融研究, 2020 (4).

[8] Luo S., Yu S., and Zhou G. Does Green Credit Improve the Core Competence of Commercial Banks? Based on Quasi-natural Experiments in China [J/OL]. Energy Economics, 2021, Vol. 100, https://doi.org/10.1016/j.eneco.2021.105335.

[9] 孙红梅, 姚书淇. 商业银行经营风险与财务绩效——基于绿色业务影响的视角 [J]. 金融论坛, 2021 (2).

[10] Zhou X., Caldecott B., and Hoepner A. Bank Green Lending and Credit Risk: An Empirical Analysis of China's Green Credit Policy [J]. Business Strategy and the Environment, 2022, Vol. 31, No. 4: 1623-1640.

[11] 张晨, 董晓君. 绿色信贷对银行绩效的动态影响——兼论互联网金融的调节效应 [J]. 金融经济学研究, 2018 (6).

[12] 邵传林, 闫永生. 绿色金融之于商业银行风险承担是"双刃剑"吗——基于中国银行业的准自然实验研究 [J]. 贵州财经大学学报, 2020 (1).

[13] 于波, 陈红, 周宁. 绿色信贷、金融科技与商业银行盈利能力 [J]. 统计与决策, 2021 (14).

[14] Dimaggio P., and Powell W. The Iron Cage Revisited: Institutional Isomorphism and Collective Rationality in Organizational Fields [J]. American Sociological Review, 1983, Vol. 48, No. 2: 147-160.

[15] Lian Y, Gao J., and Ye T. How Does Green Credit Affect the Financial Performance of Commercial Banks?——Evidence from China [J]. Journal of Cleaner Production, 2022, Vol. 344, https://doi.org/10.1016/j.jclepro.2022.131069.

[16] 詹小颖. 我国绿色金融发展的实践与制度创新 [J]. 宏观经济管理, 2018 (1).

[17] 童中文, 解晓洋, 邓熳利. 中国银行业系统性风险的"社会性消化"机制研究 [J]. 经济研究, 2018 (2).

[18] 徐明东, 陈学彬. 中国微观银行特征与银行贷款渠道检验 [J]. 管理世界, 2011 (5).

[19] Abedifar P., Molyneux P., and Tarazi A. Non – Interest Income and Bank Lending [J]. Journal of Banking & Finance, 2018, Vol. 87, No. 3: 411 – 426.

[20] 李志辉, 李梦雨. 我国商业银行多元化经营与绩效的关系——基于50家商业银行2005—2012年的面板数据分析 [J]. 南开经济研究, 2014 (1).

[21] 王擎, 吴玮. 资本监管与银行信贷扩张——基于中国银行业的实证研究 [J]. 经济学动态, 2012 (3).

[22] Borio C., and Zhu H. Capital Regulation, Risk – taking and Monetary Policy: A Missing Link in the Transmission Mechanism? [J]. Journal of Financial Stability, 2012, Vol. 8, No. 4: 236 – 251.

[23] Jokipii T., and Milne A. The Cyclical Behaviour of European Bank Capital Buffers [J]. Journal of Banking & Finance, 2008, Vol. 32, No. 8: 1440 – 1451.

[24] 张琳, 廉永辉. 我国商业银行资本缓冲周期性研究——基于银行资本补充能力的视角 [J]. 管理世界, 2015 (7).

[25] 杨天宇, 钟宇平. 中国银行业的集中度、竞争度与银行风险 [J]. 金融研究, 2013 (1).

[26] 张一林, 林毅夫, 龚强. 企业规模、银行规模与最优银行业结构——基于新结构经济学的视角 [J]. 管理世界, 2019 (3).

[27] Goetz M. R., and Laeven L., Levine R. Does the Geographic Expansion of Banks Reduce Risk? [J]. Journal of Financial Economics, 2016, Vol. 120, No. 2: 346 – 362.

[28] Zhang B., Yang Y., and Bi J. Tracking the Implementation of Green Credit Policy in China: Top – down Perspective and Bottom – up Reform [J]. Journal of Environmental Management, 2011, Vol. 92, No. 4: 1321 – 1327.

[29] 吕思聪. 外部监管和货币政策对中国商业银行流动性创造能力的影响研究 [J]. 国际金融研究, 2018 (5).

[30] Godfrey P. C. The Relationship Between Corporate Philanthropy and Shareholder Wealth: A Risk Management Perspective [J]. The Academy of Management Review, 2005, Vol. 30, No. 4: 777 – 798.

[31] Wang H., Qi S. Z., and Zhou C., Zhou J. G., and Huang X. Y. Green Credit Policy, Government Behavior and Green Innovation Quality of Enterprises [J/OL]. Journal of Cleaner Production, 2022, Vol. 331, https://doi.org/10.1016/j.

jclepro. 2021. 129834.

［32］Davis S. J, Liu D., and Sheng X. S. Economic Policy Uncertainty Index：Mainland Papers for China［R］. Working Paper, 2019.

［33］田国强，李双建. 经济政策不确定性与银行流动性创造：来自中国的经验证据［J］. 经济研究，2020（11）.

［34］Sobel M. E. Direct and Indirect Effects in Linear Structural Equation Models［J］. Sociological Methods & Research, 1987, Vol. 16, No. 1：155 – 176.

［35］张琳，廉永辉，曹红. 绿色信贷如何影响银行财务绩效——基于地区绿色发展异质性的视角［J］. 贵州财经大学学报，2020（3）.